# 4차 산업혁명과
# 인문적 소프트파워

이 저서는 2016년 대한민국 교육부와 한국연구재단의 지원을 받아 수행된 연구임
(NRF-2016S1A6A7932134)

# 4차 산업혁명과
# 인문적 소프트파워

위행복 외 6인 지음

學古房

# 4차 산업혁명, 그리고 인문학

　인간과 세상을 탐구하면서 예지(叡智)를 기르는 공부, 선입관과 아집(我執)을 벗고 활달한 상상력을 배우는 공부, 흥망성쇠를 배우면서 미래를 꿰뚫어보는 마음의 눈을 만들어가는 공부, 감동과 기쁨을 느끼면서 삶의 요체(要諦)를 깨닫고 통찰력을 기르는 공부, 새로운 개념과 용어들을 배워가면서 인식세계가 확장되는 기쁨을 느끼는 공부, 수많은 '다름'과 '가능성'의 세계를 이해하면서 관대함과 조화의 원리를 배우는 공부.

　요즘에는 이런 인문학 공부도 있는 것 같습니다. 처세술과 성공법을 익혀 돈도 벌고 출세도 하는 공부, 어려운 사자성어나 그럴싸한 문구를 외워서 적재적소에 써먹는 공부, 위인들의 행적과 심각한 역사적 사건들을 재미난 옛날 얘기로만 소비하는 공부.

　그리고 이 책은 이런 인문학을 이야기하고 싶어 합니다. 걷잡을 수 없이 변하는 세상을 주시하면서, 인간의 존엄(尊嚴)과 인류의 존속(存續)에 대해 골몰하는 공부.

　가축이 인간의 노동을 덜어 줬고 그 후 기계의 발달이 가축의 노동을 줄여줬는데 이제는 인공지능 기계가 온갖 '일'을 도맡을 기세라고 합니다. 청년 실업이 큰 논란거리가 되고 있습니다만, 이러한 현상은 인공지능 및 급속한 자동화와도 관련이 있을 것입니다. 기계가 대부분의 노동을 담당하고 인간은 위험하고 고통스러운 노동을 하지 않아도 되며 기계가 일해서 벌어들이는 소득을 고루 나눈다면, 인간은 삶을 더욱 안락하고 풍요롭게 하는 행위들로 채울 수도 있을 것입니다. 높은 지능을 갖춘 기계들이 인간의 풍요로운 삶을 위해 노동하고, 기술발전이 일궈낸 성과를 대중이 공유하면서 인간은 자신의 삶을 더욱 풍요롭게 하는 '일'을 하면서 살아갑니다.

자신을 더욱 품위 있고 존엄하게 만드는 공부가 '일'이 되는 세상, 자신의 정신과 육체를 건강하게 만드는 행위만이 진정한 '일'이 되는 세상, 보람 있는 방식으로 열심히 여가를 즐기는 '일'로 하루가 채워지는 세상, 참으로 꿈같은 세상입니다.

그런데 만약, 기계가 부유한 소수에 의해 독점되고 기계 때문에 인간이 '일'로부터 강제로 배제된다면 어떤 세상이 될 지요? 그래서 대다수의 사람들이 '구걸하거나' '훔치거나' '빼앗거나' 중의 어느 한 가지를 선택해야만 살아갈 수 있다면 어떻게 될 지요? 정보통신기술의 발달이 인간의 정치적·문화적 자유를 신장할 수도 있지만, 권력이나 자본이 기술을 독점적으로 지배한다면 대다수 사람들의 자유는 심하게 억압될 것입니다. 그렇게 되면 조지 오웰의 《1984년》은 더 이상 상상 속에만 존재하는 세계가 아니게 될 것입니다. 인문학적 상상력이 소설 《1984년》을 탄생시켰지만 이제는 기술 발전이 《1984년》을 '실재(實在)'로 만들 수도 있는 것입니다.

우리는 지금 정보통신기술의 발전이 가져온 혁명적 변화 속에서 살고 있고 많은 '편의'를 누리고 있습니다. 그 편의를 누리기 위해 우리는 자신에 관한 많은 정보들을 '사실대로' 알려주고는 하는데, 이러한 과정이 세상을 '투명하고 정의롭게' 만들 수도 있겠습니다만, '개인 정보의 과도한 노출'이 계속되고 '사생활의 침해'에 대한 우리의 감각이 무뎌지면 우리 스스로가 '빅브라더(big brother)'를 출현시킬 수도 있습니다. 기술이 권력과 결탁해, 모든 사람의 일거수일투족을 24시간 들여다보면서, 온 세상을 손바닥 위에 올려놓고 쥐락펴락하지 말라는 법도 없을 것입니다. 권력이 사적인 영역까지도 통제하는 세상을 방지할 제도를 미리 준비해야 합니다.

통신기술과 단말기가 발달하면서 문화산업이 많은 돈을 벌어들이고 미래형 산업으로 각광받고 있습니다만 영화가, 드라마가, 게임이, 노래가 그리고 수많은 오락산업들이 인간의 정신을 더욱 살찌우는 콘텐츠를 담도록 해야 합니다. 최소한 인간의 정신을 황폐하게 만드는 내용은 담지 못하도록 해야 할 것입니다. 문화상품이나 '소프트파워(soft power)' 개념이 '하드파워(hard power)'와 '문화권력(文化權力)'을 장악하고 있는 국가들의 새로운 패권을 형성하는 수단이 되어서는 안 될 것입니다.

자율주행 기술은 운전의 위험이나 수고로움으로부터 우리가 완전히 벗어나도록 해줄 수 있습니다. 그러나 외부로부터 제공되는 수많은 정보를 받아들이면서 주행하고 있는 자동차가 '저 멀리서 누군가가 조종하는 자율'에 의해 탑승자가 원치 않는 방향으로 달려가도 통제할 방법이 없다면, 자율주행 기술은 재앙이 될 것입니다. 자율주행이 발달하면 이런 법률이 제정될 수도 있습니다. '인간은 트럭을 운전해서는 안 된다. 인간은 피로와 희로애락을 느끼는 감각과 감성이 있으므로!'

과학기술의 발전이 혹여 디스토피아를 초래할까 아무리 염려해도 기술 발전은 멈춰지지 않을 것입니다. "어딘가에서 누군가 열심히 연구하고 있을 것이니 나도 최선을 다해 임해야 한다." 이것이 성실한 과학자의 선한 생각이고 태도일 것 같습니다. 그런데 '윤리적, 법석, 사회적' 영향에 대한 고려를 소홀히 하면, 인류를 위협하는 일이 벌어질 수도 있습니다. 유전자 조작을 통한 인간의 출산을 막아야 한다고 온 세계가 합의했지만 공명을 탐하는 한 젊은 과학자에 의해 그런 아기가 기어이 '만들어지고' 말았습니다.

자본은 지금도 과학을 절묘하게 이용하면서 자신의 몸집을 최대한 불리고 있습니다. 몇 년 전, 바둑 최고수들을 차례로 불러내 계산기계와 싸우게 하면서 그 장면을 실시간으로 보여주는 과정이 한참 동안 지속된 적이 있었습니다. 기계가 인간고수들을 판판이 거꾸러뜨리는 박진감 넘치는 쇼가 중계될 때 시청자들은 '인간은 별로 효율적이지 못한 도구'라는 생각을 했을지도 모르겠습니다. 계산기계가 '지능'을 과시하는 쇼가 진행되는 기간 동안, 그 기계를 만든 회사의 주가(株價)는 엄청난 폭으로 상승했다고 합니다. 지능뿐만 아니라 모든 면이 사람보다 뛰어난 로봇이 출현할 것이라는 주장을 대부분의 사람들이 수긍하는 것도 같습니다.

자본과 권력은 무한히 팽창하는 속성을 지녔다고 합니다. '세계화'를 지지하는 세력은 국가권력의 개입이나 '공익(公益)' 개념을 불편해합니다. 국가와 지역을 넘나들며 마음껏 '시장'을 확대하기에 불리하기 때문일 것입니다. '세계화'가 고도의 정보통신기술 발전을 만나면서 거부할 수 없는 추세로 굳어졌는데, 여기에 인공지능과 자동화까지 가세하면서 지역 간, 국가 간, 계층 간의 불평등과 소외가 갈수록 심화되고 있습니다. 우리는 '세계화'를 금과옥조처럼 떠받들고 있습니다만, 그야말로 일등 하나만 살아남는 세상이 오지 말란 법도 없습니다.

인간이 하늘을 날아다니는 것이 이제는 일상이 되었습니다. 소설 《1984년》의 세상이 문학적 상상이 아니라 일상이 될 날이 올지도 모릅니다. 그렇기 때문에 이제 인문학적 사유와 실천은 '인간의 존엄'을 유지하는 차원을 넘어 인간의 존속을 좌우하는 차원의 문제가 되었습니다. 인문학은 이제 자본과 권력과 기술이 인간을 받들도록 만드는 감시자가 돼야 합니다. 기술발전이 인간의 존엄을 더욱 높이고, 풍요롭고 품위 있는 삶을 뒷받침하도록 만드는, 위대한 감시자가 돼야 합니다. 때로는 칼이 되고 창이 돼야 할지도 모르겠습니다.

사회적 안전망(社會的 安全網)과 기본소득(基本所得)이 토론되기 시작했습니다만, 기술발전은 늘 두 얼굴의 모습으로 우리에게 다가올 것입니다. 기술발전의 결과로 유토피아가 이뤄질 수도 있고 '디스토피아(dystopia)'가 닥쳐올 수도 있을 것 같습니다. 그렇다면 누가 어떻게 디스토피아의 도래를 막을 수 있을 지요? 깨어있는 시민들이 스스로의 존엄을 지켜내야 합니다.

이치가 이러하니, 자본과 권력은 인문학이 발달하기를 원치 않을 것입니다. 인문학의 발달을 막을 수 없다면 인문학이 부자나 권력자의 겉치레용 장식품이 되도록, 혹은 지적 허영을 만족시키는 잉여물이 되도록 만들고 싶어 할 지도 모릅니다. "인문학과 과학기술의 융합이 만들어낼 가슴 뛰는 성과물"을 강조하면서 인문학의 독자성을 훼손할 뿐만 아니라 인문학의 예기(銳氣)를 꺾으려 할 수도 있습니다.

묵자(墨子)가 이런 말을 했답니다. "쓴 것을 자꾸 먹다 보면 나중에는 그것이 달게 느껴진다. 좀도둑질을 하면 욕을 먹지만, 나라를 훔치면 찬양받는다." 그래서 우리는 깨어있는 시민이어야 합니다. 우리는 과학기술의 급격한 발전이 빚어내는 현상들에서 눈을 떼지 말고, 끊임없이 새로운 종류와 차원의 인문학적 물음들을 제기해야 합니다. 이미 만들어진 길을 '스스로 잃어가면서' 새로운 길을 다시 만들어가야 합니다. 길은 누군가에 의해 만들어져서 우리에게 제공되는 대상이 아닙니다. 우리가 밟고 다녀야만 우리가 원하는 길이 필요한 곳에 만들어집니다.

   인문학을 다시 일으켜 세워야 합니다. 인문학을 홀시하거나 샛길로 보내려는 시도들을 물리쳐야 합니다. 〈대한민국헌법〉 제2장은 '국민의 기본권적 인권'을 보장하기 위한 내용으로 가득합니다만 인권을 가르치고 배우는 인문학 발전을 뒷받침할 조항은 헌법 어디에도 없습니다. 그런데 '헌법 제127조'는 "국가는 과학기술의 혁신과 정보 및 인력의 개발을 통하여 국민경제의 발전에 노력하여야 한다."라고 과학기술 발전의 책무를 국가에 지우고 있습니다. 인문학의 발전 역시 헌법 조문이 뒷받침하도록 헌법을 바꿔야 합니다. 지금의 기술발전 추세가 그것을 절실히 요청하고 있기 때문입니다.

위행복 삼가 씀

# 제1부 4차 산업혁명과 인문적 사유

# 제1부

# 4차 산업혁명과 인문적 사유

# 4차 산업혁명, 인공지능의 빈곤, 그리고 인간 지성

이 종 관

미래에도 인문학 교육과 연구가 대학에서 필요할까. 사실 대한민국의 거의 모든 대학에게 돈 안 되는 인문학 관련 학과는 애물단지이다. 따라서 인문학이 대학에서 필요한 이유를 설파하기 위해서는 돈 이야기부터 할 수 밖에 없다. 그래서 협박 아닌 협박을 한다. 인문학이 없어지면 사실 돈벌어주는 혁신은 불가능하다고.

## 1 혁신과 인문학: 돈 벌기 위해 인문학이 필요하다.

2008년 세계경제가 순식간에 위기의 함정에 빠진 이후 이로부터 탈출은 혁신으로만 가능하다는 것이 거의 종교적 신념이 되었다. 혁신이 이 시대의 지상과제가 된 것이다. 그리고 그 지상과제는 이제 거대한 역사적 변혁을 향하는 4차 산업혁명으로 명명되며 미래를 향하는 역사의 흐름에 급격한 변화를 일으키고 있다. 그런데 대체 혁신이란 무엇인가.

잘 알려진 바와 같이 혁신의 이미 오스트리아의 경제학자 슘페터가 자본주의 경제의 탁월한 기능원리로 주장한 바가 있다. 그리고 그 혁신은 점진적 혁신과 급진적 혁신으로 구분된다. 점진적 혁신은 기존의 것이 갖고 있는 단점이나 결함을 부분적으로 개선하며 일어나는 혁신이다. 급진적 혁신은 문자 그대로 기존과는 단절적인 어떤 돌파가 일어나는 혁신이다. 증기기관에서 내연기관으로의 기술발전, 혹은 흑백 TV에서 컬러TV의 기술발전은 제품의 성능을 다른 차원으로 진입시키는 대표적 기술 혁신이다.

그러나 점진적 혁신이던 급진적 혁신이던 혁신론은 제품의 성능 증강과 관련된 기술혁신을 중심으로 논의되어 왔다. 하지만 이러한 혁신론에는 치명적인 결함이 잠복하고 있다. 그것은 기술의 사용자는 그저 이 성능을 소비하는 자일뿐 혁신에서 어떤 역할도 부여받지 못한다는 점이다.

그러나 사용자는 인간이다. 그리고 그 인간은 철학적으로 보면 기능과 성능을 소비하는 존재가 아니다. 특히 20세기에 등장한 실존철학의 입장에 따르면, 인간의 삶은 항상 어떤 의미를 추구하여 그 의미를 실현시키기 위해 활동한다. 실로 인간은 자신의 사는 삶이 무의미가 하다고 느낄 때, 활동의 동기를 상실한 무력증에 빠지거나 심지어 삶 자체를 포기하지 않는가.

이렇게 인간의 활동은 삶의 의미를 실현시키기 위해 수행된다. 인간의 활동은 만유인력 같은 외부 물리적 원인이나 아니면 본능과 같은 동물적 원인에 의해 이루어지는 것이 아니라는 것이다. 그러한 의미실현 활동은 물체나 동물의 움직임과 같은 자연적 사건이 아니라 문화적 활동이다. 때문에 이 문화적 활동은 자연상태에서는 존재하지 않는 도구와 기술을 통해 실행될 수밖에 없다. 도구와 기술은 하늘에서 떨어지는 것도 또 인간이 호모화버라는 생명체로 생물학적으로 설계되었기 때문이 아니다. 도구와 기술이 제작 개발되는 이유는 결국인간이 근본적으로 의미 실현 활동을 하는 문화적 존재이기 때문이다. 따라서 도구의 제작이나 기술 개발에서 우선 중요한 것은 물리적 기계적으로 측정되는 성능 보다는 그 기술의 사용자인 인간의 문화 활동에 대해 갖는 의미이다. 그리고 이는 혁신에도 그대로 적용된다. 기술 혁신보다 더 중요한 것은 그 기술이 인간의 문화 활동에 가질 수 있는 의미를 혁신하는 것이다. 사실 기술적으로 엄청난 성능향상을 수반하는 혁신이 일어난다고 할지라도, 그 기술이 그것을 사용하는 인간의 문화활동에 어떤 의미를 갖는 것인지가 불분명할 때, 그 기술적 혁신은 문자 그대로 무의미한 기술 혁신으로 전락하여 퇴출된다. 대표적인 경우가 구글글래스이다. 구글글래스는 2013년 최고의 혁신적 기술을 적용한 기기로 찬양되었지만, 6년이 지난 지금도 아무도 쓰지 않는다.

의미 혁신은 제품의 디테일이나 기술적 문제에 집중한다고 일어나는 것이 아니다. 제품은 아무리 그것이 완성된 완제품으로 사용자에게 제공된다고 해도 사용자가 그것을 통해 인간으로서 어떤 의미 실현 활동의 가능성을 발견하고 실제로 사용자가 어떤 활동으로 결단하는가에 따라 제품의 의미 그리고 나아가 그 의미에 종속된 기능이 달라진다. 제품을 만드는 기술은 그 자체 독립적인 존재가 아니라 항상 의미를 추구하는 인간의 문화 활동 속의 기술이다. 이제 이를 최근 첨단 기술영역에 속하는 로봇의 예를 들어 살펴보자.

로봇의 작동은 일반적으로 인간노동을 대신 하는 것으로만 그 의미가 해석되고 있다. 따라서 로봇 기술 개발에서 작업을 최대한 빠르게 자동으로 처리하는 것이 해결해야 할 문제이며 이때 혁신은 이 문제에 대한 최적의 해결책을 찾는 것이다. 그러나 로봇의 의미가 공장에서 인간을 대신하여 고도의 효율성과 정확성으로 작동하는 대체노동 기계가 아니라 인간과 상호작용하며 즐거움을 주는 문화적 기구로 의미가 바뀐다면, 상황이 달라진다. 이 경우 가장 빠른 속도로 정확하게 주어진 과업을 처리하는 최적의 해결책을 찾는 것이 혁신은 아니다. 오히려 다소 느리게 움직여서 기술적으로 과업처리에 최적화되지 못한 로봇이 오히려 여가의 향유라는 인간의 문화활동에 적합한 기술로서 그 가치를 발할 수 있다. 이러한 방식으로 로봇의 성능을 갖는 의미를 그것을 사용하는 인간의 문화활동과의 관계에서 다르게 해석함으로써 혁신으로 이룬 실제 사례가 있다. 그것은 바로 독일 Kuka사의 로봇 의미 혁신이다. 로봇이 갖고 있는 통상의 의미는 이미 언급한 바와 같이 인간보다 훨씬 빠르고 정확하고 또 인간이 감당할 수 없는 중노동을 해내는 자동기계이다. 로봇제조업체는 바로 이 로봇의 상식적 의미를 최적으로 만족시키기 위해 빠르고 정확하고 힘센 로봇을 생산하는 기술 혁신에 매진한다. 그러나 Kuka는 로봇 팔위에 두 개의 의자를 설치하고 여기 사람이 앉아서 로봇과 상호작용 하면서 스릴을 향유하는 놀이기구로 로봇이 인간에 갖는 의미를 혁신했다. 이렇게 의미가 혁신될 경우 로봇에게 요구되는 기능은 빠르고 더욱 정확하게 움직이는 강력한 작동이 아니다. 오히려 속도가 다소 늦더라도 인간과 상호작용하면서 인간에게 위험을 즐기는 활동을 가능하게 하는 것이 이 로봇의 작동이 의미하는 바이다. 이렇게 로봇이 작동하는 의미가 변화하고 이를 통해 로봇의 작동이 구현하는 사용자의 활동에 변화가 일어날 수 있게 된다. 이렇게 로봇의 의미를 새롭게 해석함으로써 탄생한 제품이 로봇코스터이다. 로봇 작동의 의미를 다르게 해석함으로써 일어나는 변화는 로봇의 수요를 산업 로봇 시장에만 국한시키는 것이 아니라 지금까지는 존재하지 않았던 새로운 놀이기구시장을 창조하는 결과를 가져온다.

그런데 의미 혁신을 성공시킬 수 있는 왕도가 있는가. 물론 있다. 하지만 그 왕도는 고도의 특별한 능력을 통해서만 갈 수 있는 길이 아니다. 오히려 너무나 단순하지만 망각되고 있는 근본적인 질문을 통해서 열린다. 기술이 인간에게 사용되는 것이라면, 그 기술을 상용화한 제품은 기계적 작동체가 아니라 인간의 문화적 삶에 의미를 갖는 문화재이어야 한다. 따라서 의미혁신의 왕도를 여는 질문은 다음과 같은 문장으로 표현될 것이다.

'우리 회사가 생산하고 있는 제품이 인간의 문화적 활동에 어떤 의미로 해석되는가'

그런데 의심이 남는다. 정녕 이러한 근본적이고 단순한 질문이 의미의 혁신을 가져올 수 있을까?

이러한 맥락에서 주목할 가치가 있는 기업이 할리데이비슨이다. 잘 알려진 바와 같이 할리데이비슨은 모터사이클을 만드는 회사이다. 모터사이클은 기술적으로만 정의하면 어떤 물리적 속도를 갖는, 어떤 물리적 출력을 내는 수송기계이다. 그런데 할리데이비슨은 자기들이 생산하는 모터사이클의 의미를 수송기계로 해석하지 않는다. 그들은 모터사이클의 의미를 '자유를 지향하는 인간의 활동을 돕는 동반자'로 해석한다. 그렇기 때문에 할리데이비슨의 기술자들은 엔진 역시 다른 의미로 해석한다. 그들에게 엔진은 내연기관에 불과한 것이 아니다. 엔진은 모터사이클의 영혼이다. 냉철한 이성을 소유한 독자에게는 이 얼마나 황당한 소리일까. 하지만 이 황당한 소리는 사실 할리데이비슨을 만드는 사람들의 뛰어난 의미 해석능력을 보여준다. 그 이유는 다음과 같다.

모터사이클이 자유를 향한 인간 활동의 동반자라면, 그 모터사이클은 인간만큼 영혼을 가져야 할 것이다. 그리고 만일 모터사이클에 영혼이 있다면, 그것은 바로 엔진이다. 따라서 엔진이 가져야할 덕목은 모터사이클과 함께 자유를 실현하는 문화활동을 하는 사용자와 공감을 이루어 낼 수 있는 능력이다. 모터사이클의 엔진은 모터사이클을 타는 인간의 동반자가 되려면, 그 사용자와 문화적 공감대를 형성해야 하기 때문이다. 그런데 우리가 일상에서 늘 경험하듯 인간 공감의 결정적 요소는 음악적인 것이다. 음악은 멜로디, 사운드와 리듬으로 구성된다. 물론 모터사이클의 엔진은 멜로디는 구현할 수 없다. 그러나 사운드와 리듬은 구현할 수 있다. 이렇게 되면 이제 모터사이클을 만드는 기술자들이 엔진의 연구와 개발을 어떤 방향으로 집중시켜야 하는지 결정될 수 있다. 그것은 엔진이 내는 소음을 줄이거나 제거하는 것이 아니라 사운드와 리듬으로 혁신하는 연구 개발이다. 그리고 이 작업이 완료되면 한낮 내연기관에 불과한 모터사이클의 엔진은 사용자와 공감하는 모터사이클의 영혼으로 탄생하는 것이다. 그리하여 할리데이비슨을 타는 사람은 할리데이비슨의 마니아가 될 수밖에 없다.

20세기 초, 산업화에 매료되어 모든 것을 기능으로만 이해했던 기능주의자들은 다음과 같이 선언한 바 있다.

"형태는 기능에 따른다"

그러나 이제 혁신이 진정으로 인간을 위한 것으로 인간에게 환영받으려 한다면, 그 구호자체가 다음과 같이 혁신되어야 할 것이다.

"기능은 의미에 따른다."

결국 혁신을 위해 우리가 함양해야 할 능력은 기술이 문화적 인간에 대해 갖는 의미를 밝혀내는 해석학적 능력이다. 이러한 해석의 능력을 위한 학문이 인문학이다. 따라서 기술 혁신이 의미 혁신으로 완성되기 위해서는 공학만으로는 역부족이다. 우리가 진정 혁신을 원한다면 기술자와 철학자 나아가 인문학자가 함께 지속적으로 소통하고 협력적으로 교육 연구하는 해석학적 교육 공간의 마련이 절실하다.

## ② 인공지능의 빈곤과 인간지성
### : 역사의 발전을 위해 인문학은 필요하다

그러나 인문학의 돈 벌기 위해서 필요한 학문은 아니다. 인문학은 미래를 향한 역사의 발전을 위해서 절실하다. 다시 4차 산업혁명으로 되돌아가보자.

4차 산업혁명을 실질적으로 지휘하는 두뇌는 인간두뇌가 아니라 인공 지능이 될 것이라고 한다. 최근 인간의 미래와 관련하여 첨예한 논쟁의 불러일으키는 문제는 인공지능과 관련하여 제기되고 있다. 즉 인공지능이 현재와 같은 속도로 발전하면 머지않아 인간의 능력을 능가하게 될 것이라고 한다. 그런데 이러한 미래가 오면 인간이 맞이하게 될 운명에 대해 낙관론과 비관론이 엇갈리고 있다. 한편에서는 인공지능이 인간의 능력을 넘어서게 되면 인간은 인간에게 다가오는 많은 문제를 인공지능에 맡길 수 있기 때문에 보다 편안하고 안락한 삶을 영위할 수 있을 것이라고 한다. 다른 한편에서는 이제 인간은 일자리를 인공지능에게 빼앗기고 나아가서는 인공지능에 오히려 지배당하는 비극적 미래를 맞이할 것이라고 주장한다. 그러나 인공지능을 둘러싼 논쟁은 사실 소모적일 뿐이다. 현재의 인공지능의 수준을 기준으로 인공지능의 미래를 평가하는 것 자체가 예언으로서 설득력이 부족하고 또 어느 누구도 미래의 예언을 확신할 수 없다. 중요한 것은 인공지능이 연구되고 개발되는 사회적 경제적 동기에 어떤 리스크가 있는가를 파악하여 그 리스크를 관리하는 것이다. 그리고 그러한 관점에서, 즉 예언이 아니라 리스크 관리의 관점에서 보면, 급속히 엄청난 자본과의 유착 속에 개발되고 있는 인공지능은 적어도 돈을 벌어주는 능력에서는 인간을 능가할 가능성이 크다. 그리고 또 그렇게 되면, 인간은 자본을 위해 돈을 벌어주는 능력에서는 무능한 존재자로 시장에서 퇴출될 위험에 노출될 것이다. 하지만 이러한 리스크 관리차원의 논의 보다 더 심각한 것은 현재 인공지능을 둘러싼 이런 예언적 논쟁에서 진정으로 중요한 문제가 망각되고 있다는 점이다. 그것은 바로 지능(Intelligence)에만 관심과 자본이 집중되면서, 지성(Intellect)가 사라질 위험에 처하고 있다는 것이다.

사실 인간은 지능의 차원을 넘어선 지성적 차원의 존재자이다. 그런데 지능은 무엇이며 지성은 무엇인가. 이미 우리의 존재를 가능하게 하는 일상의 언어는 지능과 지성의 차이를 알고 있다. 우리는 자연스럽게 말한다. 지능적 범죄는 있어도 지성적 범죄라는 표현은 없다. 그러나 유감스럽게도 지능과 지성 사이에 존재하는 엄연한 차이는 현대 인지과학이나 정보공학에서는 논의가 될 수 없다. 왜냐하면 이러한 학문들은 인간의 능력을 오직 지능에 국한 시켜 연구하고 있기 때문이다.

지능은 칸트의 용어를 빌면 오성(Verstand)에 속하는 능력으로 계산과 논리적 추론의 영역이다. 이러한 능력은 정해진 알고리듬이나 규칙에 따르는 인간의 인지능력으로 프로그램으로 구현할 수 있다. 그러나 지성(Intellect)는 셸링이 시사하듯 비판적 성찰과 숭고한 감동을 받을 수 있는 능력이다. 이는 논리적 추론을 넘어서는 지적 성찰과 사색을 할 수 있는 능력이다. 이렇게 지능을 능가하는 지성의 능력이 있기에 인간은 단순히 논증이나 계산으로 도달할 수 없는 행위의 영역에 들어선다. 그 영역이 바로 도덕과 예술의 영역이다. 실로 인간은 자신의 이해득실 계산에 예속되지 않고 타인들을 배려하는 도덕적 행위를 할 수 있다. 그렇기 때문에 우리는 자신의 이익을 위해 타인에게 피해를 주거나 희생시키는 자들은 도덕적으로 비판한다. 또 우리는 위대한 예술작품에서 어떤 숭고한 감동을 받으며 삶에 대한 깊은 성찰로 인도된다. 몇 년 전 국내에 전시된 마크 로스코 같은 작품은 이를 증명한다. 스티브잡스가 고백하듯 그의 작품 앞에선 많은 사람은 삶의 근원에 대한 숭고한 감동을 공유한다. 이 모든 것은 계산과 논리적 추론으로는 실행할 수 없는 인간 지성의 차원이다. 그렇기에 기계나 컴퓨터가 도저히 시뮬레이션 할 수 없는 인간의 능력이다. 이렇게 보면 인공지능은 인간 지성에 비해 한없이 빈곤하다.

불행하게도 오늘날 과거 지성의 전당이라고 불렸던 대학에서 조차 지성에 관한 논의는 거의 사라졌다. 대학에서 연구 개발되어야 할 것은 인간의 지능을 모방하거나 그 보다 더 효율적으로 작동하는 인공지능이다. 이러한 상황에서 비판적 성찰과 숭고의 감동을 추구하는 지성적 실천은 그 활동공간을 잃고 추방당하고 있다.

사실 인류의 미래와 관련하여 심각한 위기는 인공지능이 인간을 역사에 추방할 것인가에 있는 것이 아니다. 그보다는 인공 지능을 공학적으로 제작하려 하는 시도의 바탕에 어떤 인간관이 숨어 있는 인간관을 대학에서조차 비판적으로 간파하지 못한다는데 있다. 사실 여기에는 트랜스휴머니즘이 추진하는 포스트휴먼 인간관이 침투해 있다. 이러한 인간을 포스트휴먼으로 제작 진화시키려는 인간관은 인간이 역사의 주인공으로 등극한 이유를 오직 인간의 지능에서만 포착하고 이 지능을 공학적으로 더 진화시킴으로써 인간보다 더 인간적인 미래의 인간을 탄생시키겠다는 입장이다. 이러한 포스트휴먼의 인간관은 실로 인간에 대한 지극히 편협한 이해 속에 역사 속에서 지성이 해온 역할을 간과하고 있다. 그리고 이 지성이 없었으면 인류의 역사는 보다 더 도덕적인 가치나 숭고한 차원을 향한 도전이 불가능했을 것이다. 역사에서 발전은 진화가 아니라 승화이다. 그리고 역사의 승화를 이끌고 가는 주체는 인간의 지성이다.

지금 인공지능이 가져올 미래에 대한 논의는 인간이 과연 더 편안하고 안락해질 것인가 아니면 인공지능 때문에 일자리를 잃을 것인가에 집중되어 있다. 하지만 이보다 더 근본적으로 성찰해보아야 할 문제가 있다.

인공지능이 인간의 지능을 능가하는 방식으로 개발된다면, 이는 역사가 지성을 상실한 미래로 향하는 과정이다. 그런데 역사가 지성을 상실하면, 도덕적 가치나 숭고한 미를 향한 역사의 발전은 불가능하다. 그러나 역사는 그저 지능적 효율성이 증강되는 진화의 과정이 아니라 보다 높은 가치로 승화되는 과정이어야 하지 않을까.

바로 여기서 최근 대학에서 추방의 위기에 처한 인문학이 역사적 요청으로 존재해야할 이유가 분명해진다. 인문학적 사유는 타자와 경쟁하며 이익증대에 주력하는 시장학문이 아니라 타자와 함께하며 보다 높은 가치를 지향하는 공동체의 학문을 추구한다. 따라서 인문학적 사유의 실용성은 상품제작이 아니라 사회적 문화적 실천에 있다. 그리고 그 사유가 가는 길은 이미 만들어진 길(methodus)이 아니라 스스로 길을 잃으면서 다시 찾는 숲길(aporia)이다. 때문에 인문적 사유의 속도는 가속도가 아니라 숲속을 걸어가는 현자의 발걸음 속도이다. 그것은 속성의 기술이 아니라 숙성의 예술인 것이다. 그리고 그 사유는 외국어나 컴퓨터언어가 아니라 모국어를 바탕으로 펼쳐진다. 결국 이러한 인문학적 사유의 실행자는 기계나 논리적 계산기가 아니라 인격적 인간이다.

## 3 융합을 넘어 융화를 향하여
: 인문학과 응용학문의 복수전공을 통한 미래 인재 양성

인문학 교육은 실용적 측면에서 그리고 그 보다 훨씬 더 중요하게는 역사의 진보를 위해서 절실하다. 하지만 이렇게 절실한 인문학 교육은 요즘 유행하듯 파괴적 혁신을 통한 새로운 제도의 마련을 통해서만 가능한 것이 아니다. 오히려 현재 융합이란 미명아래 인문학을 추방하는 대학의 구조조정 추세는 수정되어야 한다. 그리고 오랫동안 숙성된 각 학문의 성과를 그 독립성을 유지한 채 학문 간의 융화를 지향하는 복수전공 제도를 내실화하는 것이 훨씬 현명한 방식이다.

현재 융합 연구 및 교육 정책은 학문적 정체성이나 정당성에 대한 성찰 없이 유행에 편승하여 이목을 끌 수 있는 브랜드 아래 기존 학과를 물리적으로 통폐합하여 소위 융합학과를 급조 양산하는 결과

만을 낳았다.

이렇게 교육과 연구의 실질적 협력기반이 숙성되지 않은 채 물리적 융합으로 졸속 설립된 학과들은 교육과정의 타당성이나 학문적 지속가능성 모두가 의문시되는 실정이다. 불과 몇 년 전 당시 시대상황에 따라 급히 설립된 융합학과들 중 벌써 폐과되는 학과들이 속출하고 있다. 반면 산업적 수요가 직접적으로는 확인되지 않는 기초학문 학과들은 구조조정이라는 이름으로 추방당하는 경우가 점차 확산되고 있다. 이는 장기적으로 기초 학문의 파산은 물론 학문의 다양성에 기반 한 협력 교육 및 연구 자체를 불가능하게 만들어버릴 위험마저 있다. 문제는 여기에 그치지 않는다. 가장 큰 우려는 이 유행에 편승한 새로운 전공의 설립과 폐지의 악순환 속에서 미래를 책임질 학생들이 길을 잃은 학문적 미아가 될 위험에 노출되어 있다는 점이다.

앞으로 미래의 주역될 우리 학생들은 한편으로는 과학기술의 문화적 의미를 해석하여 인간의 문화활동에 기여하는 의미혁신을 주도해야 하며 또 동시에 역사를 진보시키는 지성적 인간으로 성장해야 한다.

이를 위해서는 적어도 학부에서 인문학과 같은 기초학문 전공의 존재를 학문적 당위로 인식하고 학생들이 실용 혹은 응용학문과 기초 인문학을 복수전공하도록 적극 장려하는 제도를 마련해야 한다. 특히 협력 연구의 성공을 위해서 각 분야 전문가가 자기 분야 이외의 1개 타 분야에 자기 분야에 버금가는 전문성을 확보하도록 인도하는 것이 필수적이다. 따라서 복수전공이 실질적으로 복수 분야에 전문성을 확보한 전문가 양성을 목표로 체계화되고 강화되어야 한다. 그러나 현재 복수전공은 단수전공에 비해 각 전공에서 요구하는 학점이 적기 때문에 해당 분야에 대한 피상적 학습으로 그치고 있는 것이 다반사이다.

여기서 한 가지 꼭 지적해야 할 점이 있다. 현재와 같이 과학기술이 높은 수준으로 발전하고 있는 상황에서는 과거처럼 다방면에 뛰어난 레오나르도 다빈치형의 인재 양성이 사실상 불가능하다. 다방면에 능통한 인재라 해도 현대와 같은 고도 전문 지식사회의 기준으로는 상대적으로 피상적인 교양 차원에 머물 수밖에 없다. 이런 인재들이 수십 명 모인다 해도 현재와 같은 융합 연구의 수준에서 예상할 수 있는 결과물은 피상적 수준에 그칠 것이다. 이 점은 다음과 같은 상황을 떠올려보면 쉽게 이해할 수 있다.

여러 가지 악기를 아마추어 수준으로 연주하는 연주가 수십 명이 있다고 하자. 이들이 모여 연주를 한다고 해도 제대로 된 하모니는 이루어지기 어려울 것이다. 또 피상적인 수준에서 영어, 독일어, 이태리어, 스페인어, 한국어를 동시에 구사하는 다국어 능력자가 있다고 하자. 이렇게 여러 나라 말을 약간씩 할 수 있는 다국어 능력자가 50여 명에 모여 괴테의 파우스트를 한국어로 번역한다고 하자. 과연 훌륭한 번역이 나올 수 있을까? 그보다는 독일어와 영어만을 완벽하게 구사하는 사람, 그리고 영어와 한국어만을 완벽하게 구사하는 사람 이렇게 두 사람만 있는 것이 각 언어의 중계를 거쳐 파우스트를 상당 수준으로 번역하는 데 훨씬 도움이 될 것이다.

이러한 사실을 원용하면, 2개 분야에서 전문성을 확보하고 있는 연구자들이 협력 연구를 할 경우, 서로 중첩되는 부분에 있어서 전문화된 각 학문의 단절 상황이 순조롭게 극복될 수 있다. 뿐만 아니라 상당히 심화된 수준에서 시너지 효과를 산출할 수 있다. 예를 들어 심리학과 철학 복수전공자, 심리학과 분자생물학 복수전공자, 철학과 문학 복수전공자가 함께 협력 연구를 할 경우를 생각해 보자. 이 경우 문학과 분자생물학은 상당히 먼 학문적 거리에도 불구하고 중간 복수전공자들의 지식매개 과정을 통해 순조롭게 순환되며 합류하여 새로운 연구영역을 개시하고 특출한 연구결과를 창출할 수 있다.

물론 현재 복수전공은 매우 부실하게 운영되고 있다. 심지어 전공세탁으로 악용되는 경우도 있다. 그러나 복수전공 제도를 내실화하려는 대학과 교육당국의 노력만 있다면, 복수전공제도는 기존의 학제를 파괴하지 않고도 심층횡단을 통한 협력 능력의 배양이 가능하다. 즉 현재의 학과 제도가 각기 세분하여 이룩해 놓은 지식의 숙성도와 잠재력을 훼손시키지 않으면서 또 기존 제도의 폐쇄성을 극복할 수 있는 학문의 융화(harmonizing) 방법임을 주목해야 할 것이다.

## 4 융합의 과거, 현재 그리고 미래

이제 4차 산업혁명과 함께 현재 경제 사회문화 그리고 과학기술 및 교육에 이르기 까지 엄청난 영향력을 행사하는 이 융합을 지식고고학적으로 추적해보자. 그러면 다음과 같은 사실이 발굴된다.

우선 현재 대대적으로 회자되고 있는 융합의 탄생 장소는 우리나라가 아니라 미국이다. 그리고 이 미국에서 탄생한 융합을 보다 정치하게 해석해보면 우리나라에서 이슈가 되고 있는 융합은 최소한 두 가지 버전을 갖고 있는 미국식 융합이 혼재된 상태라는 것이 밝혀진다. 그리고 이 두 가지 버전의 융합을 각 버전의 원래 입장에서 보면, 사실상 융합이라고 해서는 곤란하다는 사실도 밝혀진다. 우선 우리나라 융합에 어떻게 두 가지 버전이 혼재되어 있는가를 이해하기 위해서는 우리나라 융합의 역사가 두 번의 전기를 통해 전개되고 있다는 점을 인지해야 한다.

### 1) 첫 번째 에포크: NBIC convergent technology

융합을 향한 첫 번째 전기가 마련된 시점은 2002년 이후인 것으로 추정된다. 그전에는 융합대신 특히 학문영역에서는 복합이라는 용어가 사용되었다. 그러나 2002년부터 급격히 융합이란 용어의 사용빈도수가 증가한다. 2002년은 미국 과학재단에서 『인간의 성능 향상을 위한 수렴기술(*Convergent Technologies to Improve Human Performance*)』[1] 보고서가 출간된 해이다. 이 보고서에서 Convergence가 미래기술의 패러다임으로 화려하게 등장했다. 이 과정에서 기폭제가 된 것이 바로 그 즈음에서 각광을 받기 시작한 나노기술(nano-technology)이다. 나노기술은 그 동안 물리적·기술적 한계로 여겨진 극소 세계에 접근할 수 있는 문을 열어 주었다. 그에 따라 새롭게 열린 나노의 세계는 화학이나 물리학, 생물학적 현상들을 원자나 분자 수준의 차원에서 이해할 뿐만 아니라, 정보통신·미디어 관련 산업들을 나노 수준의 단계에서 이해하고, 나아가 기술적으로 조작할 수 있는 가능성들을 열어 주었다. 이렇게 융합의 기원을 NBIC Convergence로 회귀시켜 보면 다음과 같은 내용이 눈에 띈다.

우선 매우 NBIC버전은 기술이 미래를 결정한다는 기술지상주의적 미래주의에 고착되어 있다. 그 다음으로 눈에 띄는 내용은 융합

---

1) *Convergent Technologies to Improve Human Performance*, edited by Mihail C. Roco, William Sims Bainbridge, 2002, NSF

기술이라 할 때 융합의 대상이 되는 기술의 범위는 비교적 정확히 규정되어 있다는 점이다. 융합의 범위를 이렇게 비교적 정확하게 규정할 수 있는 까닭은 논의되고 있는 융합이 컨버전스의 원래 의미, 즉 '수렴'의 의미를 강하게 지니고 있기 때문이다. 물론 여기서 기술은 각기 다른 영역에서 활용되고 있는 기술이지만, 그 영역의 물리적 구성자는 나노 수준의 물질로 환원될 수 있다는 가정 아래에서 수렴이 시도되고 있다.

주목해야할 사실은 NBIC 컨버전스는 융합이란 말이 자연스럽게 연상시키듯 다양한 기술의 수평적 결합이 아니라, 나노기술을 플랫폼으로 하는 수렴이라는 점이다. 따라서 'convergence'를 우리나라에서 '융합'으로 번역한 것은 불행한 사건이었다. 그것은 오역일 뿐만 아니라, 학제적(interdisciplinary) 연구와 같은 포괄적 개념으로 오용되기도 하며, 어떤 경우에는 퓨전(fusion), 결합(composition), 조합(combination) 등과 혼돈되어 많은 부작용을 초래하고 있다. 이 수렴적 융합이 협력적 연구(collaborative research)와 어떻게 구별되는지도 불분명하게 만들어버렸다. 각각의 학문을 나노스케일 물질로 수렴하여 연구하는 방식은 여러 학문이 협력하여 연구하는 방식중의 하나일 뿐이다. 그럼에도 수렴이 융합으로 오역되고 또 이 수렴 방식의 연구가 오직 유일한 협력연구방식으로 연구 유형을 독점화함으로써 다양한 형태의 협력연구방식이 추방되거나 수렴연구로 획일화되는 부작용이 나타나고 있다.

## 2) 두 번째 에포크: 애플 성공의 교훈

융합이 다시 우리사회의 전폭적인 주목을 받게 된 것은 2010년 어느 날 스티브 잡스가 아이패드를 선보이는 현장에서 일어난 사건 때문이다. 그는 그때 애플의 혁신은 인문학과 기술의 교차로에서 탄생한다고 선언했다. 실로 그 즈음 애플은 방해가던 과거를 거의 기적에 가깝게 극복하고 기하급수적인 성장속도를 보이며 세계인들을 감동시키고 있었다. 이 애플의 기적은 우리나라 융합역사에 새로운 전기를 마련하며 융합을 더욱 가속화하고 확산시켜야할 강력한 동인으로 흡수되었다. 그런데 이번의 융합은 첫 번째 버전, 즉 NBIC버전처럼 기술지상주의에 고착되지 않고 스티브잡스의 말을 따라 인문학을 참여시키는 방식으로 추진되기 시작했다. 그리고 거기에는 다음과 같은 기대가 있었다. 이제 인문학을 제품화하는 기업은 애플처럼 될 수 있을 것이다. 그러나 이상한 기류가 감돌았다. 인문학자와 기술자가 만나 융합을 하면 금방이라도 애플을 능가하는 혁신제품이 나올 듯, 그래서 곳곳에서 융합을 숨 가쁜 속도로 서두르며, 사방에서 융합관련 이벤트가 열렸다.

　하지만 여기서 매우 중요한 사실이 간과되고 있다. 우선, 스티브잡스가 IPad를 소개하는 자리에서 선언한 내용에서 역시 융합이란 용어를 쓰지 않고 인문학과 과학기술의 교차점에서 대해서 이야기하고 있다는 점이다. 그리고 그보다 더 중요한 것은 잡스는 애플이 이루는 낸 것을 교차라고 표현했지만 사실은 그 교차는 상당기간의 역사를 갖는 숙성의 과정이라는 점이다. 실로 애플이 오늘날에 이르기까지 오랜 시간을 거친 지혜의 숙성 역사가 있었다. 애플은 1990년대 제록스 파크연구소에서 마크 와이저 이끌던 연구팀이 상당 기간을 거쳐 이루어낸 성과를 충실히 계승한 기업이다. 그런데 와이저는 특히 인간과 컴퓨터의 관계, 전문용어로 HCI라는 분야에 있어서 철학, 특히 현상학적 지혜를 잘 적용시킨 기술자이다. 그는 이미 대학에서 철학을 복수 전공하였고 HCI분야가 전문가가 되어서도 끊임없이 철학 공부를 하였다. 그러나 그도 또 그에게 철학의 지혜를 전수한 선배가 있다. 그는 70년대 MIT 미디어 랩에서 "컴퓨터가 할 수 없는 것"이라는 책으로 파란을 일으킨 허버트 드레이퓌스라는 철학자이다. 당시 모두가 컴퓨터에 열광하고 있을 때, 그래서 인간의 인지능력마저 컴퓨터와 똑 같은 것으로 보려하는 인지과학이 대세가 되어갈 무렵, 대세를 거스르는 저서를 출간한 것이다. 그리고 드레이퓌스 역시 20세기 초반 철학사에 격변을 일으킨 하이데거라는 철학자의 철학을 오랜 세월 연구하며 지혜를 얻었다. 이렇게 보면 애플의 혁신은 적어도 20세기 초엽 시작된 인문학적 성찰의 역사가 거의 100년의 시간을 거쳐 여러 매개 과정을 거쳐 숙성된 미학이다.

### 3) 세 번째 에포크: 사회적 가치 창출을 위한 융화를 향하여?

이제 우리나라 융합의 역사는 세 번째 전기를 맞고 있다. 첫 번째 두 번째는 모두 미국에서 일어난 과학기술계 그리고 산업계의 혁신적 변화를 급속히 수용하는 과정에서 적지 않은 오해와 오역 그리고 숙성의 미학을 간과한 속성의 공학이란 실수를 범했다. 그러나 그러한 가운데서도 새로운 도전은 이루어 졌고 때문에 성과가 전혀 없는 것도 아니었다. 그리고 최근 논의되는 융합에서는 과학기술영역과 산업 영역을 넘어 문화사회적 가치 창출이 상당한 비중으로 강조되고 있다. 어떤 면에서 이러한 융합에 대한 새로운 기획은 이전 NBIC 그리고 애플식 융합의 범위와 목적을 훨씬 넘어서는 담대한 야망을 갖고 있다. 사실 세 번째 전기를 맞는 이 대한민국식 융합은 융합이라는 물리적 화학적 용어를 왜소하게 만들며 사회문화적 포용의 가치를 창출하려는 것으로 그 궁극적인 목적은 인간, 자연, 기술 그리고 경제의 융화를 추구하고 있다고 해야 할 것이다. 이러한 의미에서 현재 추진 중인 융합은 미국에서 비롯된 혁신의 사건을 오역함으로써 탄생했다는 불행한 과거를 청산해야 한다. 동시에 그 담대한 야망을 담아내기 위해서는 숙성의 미학에 기초한 융화라는 비전으로 좀 더 선명하게 그려져야 할 것이다.

## 5 융화와 협력적 창의성 : 마이크로소프트 실패의 교훈

그리고 이 담대한 비전을 실행하기 위해서는 창의성에 대한 기존의 상투적 관념을 혁신해야 한다. 이 상투화된 구시대적 창의성은 창조경제를 선구적으로 제창한 플로리다의 창조경제에서도 여전히 목격된다. 플로리다가 주장하는 창의경제에서 창의성은 유감스럽게도 여전히 천재들의 특출한 능력으로 이해되고 있다. 그러나 이러한 창의성개념은 20세기의 창의성 연구에서는 극복된 지 오래이다. 20세기 후반부터 창의성연구는 개별적 천재의 역할이 지나치게 과장되었다고 비판하며 창의성을 사회적 상호작용의 관점에서 고찰하는 방향으로 나아간다. 특히 최근의 연구에 따르면 개인들이 서로 상호작용하고 서로의 일에 적극적으로 참여할 때 그 어느 누구에도 속하지 않는 제3의 능력이 창발한다. 협력은 개인들을 자신들이 기대할 수 없었던 새로운 생각에 노출시키고 멀리 떨어져 있는 생각을 연결시키며 생각의 핵심을 변형시켜 새로운 생각으로 창조하기 때문이다.

협력이 창의성과 혁신의 관건이라는 사실은 마이크로소프트사의 사례에서 증명된다. 마이크로소프트는 경쟁과 서열화라는 구시대적 평가제도로 기업을 운영한 결과 직원 간 협력부재 및 직원이탈이라는 상황을 맞이하며 창의적 혁신의 동력을 잃고 말았다. 따라서 마이크로소프트사는 최근 경쟁과 서열 평가제도의 폐해를 인정하고 이를 폐기하기로 결정했다.

결국 융합이 문화사회적 가치를 담기 위해서는 융화로 승화되어야 하며 이를 위해서는 경쟁이 아니라 협력을 증진시키는 방향으로 정책운영원리 및 제도가 전면적으로 혁신되어야 한다.

우리 사회의 사람들은 탄생에서부터 죽을 때까지 경쟁과 서열화 기제로 관리되고 통제된다. 우리 사회가 과도한 경쟁 위주의 교육 및 경제 정책으로 인해 매우 빈약한 사회적 자본을 축적하고 있다는 것은 모두가 인정하는 사실이다. 사회적 신뢰 구축에 부정적인 영향을 미치는 이러한 사회 분위기를 탈피하기 위해 정부는 전 부처에 걸쳐 경제 성장의 동력을 협력적 창의성으로 혁신하고 학문 간의 융화를 증진하는 교육정책과 경제정책을 기획하고 추진할 필요가 있다.

# 4차 산업혁명과 사생활보호의 변화

박 종 보

## 1 사생활에 대한 관점을 재정립할 필요성

4차 산업혁명이 도래하면서 사생활의 법적 보호는 빠른 속도로 위축되고 있다. 사생활보호 논의는 19세기 말 미국에서 시작되었는데,[1] 정보사회에 직면하여 위기를 맞고 있다. 주요 IT 기업의 경영자들은 사생활보호에 큰 의미를 두는 것 같지 않다.[2] 인터넷 서비스 이용자들은 '프라이버시 패러독스(privacy paradox)'가 발생하는 현실 속에서 정보제공의 이득과 손실을 따져 보라고 강요당하고 있다.[3] 나아가 어차피 정보를 보호할 수 없다면 차라리 정보를 제공하고 그 이익을 향유하는 것이 합리적이라는 주장도 제기된다. 정보사생활(情報私生活) 논의의 중심도 정보의 활용을 전제로 삼고, 그 과

---

1) S. D. Warren/L. D. Brandeis, The Right to Privacy, Harvard Law Review 4, Dec 1890, p. 193 이하.
2) 예를 들어 2009년 12월 3일 당시 구글의 최고경영자 에릭 슈미트(Eric Schmidt)가 CNBC와 나눈 인터뷰와 2010년 페이스북의 창립자인 마크 저커버그(Mark Zuckerberg)의 인터뷰를 떠올릴 수 있다.
3) 구체적 사례와 함께 분석한 내용은 B. Wittes/J. C. Liu, The Privacy Paradox: The Privacy Benefits of Privacy Threats, The Brookings Institution, May 2015, p. 11 이하.

정에서 발생할 수 있는 위험을 최소화하는 방향으로 바뀌고 있다. 사생활보호는 쇠퇴하고 정보에 대한 접근성을 통제하는 방법이 더 중요한 논쟁거리가 되고 있다.

4차 산업혁명이 전면에 내세우는 표제어는 '물리학 기술 - 생물학 기술 - 디지털 기술' 사이의 융합이다. 이 영역들은 각자 독자적인 규칙들에 의하여 운영되는데, 이것들을 연결하는 매개체는 정보이다. 생체정보가 물리적 기계의 작동에 영향을 미치는 것은 일상적인 현상이 되었다. 물리적 현실세계의 상황은 디지털로 전환되어 수집되고, 전달되며, 저장된다. 저장된 정보들은 처리과정을 거쳐 물리적 세계에 관한 합리적 의사결정의 근거를 제공한다. 사적 영역과 공적 영역이 융합되고 있다. 공적 영역에서 수집된 정보라 할지라도 정보 처리과정을 통하여 사적 영역에 해당하는 정보로 가공될 수 있다.[4] 이와 반대로 사적 영역도 공적 영역과 중첩될 수 있다. 그런데 기존의 법질서는 사적 영역과 공적 영역을 대립관계로 이해하기 때문에, 공과 사가 중첩되는 영역에서 명확한 기준을 제시하지 못하고 있다.

사생활의 가치에 대한 인식이 점점 희미해지고 있음을 부인하기는 힘들다. 사회안전, 경제성장, 편의제공, 자기연출 등은 사생활보호의 쇠락을 가속화하고 있다. 미래를 어떻게 예상하는가에 따라 우리는 다양한 입장을 취할 수 있을 것이다. 사생활에 대한 위험이 임박한 지금이 사생활을 바라보는 관점을 재정립할 필요가 있다.

---

4) 1983년 독일연방헌법재판소는 개인정보자기결정권의 기본권적 보장을 승인한 인구조사판결에서 "더 이상 중요하지 않은 정보는 없다."고 판시한 바 있다(BVerfGE 65, 1 (44)).

## ② 사생활보호에 관한 전통적 접근방법

### 1) 제도로서 사생활

'사적인 것'의 개념은 사회적·문화적 종속성으로 인하여 일치된 합의 없이 불분명하게 남아 있다.[5] '사적인 것'에 관한 논의는 '공적인 것'에 대한 대립관계에 기초하여 전개되어 왔다. 역사적으로 '공적인 것'은 주로 국가였다. '사적인 것'은 처음에는 국가에 대한 대립으로, 나중에는 영역과 관련하여 이해되었다. '공적인 것'과 '사적인 것'은 실재하는 사회·문화적 관습에 따라 사회적 삶을 분류함으로써 구별되었다. 사적 영역은 관습적인 규칙들에 의해 보장되는 제도적 개념이었다.[6] 사적 영역은 사회적 영역 밖에 존재하며, 개인의 자율성에 맡겨진 영역으로 간주되었다.[7] 여기에서 개인은 다른 영역에서 통용되는 관행과 규범들을 고려할 필요 없이 인간관계, 행동방식 그리고 개인적 가치들을 자율적으로 형성할 수 있었다. 자유는 사적 영역 내에서 특히 잘 실현될 수 있었지만, 자유의 실현과 사적 영역이 필연적인 인과관계에 있지는 않았다. 자유의 실현 정도가 사적 영역의 경계를 설정하는 데 도움이 되지도 않았다. 오히려 자유의 실현 정도는 영역의 경계 설정에 좌우되었다고 평가되기도 한다.[8]

---

5) 불확실한 사생활 개념의 사용을 비판하며 사적인 것의 이론적 재구성을 시도하는 사회학적 관점에 대해서는 B. Rössler, Der Wert des Privaten, 2001, p. 16 이하.

6) M. Nettesheim, Grundrechtsschutz der Privatheit, VVDStRL 70, 2011, p. 16. 또 다른 표현으로 "질서관념(Ordnungsidee)": C. Geminn/A. Rossnagel, „Privatheit" und „Privatsphäre" aus der Perspektive des Rechts, JZ 2015, p. 707.

7) 이러한 관점에 대해서는 예컨대 W. Schmitt Glaeser, Schutz der Privatsphare, in: Isensee/Kirchhof (Hrsg.), HStR VI, 1989, § 129 Rn. 2.

8) M. Nettesheim, 앞의 논문, p. 16.

독일의 경우, 헌법제정자는 사생활을 자유와 제도의 보호로 구상했던 것으로 보인다. 독일기본법상 사적 영역은 혼인과 가족(제6조), 통신(제10조), 주거(제13조) 등 특정 생활영역의 사생활을 보호하는 개별규정으로 표현되었다. 사생활보호의 헌법적 지위는 개별사안과 관련된 기본권의 헌법적 지위와 연계하여 인정될 수 있었다.[9] 이 규정들을 해석함에 있어 자유와 제도의 보호로서 사생활의 관념은 초기 독일연방헌법재판소의 판례에서 반복적으로 나타났다. "사적 생활형성의 영역",[10] 인격발현의 "내부영역"은[11] 인간의 존엄성보장에 근거하여 "자유의 최후의 불가침 영역"으로 이해되었다. 보호되어야 하는 영역을 결정함에 있어서는 공간적이고 형식적인 기준이 고려되었다. 소위 '영역이론'에 따르면 사적 영역과 공적 영역은 명확하게 분리될 수 있으며 사적 영역 내에서도 비밀유지의 필요성에 따라 보호되는 다양한 행위공간이 구분될 수 있었다.[12] 영역이론은 오직 사실적인 관점에서[13] 공적 사안에 대한 개인의 근접성 또는 대중의 접근성을 기준으로 제시하였다. 공간적으로 파악된 사적 영역은 개인이 홀로 그리고 자기 자신으로 존재할 수 있는 곳이며, 국가체제는 물론 정치·사회적 조직의 영향력이 미칠 수 없는 곳이다.[14]

---

9) C. Gusy, Privatheit und Demokratie, KritV 2015, p. 431.

10) BVerfGE 6, 32 (41).

11) BVerfGE 27, 1 (6).

12) 영역을 구분 짓는 기준들에 대해서는 영역 이론 내에서도 합의되지 않았다. 다양한 영역이론의 분화와 한계에 대한 상세한 내용은 D. Rohlf, Der grundrechtliche Schutz der Privatsphäre, 1980, p. 24-47.

13) 비판적인 견해로 H.-D. Horn, Schutz der Privatsphäre, in: Isensee/Kirchhof (Hrsg.), HStR VII, $^3$2009, § 149 Rn. 15.

14) C. Gusy, 앞의 논문, p. 431.

독일연방헌법재판소는 영역이론에 의하여 포착된 보호영역을 현존하는 사회적 관습의 표현으로 이해하였으며,[15] 법질서는 영역의 분리를 재생산하거나 강화했을 뿐만 아니라 사적 영역 내의 관계를 정리해 왔다.[16]

## 2) 인격권에 기초한 사생활보호

1980년대 초에 이르러 인격을 형성하는 요소들을 보호법익으로 삼는 포괄적 기본권으로서[17] 일반적 인격권(독일기본법 제2조 제1항 및 제1조 제1항)이 도입되었다.[18] 지금까지 그 누구도 인격의 보호가 어느 정도까지 정치적 과정에 맡겨져야 하는지 그리고 어느 시점부터 헌법적인 보호가 작용하는지에 대한 일관된 기준을 제안하지 못하고 있지만, 오히려 그 덕분에 인간의 총체적인 생활환경이 잠재적으로 개인의 지배권 하에 놓일 수 있었다. 독일연방헌법재판소는 일반적 인격권에 기초하여 "더욱 밀접한 개인의 생활영역"을[19] 도입하며 기존의 판결들과 다른 관점을 제시하였다. 새롭게 등장하는 제한상황들에 직면하게 되자 한정된 개인의 생활영역은 인

---

15) 이러한 평가에 대해서는 W. Schmitt Glaeser, 앞의 책, § 129 Rn. 27; C. Degenhart, Das allgemeine Persönlichkeitsrecht aus Art. 2 I i.V.m. Art. 1 I GG, JuS 1992, p. 363.

16) 이에 대한 간략한 소개는 M. Nettesheim, 앞의 논문, p. 16.

17) 일반적 인격권의 구조에 관해서는 H. Kube, Personlichkeitsrecht, in: Isensee/Kirchhof (Hrsg.), HStR VII, ³2009, § 148, Rn. 35.

18) 도입 과정에 대한 간략한 소개는 예컨대 K. Stern, Der Schutz der Personlichkeit und Privatsphare, in: ders., Staatsrecht IV/1, 2006, § 99, p. 191-193.

19) BVerfGE 54, 148 (153). 이에 대한 평가는 W. Schmitt Glaeser, 앞의 책, § 129 Rn. 27; U. di Fabio, Art. 2 Abs. 1, in: Maunz/Durig (Hrsg.), GG, Rn. 149.

격관련성이 인정되는 사회적 환경을 주제별로 수용하면서 보완되기 시작하였다.[20] 개인정보자기결정권을 헌법적으로 보장하면서[21] 인격권 보장이 확장되었지만, 이와 동시에 영역에 기초한 사생활보호법리는 위축되었다.

보호되는 것은 더 이상 영역이론에 따른 사적 영역이 아니라, 인격과 그의 사생활이다.[22] 사생활은 인지될 수 있는 것과 인지된 것의 차이를 피보호자가 스스로 결정할 수 있을 때 발생한다.[23] 사생활보호는 개인의 자기결정(自己決定)을 매개로 사적 영역에 대한 접근 또는 참여를 규율하는 자유로 재구성되었다.[24] 자기결정이 더욱 높은 수준으로 보장될수록, 사생활도 더욱 높은 수준으로 보장될 수 있다. 그러나 보호되는 것은 '무엇이 사적인 것인지'를 결정하는 주관적 의사가 아니라[25] 보호영역과 관련한 자기결정, 즉 '무엇이

---

20) H.-D. Horn, 앞의 책, § 149 Rn. 35. 이를 계기로 개인은 대중 속에서 사생활의 법적 보호를 향유할 수 있게 되었다고 평가하는 견해는 J. Einspänner-Pflock, Privatheit im Netz, 2017, p. 47.

21) BVerfGE 65, 1. 이에 대해서는 F. Schoch, Das Recht auf informationelle Selbstbestimmung, Jura 2008, p. 352; H.-H. Trute, Verfassungsrechtliche Grundlagen, in: Roßnagel (Hrsg.), Handbuch Datenschutzrecht, 2003, p. 156 이하.

22) 최근 판례에서 용어의 사용에 대해서는 BVerfGE 120, 180 (197); 120, 351 (360, 362); 120, 378 (397, 399, 400) 참고.

23) C. Gusy, 앞의 논문, p. 433-434.

24) G. Rüpke, Der verfassungsrechtliche Schutz der Privatheit, 1976, p. 31 이하; 최근의 논의는 C. Worms/C, Gusy, Verfassung und Datenschutz, DuD 2012, p. 92 이하.

25) 이러한 견해에 대해서는 H.-D. Horn, 앞의 책, § 149 Rn. 44. 독일연방헌법재판소도 사적 영역을 결정함에 있어 장소적 분리의 기준에서 출발하고 있다. 이에 대해서는 BVerfGE 101, 361 (394 f.) 참고.

사적일 수 있는지'를 결정하는 것이다. 사적 영역 자체는 개인적 상황이 아니라 객관적 상황에 의하여 구성된다.[26]

사적 자기결정의 실질적 성과는 무엇보다도 정보의 영역에서 드러난다. 자기결정의 대상은 사적 범위에 대한 물리적 접근성뿐만 아니라 인지적 접근성에도 미친다.[27] 사적 영역에서 유래한 정보를 다룬다는 점에서 사생활보호는 정보보호로 평가될 수 있다.[28] 보호는 사적 관심사에 해당하는 정보에 대한 개인의 자기점유와 그 사회적 작용에 미친다.[29] 정보에 대한 자기결정권은 무엇보다 자신의 사적 범위를 외부로부터 차단하고, 이를 타인의 시선으로부터 폐쇄하며 그밖에 제3자의 인식에서 벗어날 권한을 개인에게 부여한다. 방어적 권리는 권한 없이 사적 정보를 조사하고 연이어 누군가, 어떠한 방식으로든 그리고 어떠한 목적으로든 사용하는 것으로부터 방어한다.

자기결정에 기초하여 사생활을 이해한다면, 자기결정권의 상실은 곧 사생활보호에 대한 제한으로 평가될 수 있다. '사적인 것'과 대립관계에 서 있는 '공적인 것'은 더 이상 영역에 기초하여 결정되지 않는다. 결정적인 기준은 개인의 행동 또는 정보에 대한 접근을 결정할 권리가 누구에게 귀속되는가 하는 것이다. 정보의 내용이나 정보 자체에 대한 통제권은 자기결정권이 상실되었는지 여부에 영향을 미치지 못한다.[30] 자기결정의 상실은 결정관할의 이전 즉, 타인에 의

---

26) 객관적 상황으로서 사적인 것의 자세한 소개는 H.-D. Horn, 앞의 책, § 149 Rn. 50 이하.

27) B. Rössler, 앞의 책, p. 216 이하.

28) H.-D. Horn, 앞의 책, § 149 Rn. 46.

29) 재산권과 유사한 구조로 평가하는 견해로 M. Nettesheim, 앞의 논문, p. 27.

한 결정으로 이해된다. 대중, 국가, 사회조직은 타자결정(他者決定)1 의 전형적인 예에 해당한다. 국가권력에 민주적 정당성을 부여하는 국민주권은 개인이 협력해야 할 대상이지만, 그 행사는 집단적 자기결정으로서 개인적 자기결정과 다른 차원에서 이루어진다. 사생활보호는 개인의 방어권이라는 성격을 가지므로, 다수결에 의한 민주적 결정은 사생활과 대립관계에 놓인다.[31]

## 3 4차 산업혁명과 사생활보호에 대한 위협

### 1) 생활환경의 디지털화

전자통신매체는 아날로그 세계와 디지털 세계를 연결하는 매개체로 작용한다. 개인은 전자기기를 통하여 그의 요청을 처리하는 인터넷서비스제공자의 서버에 연결된다. 서버 접근권한은 인터넷서비스제공자가 요구하는 일정한 인증절차를 만족할 때 사용자에게 주어진다.[32] 회원가입과 인증과정에서 개인과 그 전자기기의 정보들은 수집되고, 서버에 저장된다. 특히 개인의 지속적인 인증을 요구하는 클라우드 기반 서비스의 경우에는 더 상세하고 폭넓은 정보들이 수집되고 저장될 수 있다. 또한 인터넷 서비스 이용과정에서 이용자는 필연적으로 네트워크에 정보의 흔적을 남긴다.[33] 네트워크에 산재한

---

30) C. Gusy, 앞의 논문, p. 435.
31) C. Gusy, 앞의 논문, p. 435.
32) 네트워크의 상업화에 대해서는 T. Thiel, Anonymität und der digitale Struktur-wandel der Offentlichkeit, Zeitschrift fur Menschenrechte, 2016, p. 17.
33) R. Grimm, Spuren im Netz, DuD 2012, p. 81.

정보들은 서버운영자 또는 제3자에 의하여 수집된다. 스마트기기는 그 휴대성으로 인하여 사용자에 관한 더 상세하고 포괄적인 정보들을 제공한다. 생활환경의 디지털화는 가상세계뿐만 아니라 현실에서도 진행되고 있다. 감시카메라를 이용한 공공장소의 촬영은 안전보장을 이유로 이미 오래 전부터 시행되어 왔다.[34] 디지털화는 촬영된 영상을 더 손쉽게 수집하고 저장하며 전달할 수 있는 계기를 제공한다. 도처에 설치되어 있는 센서들은 개인이 미처 의식하지 못하는 동안 개인의 생활방식을 정보로 전환하여 서버에 전달한다. 디지털화는 가전제품을 통하여 그동안 아무런 의심 없이 사생활 영역이라고 인정받아 온 주거 내로 진입하고 있다.

정보처리기술과 저장기술의 발전 또한 생활환경을 디지털로 전환하는 데 기여한다. 이미 대량정보처리시스템, 즉 빅데이터 기술은 정보사회의 동력으로 평가되고 있다.[35] 빅데이터 기술의 적용분야는 자율주행자동차, 의료목적의 유전자분석은 물론 기업과 국가의 정책수립에까지 이르고 있다. 정보의 수집, 저장 및 처리과정은 거듭된 기술발전으로 인하여 전문가가 아닌 이상 알아볼 수 없을 만큼 복잡해졌다. 이 정보들은—다른 정보와 함께—사람을 식별할 수 있게 하는 데 그치지 않고(식별가능성의 문제), 인격프로필에 추가된다(인격상{人格象}의 문제). 프로필은 정보를 수집한 자가 자기의 목적

---

34) T. Siegel, Grundlagen und Grenzen polizeilicher Videoüberwachung, NVwZ 2012, p. 739.

35) 빅데이터와 관련된 법적 논의는 활발하게 이루어지고 있다. 예컨대 M. Sarunski, Big Data‐Ende der Anonymität, DuD 2016, p. 424; B. P. Paal/M. Hennemann, Big Data im Recht, NJW 2017, p. 1697; N. Marnau, Anonymisierung, Pseudonymisierung und Transparenz für Big Data, DuD 2016, p. 428.

(예를 들어 광고의 배치)을 위하여 사용하거나, 제3자의 목적(예를 들어 범죄수사, 영업상의 목적 등)을 위하여 활용할 수 있다. 개인화된 가상 정보저장공간으로 인하여 개인의 생활은 디지털로 성형(成形)될 수 있다. 물리적 실체로서 네트워크 또한 개인의 통신내용과 통신사실들은 물론 개인의 생활방식을 엿볼 수 있는 원천이 되었다.[36] 개인의 사생활은 암호, 방화벽 등의 의도된 우회를 통하여—즉 해킹을 통하여—또는 암호화된 통신의 권한 없는 복호화를 통하여 위협받을 수 있다.[37]

## 2) 디지털화의 진행과 사생활보호에 대한 위협

### (1) 자기결정권의 상실 또는 약화

새로운 기술을 활용한 사생활 침해에 대한 우려는 예측불가능성과, 그 결과인 회피불가능성에 기인한다.[38] 정보의 수집, 저장 및 처리과정은 거듭된 기술발전으로 인하여 전문가가 아닌 이상 알아볼 수 없을 만큼 복잡해졌다. 개인정보자기결정권에 근거하여 개인은 수많은 자기정보보호 조치들을 향유할 수 있게 되었다. 그럼에도 불구하고 개인은 여전히 개인정보의 수집, 저장, 처리 또는 제3자에 대한 또는 제3자에 의한 전달을 효과적으로 저지할 수 없다.[39] 인지가

---

36) M. Bedner, Rechtmäßigkeit der „Deep Packet Inspection", 2009, p. 18 이하.

37) J. Gerhards, (Grund-)Recht auf Verschlüsselung?, 2010, p. 42 이하.

38) BVerfGE 65, 1 (42).

39) 더 이상 시의적절하지 않다고 평가하는 견해로 J. Eichenhofer, Privatheit im Internet als Vertrauensschutz, Der Staat 55, 2016, p. 50; 또한 보편적인 자기결정을 허상으로 평가하며, 법에 의한 지원이 필요하다는 견해로 H.-P. Bull, Informationelle Selbstbestimmung – Vision oder Illusion?, 2009, p. 46.

능성조차 결여된 상황에서 인격관련성이 인정되는 사항을 스스로 결정할 수 없는 상황이다.[40]

디지털화가 진행되는 사회적 환경에서 자기결정은 "기술적 타자 결정"으로[41] 대체되고 있다. 디지털화로 인해 제3자의 접근권 또는 접근가능성은 점차 강화되고 있다. 반대로 사용자는 소통 및 다른 사적 생활환경에 대한 제3자의 접근가능성을 효과적으로 조절할 수 있는 환경을 스스로 조성하고 확보할 수 없다. 감시와 통제는 일상이 되고, 사생활은 오히려 예외가 되고 있다.

### (2) 중첩된 영역에 대한 불분명한 기준

사생활보호는 사적 영역과 공적 영역을 분리하는 이분법적 구조에 따라 서술되어 왔다. 상호배타적인 관계로 설명된 두 영역 사이에 정확한 경계를 설정하는 것은 쉽지 않았다. 중첩성 그리고 무엇보다도 개입과 변동이라는 다양한 상호작용이 존재하였기 때문이다.[42] 인터넷의 정보전달은 인터넷을 특정 영역에 속하는 행위와 관련하여 사용했는지와 무관하게 발생하기 때문에 인터넷상에 경계를 획정하기 곤란하다.[43] 공개되어 있는 정보, 즉 공공연하게 접근할 수

---

40) 특히 인터넷사용에 있어 인터넷 사용자의 통제권 상실에 대해서는 J. Eichenhofer, 앞의 논문, p. 51.

41) C. Gusy, 앞의 논문, p. 457.

42) S. Lamnek, Die Ambivalenz von Offentlichkeit und Privatheit, von Nahe und Distanz, in: ders./Tinnefeld (Hrsg.), Privatheit, Garten und politische Kultur, 2003, p. 18.

43) 이러한 문제에 대해서는 H. Nissenbaum, Privacy as Contextual Integrity, Washington Law Review 79, 2004, p. 119; J. Eichenhofer, 앞의 논문, p. 49. "후선주의적"이라고 비판하는 견해로 C. Geminn/A. Rossnagel, 앞의 논문, p. 707.

있는 인터넷상 정보원에서 유래한 정보에 대한 접근통제권의 보호도 문제되고 있다. 공간적 및 주제별 사적 영역의 보호를 통하여 타인의 인식에 한계를 설정하는 것은 불가능한 것으로 보인다.[44] 공적인 생활영역은 원칙적으로 누구에게나 열려있기 때문이다. 더 나아가 인격발현에 필수적인 사회적 영역 내에서 '일상적인' 행동 또는 결정도 비슷한 상황에 처해 있다.[45]

장소를 기준으로 경계를 설정한다면 대중이 지배하는 장소에서 사적 영역의 보호가치는 처음부터 인정되지 않는다.[46] 결정관할에 따라 경계를 설정하는 경우에도 대중 속에서 사생활에 대한 접근성은 타자결정의 대상으로 다루게 된다.[47] 이와 같이 대립관계에 기초해서 사생활을 이해하는 것은 중첩된 영역에 관하여 외견상 명확한 구별 기준을 제시하는 것처럼 보인다. 그러나 사실상의 접근가능성이나 결정관할과 같은 형식적 기준에 따른 판단은 사생활보호의 단편적인 측면만을 고려할 뿐이다. 중첩된 영역에서도 여전히 사생활의 보호필요성은 인정될 수 있다. 독일연방헌법재판소는 개인이 주거를 벗어나는 경우에도 휴식과 자아성찰의 가능성이 존재하는 일정한 영역이 보장되어야 한다고 판시하였다.[48]

---

44) 개인정보자기결정권과 관련하여 T. Siegel, 앞의 논문, p. 739. "개인정보자기결정권은 '인식보호 (Wahrnehmungsschutz)'를 보장하지 않는다."
45) 이러한 문제상황에 대한 간략한 설명에 대해서는 H.-D. Horn, 앞의 책, § 149 Rn. 65 이하.
46) BVerfGE 101, 361 (384); U. di Fabio, 앞의 책, Rn. 149.
47) 자기결정은 물적 한계에 구속되지 않으므로, 중첩된 영역의 사례를 사적인 것의 이해로 이전시키는 견해로 H.-D. Horn, 앞의 책, § 149 Rn. 65-66.
48) BVerfGE 101, 361 (394).

## 4 사생활보호의 새로운 이해: 사회적 관련성

### 1) 사생활의 사회적 이해

사생활을 사회적으로 이해하려는 것, 더 넓게는 기본권을 사회적으로 이해하려고 시도하는 것은 오늘날 지배적인 개인주의적 기본권이론이 현대사회의 구성요소를 충분히 파악하지 못한다는 비판적 인식에서 출발한다.[49] 기본권은 원칙적으로 국가에 대한 개인의 주관적 권리로 이해된다. 기본권은 국가의 제한으로부터 개인적 자유영역을 방어하고, 국가로 하여금 이 영역을 적극적으로 보호할 의무를 부과한다. 더 나아가 기본권을 사회국가적으로 이해하는 것은 기본권을 자유롭게 행사할 수 있도록 국가가 적극적으로 보장할 것을 요구한다. 이 지점에서 이른바 '사회적 자유'라는 새로운 구상이 제시된다.[50] 사회적 자유의 관심사는 자유의 매개이자 '행사조건'으로 고려될 수 있는 사회적 현실의 제도들에 놓여 있다. 사회의 자기조직은 모든 기본권행사가 국가적 차원에서 구조화되기 이전에 존재하였다.[51] 이것은 사회규범, 제도, 관행, 관습 그리고 생활형태로 구성된 기반구조(infrastructure)를 통하여 수립되어 왔으며, 주체를 생성하고 주체 간 집단적 질서를 형성하였다. 사회적 자유의 주장에 따르면 개인은 사회적 제도 안에서 그리고 그의 도움으로 자유를 추구할 수 있다. 한 주체는 다른 주체의 목적에서 자기목적의 실현가능성을 엿볼 수 있을 때 상호승인 관계를 맺으며, 그와 마주할 때

---

49) T. Vesting/S. Korioth/I. Augsberg, Einleitung, in: dies. (Hrsg.), Grundrechte als Phänomene kollektiver Ordnung, 2014, p. 3.

50) A. Honneth, Das Recht der Freiheit. 2011. p. 221 이하.

51) T. Vesting/S. Korioth/I. Augsberg, 앞의 책, p. 6.

비로소 자유로울 수 있다.[52] 개인은 수많은 사회적 관계 속에서 각 관계에 통용되는 다양한 사회적·문화적 규범에 종속되며,[53] 그의 인격은 바로 이러한 토대 위에서 형성된다. 이처럼 인간이 사회적 상호작용과정의 산물로 이해될수록 인간의 자율성이라는 구상은 점차 희미해진다.[54]

기본권의 사회적 이해에 따르면 사생활은 상호적 승인이라는 현실에서 발생한다. 사생활과 외부의 경계를 설정하는 것은 전적으로 개인의 권한에 속하지 않는다. 사회적 제도는 언제나 한 주체가 다른 주체의 비판을 반영할 수 있는 배경이다.[55] 사생활의 경계설정에 관한 양당사자의 협의 가능성은 사생활에 관한 개인과 타인의 이익을 조정하는 사회적 기본조건에 종속된다. 헌법 또한 사회로부터 고립된 인간이 아니라, 타인과 공존하는 사회적 환경 속의 인간을 상정하고 있다. 주거의 불가침, 통신비밀의 보호, 가족과 혼인의 보호에서 볼 수 있듯이 사적인 것의 원형은 더 이상 사회로부터 고립된 영역이 아니다.[56] 주거 내에 홀로 존재하는 개인에게 사생활은 무의미하다. 통신상대방이 없는 통신도, 구성원 없는 가족 또는 기타 생활공동체도 마찬가지이다. 타인을 주거 내에 초대할 때, 의사소통에 참여시킬 때, 가족 또는 생활공동체에 허용할 때 사적 영역은 보호

52) A. Honneth, 앞의 책, p. 86.

53) T. Vesting/S. Korioth/I. Augsberg, 앞의 책, p. 6-8.

54) A. Honneth, Dezentrierte Autonomie: Moralphilosophische Konsequenzen aus der modernen Subjektkritik, in: Menke/Seel (Hrsg.), Zur Verteidigung der Vernunft gegen ihre Liebhaber und Verächter, 1993, p. 155.

55) S. Seubert, Das Vermessen kommunikativer Räume, Forschungsjournal Soziale Bewegungen 30, 2017, p. 126.

56) C. Gusy, 앞의 논문, p. 432 참고.

가치를 획득한다.

## 2) 관계에 기초한 사생활의 형성

보호가치 있는 자기결정과 사회적 상호작용은 바로 이 관계 내에
서 실현된다. 사생활의 기초는 고립된 자기공간에서 제3자와 공존하
고 협력하는 소통공간,[57] 즉 '관계'로 이전된다. 개인은 사적 영역에
대한 타인의 접근을 통제하는 것이 아니라 사적 관계에 타인을 수용
할 것인지 또는 배제할 것인지 여부를 스스로 결정한다.[58] 타인을
사적 관계에 수용하는 경우에도 결정권자는 일정한 조건을 유보할
수 있다. 자기결정의 행사는 상대방과 소통하며 상호승인에 도달하
는 과정으로 평가된다. 사적 관계는 소통을 통하여 세분되며, 사생활
보호의 내용과 그에 대한 제한을 결정한다. 사적 관계에 접근할 수
있도록 수용된 자는 결정권자의 사적 영역에 귀속되며 사생활보호
의 '내용'이 된다. 반대로 사적 관계에 대한 접근이 허용되지 않은
자, 즉 배제된 자는 단순히 사적 영역의 부분이 되지 않는 것이 아니
라, 외부의 침입자로 간주된다. 그는 사생활보장에 대한 '제한'이 되
며, 사적 영역은 그로부터 보호되어야 한다. 기본권주체의 허락 없이
또는 의사에 반하여 정보를 획득한 자도 마찬가지이다.

이처럼 사생활은 추상적인 자기결정영역이[59] 아닌 사회적 현실에
해당하는 관계를 토대로 설명된다.[60] 그 성과는 다수의 개인이 동일

---

57) C. Becker/S. Seubert, Privatheit, kommunikative Freiheit und Demokratie, DuD
2016, p. 76.
58) C. Gusy, 앞의 논문, p. 447 참고.
59) 일기장 판결(Tagebuchentscheidung)과 관련하여 비판적인 견해로 M. Nettesheim,
앞의 논문, p. 20.

한 사적 영역 내에 머물며 서로 자기결정을 주장하는 사례와 같이 타인의 자기결정이 사생활에 한계를 설정하는 경우에 뚜렷하게 드러날 수 있다고 한다. 반면 사적 관계를 둘러싼 각 주체들의 수용 또는 배제에 관한 소통적 자기결정을 상정한다면 이는 사생활의 한계라기보다는 사생활의 내용이자 결과로 평가될 수 있기 때문이다.[61] 자기결정의 보장과 함께 사적 관계를 형성하고 이를 공고하게 만들 자유도 보장된다.

### 3) 사생활의 기초로서 신뢰

사생활은 사적 관계에 타인을 수용할 것인지를 스스로 결정함으로써 비로소 형성된다. 사생활을 사회적 현상으로 이해하더라도, 이를 곧바로 규범적 보장의 대상으로 삼을 수는 없다. 여기에서 무엇에 근거하여 사생활의 법적 또는 기본권적 보호필요성이 인정될 수 있는지에 관한 의문이 제기된다. 이 의문에 대한 대답은 다소 심리학적 도구에 기초한 자기결정과정의 분석과 함께 시작된다.[62] 법적

---

60) J. Eichenhofer, Privatheit und Transparenz in der Demokratie, Forschungsjournal Soziale Bewegungen, Vol. 30, 2017, p. 134.

61) 독일연방헌법재판소는 이와 달리 객관적 상황에서 사적 영역의 기준을 모색한다. BVerfGE 101, 361 (384).

62) 이에 관하여 M. E. Oswald, Vertrauen – eine Analyse aus psychologischer Sicht, in: Hof (Hrsg.), Recht und Verhalten: Verhaltensgrundlagen des Rechts – zum Beispiel Vertrauen, 1994, p. 111 이하. Oswald는 인지적(즉 개인의 신뢰가치성과 협력 또는 어쨌든 적대적이지 않은 상대라는 주관적 기대의 앎) 뿐만 아니라 사회적 친밀 및 확신과 관련된 감정적인(affektiv) 요소를 보여주는 신뢰관계(Vertrauenseinstellung) 및 신뢰관계의 실현으로 나타날 수 있지만, 그럴 필요는 없는 신뢰행동(Vertrauenshandlung)을 구별한다.

보호필요성에 대한 의문은 다음과 같이 재구성될 수 있다. 개인은 어떠한 이유로 타인을 자신의 사적 관계에 수용하거나 배제하는 결정에 이르게 되는가? 이와 함께 사생활보호의 논의는 더 이상 정보에 대한 접근의 통제에 한정되지 않고, '결정의 사생활' 차원에 속하게 된다.[63] 결정의 사생활은 개인이 결정하거나 행동할 때 타인의 간섭으로부터 보호되어야 한다는 것을 의미한다.[64]

경험적 관찰에 따르면 개인은 보통 상대방이 자신의 행동에 어떠한 방식으로 반응할 것이라는 기대를 가지고 그를 사적 관계에 수용한다고 한다.[65] 예를 들어 비밀정보를 자유의사로 전달하려는 자는 수신자가 정보를 비공개로 처리할 것이라는 기대를 가질 수 있다. 기대의 내용은 결정권자의 의사에 따라 결정되며, 이는 소통의 상대방에게 명시적 또는 묵시적으로 표현된다. 문제는 상대방이 결정권자의 기대를 충족할 것인지 여부가 불확실하다는 점이다. 디지털 환경을 예로 들면 인터넷 사용자는 인터넷서비스제공자가 개인정보를 보호할 것을 기대하며 인터넷을 사용하지만, 그가 기대를 충족할 것인지 알 수 없다. 타인의 행동에 대한 불확실성을 마주하며 사회학적 개념인 '신뢰'가 여기에서 원용된다.[66]

---

63) J. Eichenhofer, 앞의 논문, p. 50.

64) 이러한 구별에 대해서는 B. Rössler, 앞의 책, 2001, p. 24-25. "결정의 사생활" 외에 "심리적 사생활"도 논의되고 있다. 이에 대해서는 예컨대 S. Trepte/L. Reinecke, The social web as a shelter for Privacy and Authentic Living, in: dies., Privacy Online: Perspectives on Privacy and Self-Disclosure In the Social Web, 2011, p. 61-62.

65) C. Gusy, 앞의 논문, p. 448.

66) 사생활과 신뢰의 관계에 대해서는 C. Fried, Privacy, Yale Law Journal 77, 1968, p. 482.

개인은 최소한 타인과 공존하고, 행동을 그들과 조정하며 인간사회에서 그들과 협력하며 살아간다. 사회적 환경은 불확실성과 통제불가능성이 지배하는 공간이다.[67] 신뢰는 "앎과 모름 사이의 중간상태"로서,[68] 복잡성을 제거하는 방향으로 작용한다. 예컨대 만약 신뢰라는 기준이 전혀 없다면 결과를 확신할 수 없는 선택들 앞에서 언제나 망설일 수밖에 없을 것이다. 개인이 사회적 환경의 불확실성과 통제불가능성에도 불구하고 행동을 감행할 수 있는 것은 타인의 행동에 대한 신뢰가 존재하기 때문이다. 이 점에서 신뢰는 "타인의 행동이라는 불확실한 미래를 두고 내기하는 것"으로[69] 표현되기도 한다. 신뢰는 수동적인 믿음 외에 적극적인 약속(commitment)에 기초하여 형성된다. 특히 약속을 수반하는 경우 신뢰의 정도는 약속의 강도에 좌우된다.[70] 상대방이 기대를 충족할 것이 확실한 정도에—즉 기대의 확실성에[71]—이르렀을 때 결정권자는 그를 사적 관계에 수용할 것이며, 이와 함께 비로소 사생활이 형성될 수 있다. 일단 신뢰가 형성된 후에는 참가자 상호 간에 기대를 충족하며 신뢰를 공고히 하거나, 반대로 저버리는 행사의 단계에 진입한다. 사적 관계의

---

67) 이에 대한 개괄적인 소개에 대해서는 P. Sztompka, Trust: a social theory, Cambridge, UK: Cambridge University Press, 1999, p. 18-24.

68) G. Simmel, Soziologie, 2. Aufl., 1922, p. 263.

69) 이러한 표현에 대해서는 P. Sztompka, 앞의 책, p. 25. 이전에 이미 "내기(bet)"라는 표현이 J.S. Coleman, Foundations of Social Theory, 1990, p. 99에서 사용되기는 하였다.

70) 약속 및 그를 수반한 신뢰 수준의 변화에 대한 유형적 분석은 P. Sztompka, 앞의 책, p. 27.

71) 특히 인터넷 사용과 관련하여 전개된 논의에 대해서는 J. Eichenhofer, 앞의 논문, p. 50 이하.

내용과 존속은 신뢰기대(信賴期待)를 이행하는지 여부에 좌우된다. 사적 관계에 존재하는 사적 성격은 신뢰를 저버리는 경우 또는 사적 관계에 대한 정당한 사회적 또는 공적 이익이 존재하는 경우 상실될 수 있다. 사적 성격이 상실된 경우에도 관계는 존속할 수 있지만, 더 이상 사적인 관계로 평가될 수는 없다. 특히 사회적 또는 공적 이익이 존재할 경우에는 사회적 관계로 변형될 수도 있다.[72]

사생활의 기초이자 목적으로서 신뢰는 법 이전에 그리고 법의 영역 밖에서 형성된다.[73] 애초에 사생활의 법적 보호 이전에도 신뢰 그 자체는 물론 이에 기초한 친밀한 의사소통관계와 생활공동체는 존재할 수 있었다. 또한 법적 보호대상으로서 사적 관계는 주어진 것이 아니라 신뢰에 기초한 자기결정을 통하여 비로소 형성된다. 신뢰 그 자체에 대한 권리는 존재하지 않으며, 신뢰가 개별 기본권보장의 내용에 해당하지도 않는다.[74] 오히려 신뢰는 다른 법적 평가들(예를 들어 법치국가원칙,[75] 기본권, 신의성실 등)에 근거하여 보호할 만한 경우에 비로소 법적인 의미를 획득한다. 신뢰 자체의 형성, 존속 또는 종료는 원칙적으로 법적 보호의 관심사에서 배제되며, 매우 제한적인 경우에 한하여 요구된다.

---

72) 법적 관점에서 이러한 논의를 전개하는 견해로 C. Gusy, 앞의 논문, p. 448.

73) C. Gusy, 앞의 논문, p. 449.

74) J. Eichenhofer, 앞의 논문, p. 52. 예컨대 사회보장법상의 지위와 관련하여 재산권상(제14조 제1항) 신뢰보호의 의미에 대해서는 O. Depenheuer/J. Froese, in: v. Mangoldt/Klein/Starck, GG, Art. 14, Rn. 391.

75) 독일연방헌법재판소는 "신뢰보호의 헌법적 근거는 법치국가원칙에 있다."고 판시한 바 있다. BVerfGE 108, 370 (396 f.). 이에 관한 상세한 논의에 대해서는 K.-P. Sommermann, in: v. Mangoldt/Klein/Starck, GG, Art. 20 Abs. 3 Rn. 292 이하.

사생활보호와 관련하여 신뢰는 그에 기초한 사적 관계를 토대로 법적 보호필요성을 획득한다. 보호되는 신뢰기대는 모든 (외부에서 인식할 수 없는) 신뢰기대가[76] 아니라 특정 사실들(예를 들어 법률의 제정, 약관)에 근거하여 외부에서 인식할 수 있는 정당한 신뢰기대에 한정된다.[77] 상대방 또는 제3자가 경계를 침범하지 않을 것이라는 신뢰기대는 그 경계가 법에 의하여 설정되고 보호될 때 정당하게 된다.[78] 이 점에서 사생활은 주어지는 것이 아니라, 법적 형성을 필요로 한다. 사생활보호와 관련하여 법은 제3자에 대한 관계에서[79] 사적 관계의 경계를 설정하고, 사적 영역에 대한 접근조건을

76) 법제도(Rechtsinstanzen)에 대한 신뢰의 경험적 측정가능성에 대해서는 E. Blankenburg, Empirisch messbare Dimensionen von Rechtsgefuhl, Rechtsbewusstsein und Vertrauen im Recht, in: Hof (Hrsg.), Recht und Verhalten: Verhaltensgrundlagen des Rechts – zum Beispiel Vertrauen, 1994, p. 90 이하.

77) 미국 수정헌법 제4조의 수색(search)가 존재하는지를 판단하는 기준으로 제시된 사생활의 합리적 기대(reasonable expectation of privacy)에 대해서는 P. Wittmann, Der Schutz der Privatsphare vor staatlichen Uberwachungsmaßnahmen durch die US-amerikanische Bundesverfassung, 2014, p. 83 이하. 특히 합리적 기대의 공식에 의하여 보호되는 "대화상황의 비밀성(Vertralichkeit)에 대한 [정당한] 신뢰"에 대해서는 p. 89.

78) 이러한 이유에서 신뢰는 최근 사생활논의에서 주목받고 있다. 예컨대 A. Rossnagel, P. Richter, M. Nebel, Internet Privacy aus rechtswissenschaftlicher Sicht, in: Buchmann, Internet Privacy. Eine multidisziplinare Bestandsaufnahme, 2012, p. 283; H.-P. Bull, Netzpolitik, 2013, p. 74 참고.

79) "신뢰의 대상은 오직 타인의 행동에 한정되며, 기술에 대한 신뢰는 존재하지 않는다." J. Eichenhofer, 앞의 논문, p. 53. 기계적 설비에 의한 연쇄작용이 관계에 미치는 영향을 고려하여 "비인간적 존재에 대한 신뢰"를 전개하는 견해로 Carsten Ochs/Martina Low, Un/faire Informationspraktiken: Internet Privacy aus sozialwissenschaftlicher Perspektive, in: Buchmann, Internet Privacy. Eine multidisziplinare Bestandsaufnahme, 2012, p. 35.

통하여 접근에 한계를 설정하며, 배제된 제3자의 침입으로부터 사적 관계를 보호하는 네 초점을 맞춘다.[80) 예를 들어 정보보호법은 정보주체의 정보가 제3자의 공격으로부터 안전할 것이라는 신뢰(정보보안규정), 정보의 수집, 저장, 처리 또는 전송은 일정한 한계 하에 놓인다는 신뢰(투명성 규정), 정보처리에 있어 정보처리기관은 특정 절차와 조직 원칙에 구속될 것이라는 신뢰(절차 및 조직 규정)를 보호한다.[81)

### 4) 사회적 다원성

다수의 개인이 공유하는 공동의 사적 영역, 예를 들어 가족, 기업, 조합 등은 개인의 사생활에 상응하는 집단적 사생활을 형성한다.[82) 이 점에서 타인의 존재를 사생활보호의 한계로 이해하는 개인적 사생활 이해와 구별된다. 개인적 차원에서 논의된 내용은 집단적 사생활의 차원에도 그대로 유효하다. 구성원들은 공동의 사적 영역에 타인을 수용할 것인지 아니면 배제할 것인지를 결정할 권한을 공동으로만 행사할 수 있다. 그 결과, 예를 들어 가족구성원과 외부자, 회원과 비회원 등이 구별된다. 수많은 구성원들의 결정권한은 내부관계에서 일정한 절차를 거쳐 단일하게 조직될 수 있다. 집단적 사생활은 외부자가 공동의 사적 영역에 권한 없이 접근하고 인식하는 것으로부터 보호한다. 예를 들어 영업 또는 업무상 비밀의 누설에 관한 형벌규정(독일부정경쟁방지법 제17조)은[83) 구성원의 신뢰를 보호하

---

80) C. Gusy, 앞의 논문, p. 432-433.
81) J. Eichenhofer, 앞의 논문, p. 54.
82) C. Gusy, 앞의 논문, p. 449.

는 규정으로 평가될 수 있다.[84]

집단적 자기결정에 의한 내부자와 외부자, 회원과 비회원 등의 구별로 인해 사회는 조직적인 분화를 겪는다.[85] 사회는 총체가 아닌 부분, 즉 조직된 사회로 평가될 수 있다. 마찬가지로 조직적으로 분화된 사회에서 개인도 더 이상 총체로서 존재하지 않는다. 개인은 인격의 총체가 아니라 개별 사회조직의 구성원으로 존재한다. 개인을 사회조직의 구성원으로 간주하더라도 조직된 사회에 속하지 않는 사적 공간, 통신 그리고 생활공동체는 여전히 개인의 자기결정 하에 놓여있다. 이러한 관계를 토대로 조직된 사회 내에서 개인이 향유하는 사생활과 조직의 집단적 사생활이라는 세분된 사생활보호의 관념이 도출될 수 있다.

개별 사회조직은 그에게 귀속된 결정의 자유를 통해 구성원에 대한 결정뿐만 아니라 조직의 목적과 수단도 결정할 수 있다. 개인적 사생활로부터 시작된 논의는 사회조직의 자기결정에 이르러 다원적 사회의 형성을 위한 사회적 토대를 제공한다.[86] 집단적 자기결정으로 인하여 각 사회조직들은 상이한 구성원, 상이한 목적과 수단을 지닌 다양한 사회조직으로 존재하게 된다. 목적이 동일한 경우에도 서로 경쟁적으로 목적을 추구함으로써 그 다양성을 유지한다. 자유로운 사회조직을 지배하는 것은 단일성이 아닌 다양성이다. 그리고 다양성은 기본권을 통하여 보장된다. 사회는 이러한 방식으로 다양

---

83) 독일부정경쟁방지법상 영업 및 업무상 비밀의 누설(제17조)에 관한 상세한 설명은 M. Kloepfer, Informationsrecht, Munchen, Beck, 2002, p. 264-265.

84) C. Gusy, 앞의 논문, p. 450.

85) C. Gusy, 앞의 논문, p. 450.

86) C. Gusy, 앞의 논문, p. 450.

한 조직들에 기초하여 조직되며, 단일한 사회가 아닌 다원주의적 사회로 발전할 수 있게 된다.

집단적 사생활의 주체로서 사회조직은 그로부터 배제된 제3자와 관계에서 형성을 필요로 한다.[87] 개인적 사생활이 제3자의 이해 또는 공익과의 관계에서 경계를 설정하고 그로부터 보호되어야 하는 것과 마찬가지로 집단적 사생활도 사회적 관계 속에서 형성을 필요로 한다. 사회조직이 가지는 집단적 사생활이 공적 영역으로 확장될수록, 즉 집단이 더욱 뚜렷하게 공적 영역에 참여하고 국가, 공익 또는 제3자의 관심사에 주의를 기울일수록 법률로 형성할 필요성이 높아진다. 사생활의 법적 보장은 주어지는 것이 아니라 형성의 과제로 부과되는 것이다.


## 5 결론

처음에 '사적인 것'의 이해는 '공적인 것'과 대립관계에 기초하여 시도되었다. 사생활은 사회적 영역 밖에 존재하는 것이며, 사적 영역은 사회적 관습이 지배하는 곳으로 이해되었다. 타인, 무엇보다도 국가는 개인의 사생활에 개입하는 것이 금지되었다. 사생활보호의 구조는 일반적 인격권의 헌법적 논의와 함께 자기결정에 기초한 사적 영역에 대한 접근성 통제로 재구성되었다. 영역에 기초한 사생활보호는 인격관련성을 지닌 생활환경으로 대체되며, 폭넓게 확장되었다. 그러나 여전히 사적인 것은 공적인 것과 대립관계에 놓여 있다.

---

87) C. Gusy, 앞의 논문, p. 451.

생활환경의 디지털화로 인하여 자기결정에 기초한 사생활보호는 도전에 직면하고 있다. 인간의 자율성에 기초한 자기결정권의 관념은 예측불가능성이 지배하는 기술사회에 적합하지 않은 것으로 보인다. 인지할 수 없는 것을 스스로 결정할 수는 없다. 또한 감시가 일상화되면서 사생활은 오히려 특별한 상황으로 인식되고 있다. 자기결정의 지위는 기술적 타자결정에 의하여 위협받고 있다. 또 다른 한계는 사적 영역과 공적 영역이 중첩되는 지점에서 드러난다. 대립적 이해에 기초한 논의는 두 영역이 중첩되는 영역에 기준을 제시하지 못하고 있다.

대안으로 제시되는 주장은 사생활의 사회적 측면을 해명하고, 기존의 논의를 보완하는 데 목적을 두고 있다. 사회학적 논의에서 출발하는 대안은 사생활보호에 관한 흥미로운 관점을 제시한다. 그에 따르면 사생활은 더 이상 방어권이 아니라, 형식적 조건으로서 관계에 기초한 사회적 현실이다. 관계의 보호가치는 개인의 자기결정이 타인과의 관계 내에서 즉, 타인이 실재하고 그와 협력하는 가운데 실현될 수 있다는 점에서 도출될 수 있다. 자기결정의 대상은 이 관계에 타인을 수용할 것인지 여부이다. 수용된 자는 사생활의 내용이고 배제된 자는 그에 대한 제한이다. 사생활의 세분화는 자기결정의 결과이지 그의 한계에 해당하지 않는다. 타인을 수용하는 과정에는 사회학적 개념인 신뢰가 결정적인 역할을 수행한다. 관계의 형성, 변경과 소멸은 개인과 상대방 사이에 형성되는 신뢰의 형성 및 그 이행에 좌우된다. 사생활보호의 토대로서 신뢰는 사회적 영역 밖에 존재하기 때문에 형성을 필요로 한다. 법에는 신뢰가 현존하는 경우와 그렇지 않은 경우를 구별하는 경계를 설정하고, 제3자로부터 신뢰 영역을 보호할 과제가 부과된다.

개인적 사생활의 내용은 집단적 사생활에도 유효하다. 수많은 개인들은 공동의 시적 영역을 형성한다. 집단적 자기결정은 비록 공동으로 수행한다는 점에 차이가 있지만, 상대방을 집단적 관계 내로 수용할 것인지 여부를 대상으로 삼는다. 수용과 배제의 과정을 거쳐 집단적 사생활이 형성되며, 개인적 사생활과 함께 사회 내에서 병존한다. 각 집단은 자기결정을 통하여 구성원, 목적, 수단 등을 결정하며, 이를 통하여 다양한 집단들이 존재할 수 있다. 집단적 사생활 또한 제3자와 관계에서 형성을 필요로 하며, 법은 집단의 사회적 관련성에 따라 집단적 사생활을 보장한다. 사회적 다원성은 이러한 방식으로 형성되고 법적으로 보장된다.

# 4차 산업혁명 시대 문화영토의 가치들

2017년 10월 11일 4차 산업혁명위원회가 대통령 직속으로 출범하여 민관협력을 통해 종합적인 국가전략을 제시하고 있는데, 그 주요의제는 '사람중심의 4차 산업혁명'이다. 사람중심으로의 변화를 지향한다 함은 이곳의 중심이 사람이 아니다, 라는 말이다. 사람 사는 사회가 사람중심으로 이루어지지 않았다는 것 자체가 상당한 패러독스인데, 그렇다면 무엇이 중심이 되어 한국사회를 이끌어왔는지 다음 단어들이 설명해준다. 경쟁, 소외, 번아웃, 자살, 헬조선……. '성장'과 '발전'이라는 개발도상국의 숙명을 철저히 받아들였고, 맹목적으로 달려왔으며, 드디어 GDP 국가순위 12위를 달성한 대한민국의 뒷모습이다.

그리하여 사람중심의 변화는 진행 중인가. 한국정부는 과학기술 발전 지원, 인공지능·ICT 등 핵심기술 확보 및 기술혁신형 연구개발 성과창출 강화, 전 산업의 지능화 추진 정책을 발표했다. 특히 시스템반도체·바이오헬스·미래차 3대 신산업 분야 육성과 데이터·네트워크·인공지능 3개 분야 투자 확대에 박차를 가하고 있다. 밝고 희망찬 계획이다. 그런데 익숙한 성장과 발전 패러다임이 반복 혹은 확장되고 있을 뿐 사람중심의 추진내용은 찾아보기 힘들다. 구호로서만 그치는 것은 분명 아닐 것이다. 이상과 실제 간에

괴리가 있다 하더라도 한국사회의 방향성에 대한 고민마저 부정할 수는 없다.

2020년 현재, 4차 산업혁명에 대한 뜨거웠던 열기는 어느 정도 소강상태에 접어들었다. 더불어 4차 산업혁명의 실체유무에 의혹을 던지고 과잉담론을 우려하던 목소리도 잦아들었다. 아직까지 4차 산업혁명이 가져온 생산성의 증대를 크게 실감하기 어려우나 인공지능에 기반 한 자동화 시스템이 앞으로 더 견고하게 자리 잡을 것에는 큰 이견이 없다. 4차 산업혁명을 선도적으로 이끌어온 국가들에서도 관련정책은 단계별로 꾸준히 진행 중이다. 독일의 '산업 4.0(Industry 4.0)', 미국의 '산업인터넷(Industrial internet)', 일본의 '일본재흥전략 수정 2016', 중국의 '인터넷+'와 '중국제조 2025' 등이 그것이다. 한국으로서는 이제 그간의 대응방식을 되돌아보고 한국형 4차 산업혁명을 주조함에 있어 보다 적극적인 자세를 취할 때이다.

풀은 바람보다 먼저 일어난다. 2019년은 한국 대중문화계에 돌연변이적 가치들이 출현한 해다. 그 가치들은 그 어떤 제도, 정책, 학설과 이론보다 사람중심의 형태를 날것 그대로 드러낸다. 이에 2019년 한국 대중문화 이슈들에 내재한 사회적 열망과 기대를 들여다보려 한다. '사람중심의 4차 산업혁명'은 이 시대 이곳에 사는 사람들의 필요로부터 출발해야하기 때문이다.

## 1 추악한 한국과 착한 사람

2019년 12월 6일 JTBC 〈슈가맨3〉를 시청하던 사람들은 당혹스러웠다. 30여 년 전에 데뷔했다가 사라진 가수가 출연했는데, 그가 하는 말들이 대한민국의 파렴치한 민낯을 코끝까지 들이댄 거다.

"돌이 날아왔다."
"아무도 곡을 써주지 않아……"
"너 같은 사람이 한국에 있는 것이 싫다."

　스물한 살 재미교포 청년은 "남자인지 여자인지 모를" 얼굴에, "머리는 길고, 귀걸이까지" 하고 무대에 섰는데 당시 유행했던 발라드나 댄스곡이 아닌 음률에 말하듯이 가사를 얹었다. 극소수 팬을 제외한 대다수 사람들은 그를 혐오했고 자신이 혐오하고 있다는 사실을 적극 표현했다. 무대에서 노래하는 그에게 돌을 던졌으며, 곡을 써달라는 청탁을 무시했다. 미국시민권자로 비자를 받으러 온 그에게 "내가 이 자리에 앉아있는 한 너는 한국에 남을 수 없다"고 선포했다. 관련 부처에서는 콘서트를 앞둔 그를 찾아가 무대를 철거할 것을 요구했다. 과거의 일들을 담담히 말하는 양준일에게 시청자들은 미안하고, 부끄러웠으며, 그럼에도 불구하고 원망도 미움도 없는 그에게 빠져들었다. 그렇게 양준일 신드롬이 시작됐다.
　한 달 못 미처 거대한 팬덤이 형성되었다. 유튜브에서는 그의 뮤직비디오와 과거 온갖 토크쇼 영상이 편집에 편집을 거쳐 떠돌아다녔다. 이미 '온라인 탑골공원'에서 '탑골GD'로 불리던 양준일의 감각적 음악, 창의적 퍼포먼스, 세련된 패션이 대중을 사로잡았다. 양준일의 말에 대한 소견과 감상을 적은 블로그가 성행했다. 방송파를 타던 가수로 살다가 미국 플로리다 주 한식당에서 서빙 일을 하게 되기까지의 인생역정이 대규모로 소비되었다. 그는 그렇게 일개 가수가 아니라 삶에 대한 메시지를 전하는 전도사 역할을 부여받았다.

방송국에 양준일의 재출연 요청이 쇄도했는데, 이 기이한 현상을 목도한 JTBC 〈뉴스룸〉 팀은 양준일을 전면 조명하기에 이르렀다. 손석희 앵커브리핑의 초점은 한국사회의 자화상에 맞추어졌다. 한 개인의 삶을 통해 드러난 90년대 한국사회는 다분히 폭력적이었다. 공권력을 비롯해서 문화계 종사자, 일반대중까지 합세한 혐오의 에너지는 한국을 찾아온 이방인을 제거하기에 부족함이 없었다. 오늘 이 사회는 과연 그때와 달라졌는가, 브리핑은 질문으로 끝이 났다.

JTBC 뉴스룸 앵커브리핑에 이어 '문화초대석'에 등장한 양준일의 인터뷰 장면
출처 : JTBC 뉴스룸 '문화초대석' 양준일 편, "앵커브리핑 보고 눈물 … 대한민국에 고마워", 2019.12.25.

그날의 시청자들 대다수가 달라졌다고 단언할 수 없었을 것이다. 앵커의 말대로 오늘도, 인터넷과 SNS는 물론 거리에서 서로를 향한 삿대질과 욕설이 난무한다. 그런데 여전히 혐오의 에너지로 가동되는 한국사회에서 달라진 것이 있다면 양준일을 대하는 자세이다. 미안하고 부끄러워한다. 이 전환은 어떻게 이루어진 것일까.

양준일이 소환한 것은 한 개인의 기구했던 삶만은 아니다. 90년대 초반 한국사회는 유례없는 호황을 누리고 있었다. 서울올림픽 이후의 반짝 경기성장에 힘입어 사람들은 소비의 즐거움을 깨우쳤다. X세대가 출현했고 사회직 메시지를 갈파하는 서태지는 새로운 시대를 알리는 문화대통령으로 손색이 없었다. 밝고 경쾌한 분위기였다. 오늘이 어제보다 그러하듯이 내일은 더 풍요로운 사회가 이어지리라 믿었다. 그러던 찰나 사고가 났다. 1994년 10월 21일 오전 7시 성동구 성수동과 강남구 압구정동을 연결하는 성수대교가 붕괴되면서 출근하거나 등교하던 시민 49명이 한강으로 추락하였고 그 가운데 32명이 사망했다. 한국사회의 부정부패가 초래한 사건이었다. 사람들은 아연해졌는데, 자신이 딛고 있는 땅이 언제든 무너질 수 있다는 깨달음 때문이었다. 원자재를 빼돌린 대형 건설회사, 그 이익을 착복한 감리담당 공무원, 관리능력이 부족했을 뿐 아니라 국민의 안전에도 무심했던 정부. 그 모두에 대한 원망과 불신. '헬조선'은 그즈음부터 태동했던 게 아닐까.

성수대교에 이은 삼풍백화점 붕괴, IMF, 그리고 세월호. 대한민국의 악재는 계속되었다. 하지만 희생자들을 향한 뜨거운 애도, 재난에 대한 공포, 대상을 바꿔나가는 분노와 염증은 쉽게 사라져갔다.

하여 우리 모두는 안녕하게 된 걸까. 최근 10년간 흥행 상위를 기록한 한국영화들의 패턴이 있다. 재난영화 〈해운대〉·〈엑시트〉·〈백두산〉, 사회부패를 다룬 영화 〈내부자들〉·〈베테랑〉, 생사를 초월한 세계관을 담은 영화 〈워낭소리〉·〈신과 함께〉. 특정장르에 대한 반복적 소비는 사회구성원들의 집단적 정서를 반영한다. 한국인들은 심각한 정서적 내상을 입었고 가상의 이미지를 통해 이에 대한 극복을 부단히 시도해온 것이 아닐지.[1] 양준일 신드롬은 그 탈출구

없는 정서적 소용돌이의 폭발지점에 위치한다.

사람들은 자신을 양준일과 동일시하면서 동시에 그를 대상화한다. 숱한 고생 끝에 다시 무대에 오른 양준일을 바라보며 눈물을 흘리고 감격해마지 않는 것은 피해자로서의 양준일과 자신을 한데 묶어버린 까닭이다. 우리 모두는 격렬한 반목에도 불구하고 한 가지에 동의하는데, 그건 대한민국에서 버티기란 좀처럼 쉽지 않다는 사실이다. 양준일의 간난신고는 이 사회의 전형적 서사로 기능한다. 그리고 모든 서사는 공감의 힘의 품고 있다. 사람들은 자신의 과거를 대리적으로 보상 받으며 양준일의 행복에 동참한다.

이색적인 것은 이 사회 구성원들이 가해자의 위치에서도 양준일을 바라본다는 점이다. 그들 가운데 90년대 초반 양준일에게 직접 돌을 던진 이는 아주 드물 것이다. 곡을 달라던 양준일을 뿌리친 일, 비자신청을 거부하고 강제출국 시킨 일은 더더욱 없을 것이다. 그런데도 젖어드는 이유 없는 죄책감. 어쩐지 익숙하다. 2014년 4월 16일 오전 우리는 충격적인 장면을 목격했다. 인천을 출발해 제주로 가던 여객선 세월호가 전남 진도군 인근 바다에서 천천히 가라앉을 때 아무것도 할 수가 없었다. 295명이 사망했다. 움직이지 말고 대기하라던 안내방송에 따라 순순히 잠겨간 아이들에게 미안했던 건 우리가 탈출한 선장이어서, 더 많이 구조하지 못했던 현장대원이어서, 해경 책임자나 대통령이어서가 아니었다. 한국사회 많은 이들이 죄 없이 죄인이 되었다.[2]

---

1) 죽음에 대한 전율이 특정 문화생산물의 소비로 전이되는 과정에 관해서는 다음 글을 참조함. 권명아, 「죽음과 생존을 묻다: 애노, 우정, 공동체」, 『아무도 기억하지 않는 자의 죽음』, 산책자, 2009.
2) 세월호 사건이 한국 대중들에게 남긴 정서적 영향에 대해서는 김연수의 『시

반복적으로 이 사회를 찾아오는 이유 없는 죄책감은 대한민국 국민들의 치유되지 못한 내상으로부터 나온다. 희생자들을 향한 애도는 자기 역시 희생자가 될 수 있다는 불안과 버무려졌으며 사회 시스템에 대한 회의와 불신은 체제를 향한 증오로 이어졌다. 양준일 팬들의 경우 팬 사인회를 3분 만에 매진시키는 엄청난 구매력으로 다소나마 죄책감을 해소하고자 하는데, 이 또한 한국사회의 권력구조를 도발한다는 점에서 주목할 만하다. "지금 모든 엔터테인먼트 회사들이 여러분을 두려워하고 있어요. 너무 든든해요." 양준일이 팬 사인회에서 한 말이다. 객석에서 박수와 함께 엄청난 함성이 쏟아졌다. 최근 거대기업의 CF를 찍은 양준일에게 광고료를 제대로 받았는지 챙기는 팬들은 알고 있다. 한국사회가 약육강식이 이루어지는 정글이라는 사실 말이다. 한 가지 더 알고 있다면, 그건 권력은 대중의 수혈을 필요로 하며 자신의 소비력으로 그 수혈 여부를 결정할 수도 있다는 사실이다.

양준일 신드롬은 한국사회의 기존 가치체계를 탈피하고자 하는 대중들의 열망을 품고 있다. 요람에서 무덤까지 경쟁에서 이겨야 생존 가능한 한국인은 '착함'을 기피했다. 착하다는 것은 무능을 뜻했으며 사회적 도태를 예고하는 전조증상이었다. 경쟁자를 방심하게 만드는 위선이라면 모를까, 착함이라는 가치의 존재조차 위협받아 온 사회였다. 그런데 자신을 내쳐버린 한국을 소중히 여기고 감사함을 간직해온 양준일의 모습은 가히 충격적이었다. "아무것도 네 뜻대로 되지 않는다는 거 알아. 하지만 걱정하지 마. 모든 것은 완벽하게 이루어지게 돼 있어." 50대의 양준일이 20대의 양준일에게 건네

--------

절일기』(레제, 2019)를 참조함.

4차 산업혁명 시대 문화영토의 가치들 **67**

는 메시지다. 매일 16km를 움직여 서빙하며 오늘 일하지 않으면 다음 달 월세를 걱정해야 한다는 그의 말에 토크쇼 진행자들은 불편한 표정을 감추지 못했는데, 경제적 궁핍이 곧 인생의 실패를 의미하는 한국에서 나올 수 있는 반응이다. 하지만 위의 메시지처럼 자신의 삶이 완벽하게 이루어졌다고 말하는 양준일 앞에서 그간 한국사회를 이끌어온 가치체계는 무너진다. 그 자리에서 사람들이 마주친 것은 착함의 저력이며 물질과 상관없는 인간 그 본연의 존엄이다. 양준일에 대한 2019년의 열광은 우리가 틀렸음에 대한 은밀한 고백이자 황무지에서 새로운 가치를 일구어내려는 정동적 움직임에 다름 아니다.

## ② 헬조선 시대의 공감 코드

취업포털 인크루트가 선정한 '2019년 방송·연예 부문 올해의 인물'에 펭수가 방탄소년단(BTS)을 제치고 1위를 차지했다. 펭수는 텔레비전과 모바일을 넘나드는 EBS 예능 〈자이언트펭TV〉에 등장하는 펭귄인데, 제아무리 인기를 구가한다 해도 인형의 탈을 쓴 가상의 캐릭터가 인간과 어깨를 나란히 한다는 건 아이러니가 아닐 수 없다. 이세돌과의 대결에서 알파고가 의외의 승리를 거두면서 충격과 경악을 안겨준 바 있지만 이번엔 반대이다. 온라인에서 탄생한 이미지가 국민 다수의 절대적인 사랑과 지지를 받고 있다.

제작진의 설정은 이렇다. 남극에서 온 210cm 자이언트 펭귄, 펭수가 오디션을 거쳐 EBS의 연습생이 되었다. 펭수의 포부는 위풍당당한데, 한류대스타 BTS를 능가하는 우주대스타가 되는 것이다. 고향

남극에서는 또래 펭귄과 다른 덩치로 늘 혼자였다, 하지만 주눅 들지 않는다. 특별해서 외로울 뿐이다. 펭수는 인기 크리에이터를 꿈꾸며 오늘도 좌충우돌 한국사회를 헤쳐 나간다.

설정부터 어린이용 캐릭터 상품의 색채가 짙다. 제작진 또한 애초에 어린이 교양 예능으로 기획했다고 한다. 하지만 시청층 분석을 통해 "학원 다녀온 어린이 친구들과 퇴근한 어른이 친구들이 좀 더 편한 시간대에 본방을 즐기도록" 텔레비전 채널 편성과 유튜브 업로드 시각을 변경했다. 결과는 대성공이었다. 2019년 4월 2일 첫 방송된 이래로 2020년 1월 현재 200만의 구독자수를 기록했으며 매일 그 기록을 갱신 중이다. 펭수의 인기와 영향력을 높이 산 광고 협찬사는 〈자이언트펭TV〉 제작진과 협업하며 다양한 스핀오프를 시도하고 있다. 뿐만 아니라 외교부, 보건복지부 등 정부기관도 대국민 홍보를 위해 〈자이언트펭TV〉와 제휴한 콘텐츠를 선보인다. 달력, 다이어리 등 굿즈가 큰 인기를 얻으면서 경제효과 또한 주목 받았다. 증권가에서는 EBS 관련주들이 '펭수 효과'를 볼 것으로 전망한다. 뽀로로 역시 2003년 EBS를 통해 데뷔한 이후 120여 국 이상에 수출되면서 5조7천억 원의 경제수익을 달성한 바 있는데, 국내에서 이미 뽀로로를 능가하는 캐릭터로 자리 잡은 펭수가 해외진출에 성공할 경우 막대한 이윤을 창출할 것으로 예측되고 있다.[3]

펭수가 기존 콘텐츠와 차별화되는 것은 남녀노소 불문한 팬덤을 형성하고 있다는 점이다. 〈자이언트펭TV〉 전체 구독자 중 여성은 61.3%, 남성은 38.7%이며 시청자 연령층은 만 18~24세(24.6%),

---

3) 신은실, 〈2030 '직통령' 펭수의 경제적 가치〉, 연합인포맥스, 2019.11.29.
   http://news.einfomax.co.kr

25~34세(40.2%), 35~44세(21.8%), 45~54세(7.8%)로 집계된다. 초등학생이 로고송을 따라 부르는가 하면 중년 여성이 팬 사인회를 찾아와 눈물을 흘리기도 한다. 하지만 역시 펭수는 20~30대의 '직통령'이다. 직장생활 새내기들의 호응이 가장 뜨겁다.

도대체 왜 인기인가? 미국, 홍콩, 영국 등 해외에서도 관심을 갖고 지켜보고 있는데,4) 특히 중국은 한국사회의 구조적 측면에서 펭수 현상을 바라본다. 중국의 IT관련 뉴스 채널 기사 〈환상적인 펭귄의 등장! 한국 연예계를 뒤흔들다〉에서는 "펭수의 인기비결은 무심한 듯 시크한 목소리로 한국사회에서 터부시하는 사회적 모순을 비판하며 사회의 위계구조에 짓눌려 살아가는 사람들에게 위안을 주는 것에 있다"며, "펭수의 사회적 범주화를 거부하는 이러한 행동은 사회적 불평등을 감내하면서 계층상승을 포기한 채 살아가는 한국의 밀레니얼 및 전 연령층에게 열광적인 지지를 받는다."고 분석했다.

〈자이언트펭TV〉의 웃음 포인트는 바로 한국사회의 위계질서를 타파하는 데 있다. 심사위원들이 회의 후 오디션 결과를 통보하겠다고 하자 "빨리 알려줘야 나도 KBS를 가든 MBC를 가든 할 수 있으

---

4) 미국의 The Diplomat는 〈펭수는 제2의 아기상어가 될 수 있을까?〉라는 제목으로 한국기업들이 다른 나라의 언어와 문화요소를 반영하여 다양한 콘텐츠를 제작하는 데 탁월하다며 펭수 캐릭터의 글로벌 진출 가능성을 높이 평가했다. 홍콩의 언론지 SCMP는 〈한국의 밀레니엄 세대가 펭수라는 펭귄에게 빠진 이유〉라는 기사를 통해 "기존의 관습을 비판하고 스스로가 슈퍼스타가 된 것을 자랑스러워하는 모습에 기성세대에 불만이 많은 밀레니얼이 열광하고 있다."고 보도했다. 한편 영국 BBC 〈펭수 : 한국이 사랑하는 건방진 자이언트 펭귄〉에서는 "펭수의 매력은 계급과 지위에 얽매이지 않으면서도 어린이 같은 순수함을 유지하는 데 있"으며, "펭수는 자신이 슈퍼스타라고 떠들고 다니는데 겸손하라고 가르치는 한국 사회에 반하는 행동이다."라고 언급했다.

니 여기에서 회의를 하라"며 당돌하게 받아친다. 입사해서도 아무 때나 EBS 사상 이름, '김명중'을 외치는 펭수에게 사장이 친구냐고 힐문하자 "원래 사장이 친구 같아야 회사가 잘 되는 거예요"라며 "사장님, 밥 한 끼 합시다!"라고 외친다. 권위에 익눌러온 청년들은 취업생활의 긴장감이나 회사생활의 스트레스를 잠시 잊고 해방감을 느낀다.

'밀레니얼'(Millennials)은 1982~2000년 사이에 태어난 신세대를 일 컫는 용어로서 이들은 전 세대에 비해 개인적인 성향이 강하다는 평 가를 받고 있다. 때로는 도발적인 주장과 행동으로 기성세대의 빈축 을 사기도 한다. 그러나 사회에서 바라보는 시각만큼 밀레니얼이 충 분히 자유로운 것은 아니다.

한국은 군 장성 출신이 대통령으로 집권한 기간이 한 세대(30년) 에 이른다. 군사주의가 온 사회의 미세혈관으로 파고드는 데 부족함 이 없는 시간이었다. 국가가 주도하는 수출 주도형 공업화 정책의 추진으로 초고속 압축 성장이 이루어지자 군사체제는 그 명분을 얻 고 합당해졌다. 군대, 기업, 학교 등에서 한국인들은 일사불란하게 훈육되었다. 명령에 불복종하는 것은 '하극상'으로 간주되어 반드시 응징되었다. 너나없이 '소통'을 외치지만 정작 소통이 비집고 들어갈 틈이 없는 사회가 아닌가. 밀레니얼은 그러한 한국사회의 최하단에 위치한 이들로서 모난 돌이 정 맞는 것을 보며 '할말하않(할 말은 많 지만 하지 않는 것)'에 익숙해졌다. 그들의 부모 세대는 권력에 복종 하는 대신 풍요로운 미래를 보장받았다. 하지만 밀레니얼은 '부모보 다 가난한 최초 세대'로 불리며 '아무리 노력해도 현실을 벗어날 수 없다'는 데 동의한다.[5] 비전 없이 억압이 가해지는 한국사회는 GDP 순위 12에 이어 어떤 기록들을 세우고 있는가.

자살률 1위, 그리고 행복지수 54위. 한국은 2005년 이후 13년 동안 경제협력개발기구(OECD) 가입 국가들 가운데 자살률 1위를 차지해왔다.[6] 중앙자살예방센터의 2018년 통계에 의하면 자살동기로 1위 정신과적문제, 2위 경제생활문제가 집계되었다. 한편 유엔이 발표한 '2019 세계행복보고서'에 따르면 한국은 156국 가운데 54위로 평가됐다. 기대 수명(9위)과 1인당 국민소득(27위) 부문에서는 상위권에 올랐지만 사회적 자유(144위), 부정부패(100위), 사회적 지원(91위) 등에서 낮은 순위를 기록했다.

'헬조선'의 현주소이다. 국가는 부유하지만 개인은 경제적 박탈감에 시달리며, 전쟁 같은 일상 속에서 하루하루를 버티어나간다. 김명중 EBS 사장은 펭수 열풍에 관해 "많은 이들이 외롭기 때문입니다."고 말한다.[7] 의지할 곳 없는 사람들은 휴대폰 액정에 등장하는 가상의 생명체에게 위로 받고, 힐링하며, 공감한다. 매 영상 당 6000~7000 개의 댓글이 달리는데 여기서 색다른 소통의 공간이 연출된다.

펭수야. 난 내년에 환갑이 되는 아줌마야. 나는 내가 환갑이 되는 나이가 오지 않을 줄 알았어. 근데 오네. 그리고 지금 내 곁에는 아무

---

5) 전국 만 24~35세 성인 남녀 1천 명을 대상으로 설문조사를 한 결과, '아무리 노력해도 현실을 벗어날 수 없다'는 문항에 청년 51.1%가 "그렇다"고 답했다. 제일 심각한 고민거리로는 '돈'(50.4%)과 '일자리'(23.2%) 문제를 꼽았다. 김우정·이통원, [장기불황시대를 사는 2030 리포트] 〈부모보다 못 사는 첫 세대' 꼬리표 붙은 2030 젊은이들의 고군분투 삶〉, 2019.5.6.

6) 한국은 2017년 자살률이 높은 리투아니아(24.4명·2017년 기준)가 새로 가입하면서 잠시 2위로 내려앉았지만 2018년 자살률이 치솟으면서 다시 1위를 탈환했다.

7) 〈EBS 김명중 사장에게서 '펭수'를 듣다〉, YouTube, 노웅래 마포TV. (현재 삭제됨)

도 없어. 작년부터 아주 외로운 날을 지내고 있는데 여기 댓글 보다가 갑자기 나는 행복한 사람이라는 생각이 들었어. 펭수야 고마워.

"금방 재기할거니까 조금만 참자"며 시작한 대리운전이 벌써 6년이 되어가네. 올해 끝내야만 할 일들이 해를 넘길 것 같아서 맘이 무거워. 크리스마스 오늘도 거리로 나와 일을 했지만, 일이 없더라. 그렇지만 평소 짬이 나고, 혹은 힘들 때 펭수 보면서 몰래 웃어본단다!! 올 한해 펭수를 알게 된 것. 내겐 행운이야~.

펭수야 나는 13살 예비중이야. 우리 엄마가 경찰관이신데 요즘 집안일하시라 승진시험 공부하시라 일하시라 너무 힘들어하셔. 아침 5시에 일어나셔서 오빠랑 나 학교 보낼 준비하고 엄마는 회사가시고 새벽 1시에 들어오셔. 얼마나 힘드시면 자다가 쇼크사 올 거 같데. 공부가 너무 힘들어서 근데 그런 엄마가 옆에서 안자고 휴대폰으로 뭘 보더라. 펭수를 보면서 웃으시는데 내가 엄마한테 펭수 아냐고 물어보니까 2천명 때부터 봤는데 갑자기 확 떠서 신기하시대. 우리 엄마 거의 펭수 덕분에 하루하루를 보내고 계셔, 그래서 그냥 펭수한테 너무너무 고마워. 항상 영상 잘 보고 있어. 펭수 사랑해 ❤ ❤

〈자이언트펭TV〉 유튜브 이용자의 댓글들이다. 펭수 팬들은 동영상이 올라올 때마다 펭수에 대한 이야기를 이어가다가 어느덧 자신의 일상을 토로하게 된다. 혼자 지내는 노년 여성, 막연한 미래가 불안한 대리운전 기사, 피곤한 부모가 걱정스러운 예비중학생 뿐만 아니라 조울증에 걸린 이, 비정규직의 설움에 지친 이, 실연한 이, 독박육아에 시달리는 이들이 모여 대화를 나눈다. '좋아요'를 누르며 힘을 실어주기도 하고 댓글에 대한 답글을 달면서 따뜻한 위로의 말을 건넨다. 그리고 서로 놀라워한다. 익명의 이용자들 사이에 친구나 가족보다 더 끈끈한 공감대가 가능하다는 사실에 말이다. "힘든데 힘내라 이것도 참 어려운 일이거든요. 내가 힘든데 힘내라고 하면 힘이 납니까? 힘내라는 말보다 저는 사랑해, 라고 해주고 싶습니다. 여러분들 사랑합니다." 펭수 어록에 등장하는 말이다. 가상의 생명체가 전하는 사랑에 감동하는 것은 오프라인 세상에서 불가능한 일이기 때문이다.

부산 팬 사인회에서 펭수가 흐느껴 우는 중년여성을 달래주는 모습
출처 : 유튜브 채널 '마다가스카의 펭수'; 이서현, 〈팬사인회서 우는 '50대' 팬을 두 날개로 포옥 안아주는 펭수 영상에 달린 댓글〉, 에포크타임스, 2019.11.11에서 재인용

한국에서 소외는 일개인이나 특정 집단의 과오가 아니라 도저한 시스템의 일부로 작동한다. 나아가지 않으면 도태되며 속도가 승부를 결정하는 사회에서 인간관계는 원천 차단된 지 오래다. 괜히 '혼밥'하고 '혼술'하는 게 아니다. 옆에 있는 사람들과 정을 나누기보다 익명의 이용자, 가상의 생명체와 교감을 나누는 현상은 한국사회의 비정한 일면과 드러냄과 동시에 연애·결혼·출산까지 포기했지만 여전히 정서적 연대에 목말라하는 밀레니얼과, 위로와 공감이 절대적으로 필요한 중·장년층의 속내를 드러내준다.

## 3 부자와 가난한 자 모두의 미래

영화 〈기생충〉의 국내 · 국외 포스터

2019년 대중문화계 이슈들 가운데 거론하지 않을 수 없는 영화가 있다. 5월 30일 개봉되어 관객 총 10,098,013명을 불러 모은 바 있는 이른바 '천만영화', 봉준호 감독의 〈기생충〉이다. 이 영화는 국내 흥행에 이어 72회 칸영화제(황금종려상)를 비롯한 20여 개의 해외 영화제 및 비평가협회에서 수상을 휩쓸었으며, 현재는 미국 아카데미 오스카상 6개 부문(작품상 · 감독상 · 각본상 · 편집상 · 국제영화상 · 미술상)에 후보작으로 올라 시상을 앞두고 있다. 이러한 국내외 전체의 성공은 〈기생충〉이 한국인뿐 아니라 전 세계인들의 공감을 이끌어낸 데 기인한다. 부자의 위선과 가난한 자의 욕망, 평화로운 공생을 꿈꾸었으나 대낮의 고급주택가 칼부림으로 끝난 파국은 우리의 현재를 길어 올림과 동시에 미래에 대한 불길한 상상을 보여준다.

빈부격차의 모티브는 숱한 영화, 드라마, 문학작품에서 수없이 반복되었지만, 〈기생충〉은 기존 문법을 이탈함으로써 관객의 시선을 사로잡는다. 냉혹하고 인색한 부자가 선량하고 가난한 자를 착취하는 전형적 구도를 탈피하여 예의 바르고 친절한 부자를 등장시킨 것이다. 글로벌 IT기업 CEO인 동익(이선균 분)은 자수성가한 자로서 상당한 매너까지 갖추었다. 재벌의 '갑질'이란 상상할 수 없다. 개인기사에게도 깍듯이 경어를 쓰며 "한 가지를 오래 하신 분들 존경합니다."라고 말하는 그에게서는 세련된 품격마저 느껴진다. 그의 아름다운 아내 연교(조여정 분)는 심지어 순수하기까지 하다. 사람들의 온갖 술수와 거짓에도 한 치의 의심이 없다. 개인기사인 기택(송강호 분)이 "매달 그 집에서 넘어오는 돈이 장난이 아니야" 라며 "위대하신 박 사장님께 감사를 드리고", 가사도우미 남편 근세(박명훈 분)가 "박 사장님, 오늘도 저를 먹여주시고 재워주시고 리스펙트!"를 외칠 때 가난한 자와 부자 사이의 갈등요소는 자동 삭제된다.

충돌하는 것은 똑같이 가난한 기택 가족과 근세 가족이다. 아들을 시작으로 딸, 아내, 본인까지 박 사장네 집 고용인으로 들어온 기택 가족, 그들에게 비 내리는 어느 밤 문광(이정은 분)이 찾아온다. 기택네 때문에 일자리를 잃고 쫓겨났지만 주인 내외 모르게 지하벙커에 남편 근세를 숨겨온 문광은 비굴한 표정으로 "불우이웃끼리"의 공생을 제안한다. 하지만 어림없는 소리! 기택 가족은 질색하며 뿌리친다. 주인 없는 저택에서 두 가족 간의 치열한 몸싸움이 벌어진다. 숙주에게 빌붙으려는 기생충들 간의 쟁투이다. 이 장면에 이르러 제목 〈기생충〉의 의도가 분명해지는데, 그 의도는 놀랍도록 신랄하다. 다른 생명체에 붙어서 양분을 빨아 먹고 사는 벌레 이미지를 통해 생존을 위해서라면 수단과 방법을 가리지 않는 고도 자본주의 사회의 일면을 여과 없이 드러내기 때문이다.

〈기생충〉은 결말까지 신랄하다. 지하벙커에서 탈출한 근세가 기택의 아들을 돌로 찍어 내리고 딸까지 칼로 찔러 죽이자 기택 아내 충숙(장혜진 분)은 근세를 살해한다. 영화는 그렇게 부자의 저택을 더럽힌 가난한 자들의 이야기로 끝이 나는가. 그런데 '냄새'가 문제였다. 쓰러진 근세에게서 나는 악취에 코를 움켜쥐는 박 사장을 보고 기택의 손아귀에 힘이 들어간다. 그리고 자기도 모르게 존경하는 박 사장의 몸 깊숙이 칼날을 집어넣는다.

〈기생충〉은 한국사회의 문맥을 알아야 충분히 즐길 수 있는 영화이다. 짜파구리의 등장, '독도는 우리 땅'의 어이없는 차용, 북한 핵발사를 비유한 종북 개그에서 웃을 수 있는 건 한국인들이다. 하지만 전 세계인들의 발길이 〈기생충〉 개봉관으로 향하는 것은 국적 불문하고 기택이 왜 박 사장을 죽일 수밖에 없는지 깊이 이해하기 때문이다. 평론가들은 〈기생충〉의 디테일을 극찬하는데, 빈부격차를 상징하는 수직의 이미지, 예컨대 끝없이 이어지는 계단, 높은 지대에 위치한 고급주택과 빈민가 반지하의 대비, 절정으로 향하면서 무서운 기세로 쏟아지는 비 등이 그것이다. 그러나 이 영화의 핵심은 수평으로 이동하는 냄새에 있다. 박 사장이 "오래된 무말랭이 냄새, 행주 삶을 때 나는 냄새, 지하철 타는 분들 특유의 냄새"로 설명하는 기택의 몸 냄새는 운전기사 앞자리를 넘어 뒤칸의 박 사장에게로 흘러가고, 바로 그때 아슬아슬하게 유지되어온 평화가 깨어진다. 점잖았던 박 사장의 입에서 상스러운 욕설이 나오고 기택의 가슴 속 깊이 모멸감이 싹튼다. 선을 넘지 말아야 할 것이 감히 선을 넘은 궁극적 결말은 부자와 가난한 자 모두의 비극이다.

글로벌 금융은행인 크레디트스위스 보고서에 따르면, 전 세계 상위 0.9%의 자산가가 전체 자본의 44%를 차지한다. 〈기생충〉에서 살인을 유발한 냄새는 다름 아닌 99.1%의 냄새들이다. 관객들은 알아차렸을 것이다. 기택의 냄새가 어쩌면 자신의 냄새일 수도 있다는 사실을. 혹여나 나는 중산층이라며 안심하는 사람들이 있을지도 모르겠다. 2019년 1월, SM C&C '틸리언 프로(Tillion Pro)'에서 2060 남녀 5,307명을 대상으로 설문조사를 진행했는데, "당신은 고소득층·중산층·저소득층 가운데 어느 계층에 속해 있습니까?"라는 질문에 저소득층(48.9%), 중산층(48.7%), 고소득층(2.4%) 순으로 대답했다고 한다. 해당기사에서는 "우리 사회를 지탱해 온 중산층이 중심에서 밀려났다는 우울한 신호"[8]로 분석했지만, 아직은 이르다. 4차 산업혁명 이후로는 경제적 불평등이 더욱 심화될 것으로 예측되기 때문이다. 인공지능에 기반 한 자동화시스템이 인간의 일자리를 근본적으로 위협하고 있다. 운전은 물론이고 사실 위주의 기사작성, 주식시장 분석, 루틴한 사무행정도 대체될 확률이 높다. 현재 중산층이 종사하는 서비스, 판매, 사무행정, 생산, 교통 및 물류직종 등은 향후 상당부분 대체될 전망이다.[9] 브리뇰프슨(Brynjolfson)과 맥아피(McAfe)는 노동시장에서 생산성은 증가하는데 임금은 하락하는 현재의 추세가 향후 경제적 혜택의 분배에서 막대한 변화가 초래할 것을 시사한다고 주장한다. 모든 이들이 최소 혜택의 일부라도 받으면 다행이겠으나, 엄청난 혜택이 0.01%의 극소수에 집중될 가능성이 다분한 것이다. 그 극소수는 유무형의 ICT 관련 자본을 보유한 이들로 구성될 것이다.

---

8) 박돈규, 〈'중산층'이 사라진다 30년 전 국민 75% "난 중산층"… 올해엔 48%로 뚝〉, 조선일보, 2019.1.26.
9) 정혁, 「ICT와 불평등」, 정보통신정책연구원, 14-11, 2014, 1쪽.

소위 '슈퍼스타를 선호하는 기술변화(superstar-biased technological change)'인 셈이다.[10]

> 계획을 하면 반드시 계획내로 안 되거든, 인생이.
> 절대 실패하지 않는 것이 무계획이야.
> 그러니까 계획이 없어야 해, 사람은.
> 계획이 없으니까 뭐가 잘못될 일도 없고.
> 또 애초부터 계획이 없으니까 뭐가 터져도 상관이 없는 거야.
> 사람을 죽이건, 나라를 팔아먹건, XX 다 상관이 없단 말이지.
> (반지하 주택이 물에 잠긴 뒤 계획을 묻는 아들에게 대답하는 기
> 택의 대사)

99.1%의 잠정적 '기택'들이 99.99%의 확정적 '기택'들의 자리로 이동해 가고 있다. 기택은 도태되어가는 다수의 미래 모습이다. "부잔데 착해가 아니라 부자니까 착한 거"고, "원래 순진하고 꼬인 게 없고 구김살 없는 부자"에 대해 미움도 원망도 없이 "안분지족"하려했으나 결국 벼랑 끝으로 내몰린 이의 마지막 삶의 자세는 기택의 대사처럼 처절하다. 〈기생충〉은 다음과 같은 내레이션으로 끝이 난다. "돈을 벌겠습니다, 아주 많이. 돈을 벌면 이 집부터 사겠습니다. 아버지는 그냥 계단만 올라오시면 됩니다. 그 날이 올 때까지 건강하세요." 살인을 저지르고 고급주택의 지하벙커에 숨어들어간 기택에게 아들이 건네는 말이다. 아들은 의연하게 다짐하지만 그 다짐이 처연하게 들리는 건 우리 모두 그 날이 오지 않을 것을 알기 때문이다.

---

10) 「Artificial Intelligence, Automation, and the Economy」, Executive Office of the President Washington, D.C. 20502, December 20, 2016, p.20

지하철이라는 단어가 언급되는 순간, 대다수의 관객은 자신이 어디에 이입할 지를 안다.

야하고 폭력적인 장면이 있어서가 아니라, 우리사회의 양극단을 너무나 가감 없이 보여줘서 19세로 해야 한다. 영화를 보고 나올 때 부터 가슴에 얹힌 돌이 너무 무겁기 때문에

영화 보다가 호흡곤란이 와서 나가고 싶었다. 두 번 보기는 싫다. 그냥 이상했다. 공포영화도 아닌데 왜 이렇게 심장이 뛰지.

'NAVER영화'에는 〈기생충〉의 인기에 걸맞게 무려 34,384건의 한 줄 평[11]이 등록되었다. 그런데 극장을 나서는 관객들의 마음이 그다지 밝지 않았던 듯하다. 그렇다면 그건 영화 〈기생충〉이 불편한 진실을 폭로했기 때문이다. 바로 우리가 '기생충'이라는 진실 말이다. 4차 산업혁명이 제기되면서 인터넷 상에는 앞으로 사라질 일자리 목록과 약 500만 개라는 그 수치가 반복 제시되었는데, 그 가운데 자신의 직업을 찾아보지 않은 이는 드물 것이다. 지속되는 경기불황 속에서 아슬아슬하게 삶을 이어온 한국인들은 설상가상으로 4차 산업혁명이라는 관문 앞에 서게 되었다. 그 너머에는 기술혁신이 선사할 진일보한 세상이 기다리고 있을지도 모른다. 하지만 〈기생충〉이 그려내는 지하벙커의 삶에 공감이 되는 것은 아직까지는 불안과 공포가 더욱 큰 까닭이다.

---

11) https://movie.naver.com/movie/bi/mi/point.nhn?code=161967#tab

# 4 덧붙이는 말

"기술은 운명이 아니다."[12]

4차 산업혁명에 대비한 미국 백악관의 정책보고서에 등장하는 말이다. 기술은 적절하게 주목 받을 필요가 있지만 그로 인해 사회문제가 파생될 것을 인지하고 이에 대해 바른 정책과 제도로 대응할것을 요청하고 있다. 이를테면 모든 아이들이 저렴하게 양질의 교육을 받을 수 있도록 배려하는 것, 전환기의 노동자들을 위해 훈련과학습의 기회를 제공하는 것, 일자리를 잃은 노동자의 피해를 경감시키고 그 노동력을 유지할 수 있도록 사회안전망을 확대하는 것, 지속적으로 불평등과 씨워나기며 성장의 과실을 많은 이들이 나누는것 등이다. 보고서에서 제시되는 전략들 대부분은 인공지능이 주도하는 자동화와 직접적인 관계가 없다. 하지만 그렇게 때문에 오히려더 중요하다.

한국에서, 1988년 인구 10만 명당 7명 이내였던 자살자 수는 2018년 26.6명으로 폭증하였다.[13] 30년간의 자살률 증가가 의미하는 바는 크다. 관건은 기술발전의 가속화에 있는 것이 아니고 기술발전에따라 심화되는 인간소외의 해소에 있다. 증오에 찬 언사들, SNS로발화하는 피상적 자아들, 사회 곳곳을 부유하는 불안과 공포의 감촉들…… 사회 분위기가 그리 낙관적이지만은 않다. 그러나 미래가 우리 모두를 위한 것이 되도록 만드는 일이 불가능한 것은 아니다. 착

---

12) 「Artificial Intelligence, Automation, and the Economy」, Executive Office of the President Washington, D.C. 20502, December 20, 2016, p.3

13) 통계청, 1988~2018년 사망원인통계, 「2018년 자살통계자료집」, 중앙자살예방센터, 2018, 12쪽에서 재인용.

함, 용서, 위로, 사랑, 유머, 인간에 대한 예의, 자본의 공정한 분배……. 2019년 대한민국의 대중들이 추구한 가치들이다. 때로는 한국사회에 대한 회의와 불신, 그리고 타자와의 벽을 세우고 안으로만 파고드는 자폐적인 삶의 방식 등으로 표현되기도 하지만 그 안에 자리한 것은 인간이 인간 그 자체로 존엄할 수 있기를 바라는 간절한 바램이다.

진정한 혁신은 공감의 외연을 확대해나가는 데서 출발한다. 그리고 그것은 문화의 영토에서 소통의 물리적 기제들이 마련됨으로써 이루어진다. 소통을 우연하고 찰나적인 현상이 아니라 지속적인 과정으로 정착시키기 위해서는 많은 이들이 어우러질 수 있는 향유의 장소들을 만들어내야 한다. 한국인들에게 필요한 것은 고작 자율주행자동차가 아닐 터이다. 더 깊고, 더 뜨거운 정서적 연대가 필요한 시대이다. 한국의 4차 산업혁명 목표는 기술발전의 가속화가 아니라 한국인의 공감 확대와 행복 추구로 기술되어야 한다.

**》》 참고문헌**

신은실, 〈2030 '직통령' 펭수의 경제적 가치〉, 연합인포맥스, 2019.11.29.
김우정·이통원, [장기불황시대를 사는 2030 리포트] 〈'부모보다 못 사는 첫 세대' 꼬리표 붙은 2030 젊은이들의 고군분투 삶〉, 2019.5.6.
박돈규, 〈'중산층'이 사라진다 30년 전 국민 75% "난 중산층"… 올해엔 48%로 뚝〉, 조선일보, 2019.1.26.
정혁, 「ICT와 불평등」, 정보통신정책연구원, 14-11, 2014.
통계청, 1988~2018년 사망원인통계, 「2018년 자살통계자료집」, 중앙자살예방센터, 2018.

김연수, 『시절일기』, 레제, 2019.

권명아, 「죽음과 생존을 묻다: 애도, 우정, 공동체」, 『아무도 기억하지 않는 자의 죽음』, 산책자, 2009.

강준만, 『증오상업주의』, 인물과사상사, 2013.

「Artificial Intelligence, Automation, and the Economy」, Executive Office of the President Washington, D.C. 20502, December 20, 2016.

# 4차 산업혁명,
## 그리고 '노동교육'과 '일의 교육'

김 종 규

## 1 산업혁명 시대, 노동과 일에 대한 성찰의 필요성

20세기 초반 과학적 경영기법을 표방한 '테일러 시스템'은 근대 산업시대의 인간 일에 대한 시각의 적나라한 예이다. 이 시스템의 전제조건은 인간과 기계가 비교될 수 있다는 것이었다. 비교가 이루어지기 위한 조건은 비교 대상들에게 공통으로 적용될 수 있는 기준이며, 그 기준으로 제시된 것이 바로 '효율성'이었다. 모든 비교가 그러하듯, 비교의 관점에서 비교 대상의 의미는 일정정도의 변화를 피할 수 없다. 비교 대상들은 그러한 비교의 시선에서 목도되기 때문이다. 인간과 기계의 비교에서도 마찬가지였다. 특히 인간 일의 의미 변화는 매우 심대한 것이었다. 효율성의 기준에서 인간의 일이 기계와 비교될 수 있기 위해서는, 인간의 일도 기계의 작동처럼 측정될 수 있는 것이어야 했다. 이 결과는 매우 처참한 것이었다. 인간은 기계에 비해 비효율적 도구로 인식되었다. 효율의 제고가 혁신의 중요한 몫을 차지하게 될수록, 기계가 인간의 일을 대체하는 경향은 확산되고, 그 경향은 자동화시대를 촉발시킴으로써 동시에 더욱 강해져왔다. 자동화의 측면에서 본다면, 4차 산업혁명 역시 연속선상에 놓여 있다.[1]1, 2차 산업혁명의 과정에 자동화는 인간의 통제와 결부된 것이었지만, 새로운 자동화의 흐름은 인간의 통제를 점차 벗어나고 있으며,[2] 현재의 자동화는 자율성을 기술적으로 실현한 인공지능(AI)과 밀접하게 결부되어 있다. 현재 수준에서만 보더라도 인공지능의 자율성과 결합된 자동화는 과거와 비교될 만하지 않다. 같은 맥락에서 과거의 자동화 흐름 속에서 촉발되었던 대체의 경향 역시 지금의 경향과 비교될 만하지 않다. 여전히 완숙 단계를 논의할 시점이 아니지만, 인공지능의 성장 속도는 전문가들조차 확신을 갖고 예측할 수 없는 정도이다.

이제는 옛일이 되어가고 있지만 2016년 알파고와의 대결에서 당한 이세돌의 패배는 참으로 충격적인 사건이었다. 자동화와 자율화를 하나의 역사적 흐름으로 본다면, 이러한 패배의 역사는 체스가 먼저였다. 전략의 측면에서 본다면, 체스 역시 바둑 못지않다는 평가를 받기에 충분하다. 체스 챔피언이었던 아나톨리 카르포프(Anatoly

---

1) 4차 산업혁명의 주된 기술적 특성으로 지목되고 있는 것은 분산화, 자율성 그리고 연결성이다. 이러한 의미에서 4차 산업혁명을 자동화와 구분하려는 시각이 존재한다. 자율화와 자동화는 개념적 의미가 다르다는 점에서 이와 같은 구분은 유의미하다. 하지만 현재의 기술은 자율화의 기술적 구현체인 AI가 자동화를 주도하고 있으며, 더욱이 이 자동화 속에서 인간 노동의 대체가 공통적으로 논의되어야 한다는 점에서, 필자는 4차 산업혁명 역시 자동화의 연속선상에서 논의하고자 한다.
2) 이러한 점에서 3차 산업혁명과 4차 산업혁명은 같은 의도에 명명된 표현으로 보인다. 사실 제러미 리프킨과 슈밥이 주장하는 내용상의 근본적 차이점은 거의 없다. 다만 이들은 과거 1, 2차 산업혁명의 방식과는 전혀 다른 방식의 흐름이 전개되고 있다는 점을 강조하고 있으며, 그 핵심은 인간의 통제를 기반으로 한 자동화의 방향이 전혀 다른 방향으로, 즉 자율성의 방향에서 전개되고 있다는 점이다.

Karpov)는 자신이 젊었을 때 우러러 보았던 우상들에 대해서 이렇게 쓴 바도 있다. "나는 그저 이쪽 세계에 살고 있었고, 그랜드 마스터들은 전혀 다른 세계에 살았다. 그들은 사실상 인간이 아니라 신이나 신화 속의 영웅 같은 존재였다."[3]) 이러한 존경의 표현이 의미하는 것은 단지 체스 마스터들이 평범한 인간이 범접할 수 없는 신과 같은 존재라는 점만이 아니다. 오히려 그것 이상의, 다시 말해 신과 영웅은 인간의 대결 상대가 아니라는 점도 함의하고 있다. 그러니 인간은 신과 영웅이 차지한 곳에서 물러나 그들이 할 수 없는 것을, 좀 더 정확히 말하자면, 그들이 하지 않을 것을 찾는 것이 인간의 운명인 것이다. 그리고 하나 더 생각해야 할 것은, 이세돌의 패배는 옛일이 되었다는 점이다.

'무엇을 할 것인가' 보다는 '무엇을 할 수 있을까'가 더 중요한 과제가 되었다. 이세돌이 패배했던 시점에서, 4차 산업혁명 시대에 인공지능이 할 수 없는 인간 일의 리스트가 주목을 받은 이유였다. 정해진 대상은 이제 없다 해도 과언이 아니다. 인공지능은 자동화를 진두지휘하고 있으며, 자율적 판단의 수준도 폭발적으로 향상될 것이라 예상되고 있다. 탄생보다는 성장이 더 빠른 기술의 특성을 감안한다면, 지금의 수준으로 미래를 낙관하는 것은 너무도 낙관적인 생각일 따름일 수 있다. 지나친 불안 역시 응당 문제이겠으나, 미래에 대한 불안이 단지 어리석음에서 유래한 것은 아니다. 불안이 갖는 긍정적 효과를 부인할 수는 없지만, 미래에 대한 불안은 우리가 극복해야만 할 문제이다.

---

3) 에릭 브린욜프슨 · 앤드루 맥아피 저, 이한음 역, 『제2의 기계시대』, 청림출판, 2014, 240쪽.

근대 산업시대에서 규정된 노동의 의미가 여전히 유지되고 있으며, 자율화에 기초한 자동화의 전개가 매우 빠른 흐름을 이어가고 있는 현 시점에서, 4차 산업혁명의 본격화 과정이 향후 인간의 일과 노동에 대하여 막대한 영향을 미칠 것이라는 예상은 결코 단순한 우려일 수 없다.[4] 더욱이 새로운 신과 영웅에 우리가 맞서서 이길 수 있을 가능성은 애초에 없다. 이것이 바로 인간의 노동과 일에 대하여 우리가 어떠한 처신을 해야 할 것인가를 가늠해야만 하는 이유이다. 더욱이 새로운 신과 영웅을 맞이하는 것은 결코 국지적 과제일 수 없다. 이미 2016년 백악관 대통령실에서도 이에 대한 대처로서 인간의 일과 노동에 관련된 대응책을 심도 있게 모색한 바 있기도 하다.

사회적 존재로서의 인간의 일은 단지 개인의 생존을 위한 처신이 아니다. 그것은 오히려 공동체의 차원의 활동으로 이해되어야 한다. 이러한 의미에서 일의 위기는 곧 공동체의 위기인 셈이다. 일의 위기에 대한 대응이 단지 일자리 수의 증가가 아니라, 오히려 공동체의 지속가능성에 초점을 맞추어야 할 이유이기도 하다. 아쉬운 것은 현재 논의되고 있는 대부분의 대응책들이 주로 전자에 초점을 맞추고 있다는 점과 더불어, 이러한 대응의 방식이 실상 일의 문제를 다루었던 기존의 방식들과 근본적으로 다르지 않다는 점이다. 이것은 우리의 미래에 매우 큰 문제가 될 공산이 크다. 1차 산업혁명과 2차 산업혁명의 틀을 벗어나고 있다는 점에서 현재의 새로운 산업혁명

---

4) 노동(labor)과 일(work)는 분명 구분되는 개념들이며, 이 둘의 구분과 관련된 내용은 차차 제시할 것이다. 여기서는 본 주제에 대한 논의가 시작되는 부분이기에 이 둘에 대한 구분을 하지 않을 뿐이다.

은 기존의 조건과 환경을 변화시켜 나갈 것이며, 특히 인간 사회의 근원적 조건인 인간의 일과 노동에 대한 변화는 매우 크게 촉진될 것이라는 예상이 현실이 될 가능성이 매우 크기 때문이다. 이것이 바로 새로운 산업혁명의 시대에서 일과 노동의 의미를 주의 깊게 살펴보려는 이유이기도 하며, 이 둘의 의미를 구분해보는 이유이기도 하다.

## 2 문화적 행위로서의 일

'일'과 '노동'은 같은 듯 다른 말이다. 사전적 의미로 일이 노동보다는 큰 개념이다. 일은 노동을 포함한 보다 큰 활동을 의미하기에 그러하다. 한나 아렌트(Hannah Arendh)는 20세기 중반 이 둘에 대한 구분을 명확히 내린 바 있다. 그녀에 따르면, 노동은 생존 지향의 활동으로, 일은 인공적 세계 구축 지향의 활동으로 구분된다. 예를 들어 그림을 그리는 붓은 그 자체로 생존과는 무관한 제작 행위의 결과이다. 물론 붓을 통한 생존 활동을 수행하는 사람도 있겠지만, 그것이 붓 제작의 일차 목적은 아닌 것이다. 어쩌면 이 구분을 임의적이라 주장할 수도 있지만, 이와 같은 일의 의미를 우리는 아주 오래된 서양의 한 고전 속에서도 발견할 수 있는데, 그것이 바로 플라톤의 대화편 『티마이오스』이다.

잘 알려져 있듯 이 대화편은 플라톤 우주론의 핵심적 텍스트이다. 이 대화편에서 플라톤은 우주의 창조를 신(神)인 '데미우르고스(Demiurgos)'를 통해 신화적으로 설명하고 있다.[5] 물론 데미우르고

---

5) 신화를 사용한 플라톤의 설명 방식은 그가 늘 강조했던 지성적 방법과는 달라

스의 우주 창조가 헬라스의 잘 알려진 신화임에는 분명하지만, 데미우르고스라는 말의 의미를 되새겨보면, 매우 의도적으로 사용된 신화의 이야기임이 잘 드러난다. '데미우르고스(Demiurgos)'는 우주를 창조한 신의 이름이기도 하지만, 어원적으로 분석해보면, demios(대중, 인민)와 ergon(일, 기능)의 합성어로서 일하는 자 혹은 제작하는 자라는 뜻을 갖고 있으며, 장인(匠人)을 의미하는 말이기도 하다. 다시 말해 '데미우르고스'는 한 편으로는 신을 이르는 명칭이지만, 다른 한 편으로는 인간을 지칭하는 명칭이기도 한 것이었다. 우주를 창조한 신과 '제작자(製作者)'인 인간은 '제작(製作)'의 관점에서 교묘하게 교차되고 있는 것이다.6) 이러한 교차에 따르면, 신의 일(ergon)도 인간의 일(ergon)도 모두 제작이며, 우주 역시 사물의 생성과 같은 원리로서 이해되고 설명된다.

제작(製作)이란 말 그대로 무엇인가를 만드는 것이다. 하지만 단지 무엇인가를 만든다는 것에 초점을 맞추게 되면, 제작이라는 활동

---

무척 당혹스럽게 느껴지기도 한다. 하지만 이러한 그의 설명 방식이 신화적인 것은 결코 아니다. 물론 당대의 지적 배경을 고려한다면, 신화는 매우 익숙한 이야기 거리일 수도 있다. 하지만 플라톤은 단지 신화의 이야기를 반복하기 위한 의도를 전혀 가지고 있지 않았다. 그가 표면적으로 신화의 이야기를 차용한 것은 분명하지만, 그 이야기는 설명의 도구였을 따름이었다. 더욱이 그가 사용한 신화는 철학적으로 재해석된 것이었으며, 이러한 의미에서 E. Cassirer는 The Myth of the State에서 플라톤의 신화를 '철학적 신화'로 표현하기도 하였다.

6) 한나 아렌트 역시 데미우르고스에 대하여 이와 유사한 입장을 제시한 바 있다. 그녀에 따르면, 고대 그리스에서 "보통 사람들의 공적 생활은 '사람들을 위해 생산하는 것' 달리 말해 가정의 노동자인 노예(oiketes)와 구별되는 사람들을 위한 생산자(demiourgos)가 되는 것에 국한되어 있었다."(한나 아렌트 저, 이진우 역, 『인간의 조건』, 한길사, 2017, 245쪽.)

의 근본적 의미를 놓칠 수도 있다. 무엇인가를 만들어 낸다는 것은 사실 인간만이 독점할 수 있는 것은 아니다. 많은 동물들도 무엇인가를 만든다. 개미와 벌도 매우 정교하고 복잡한 구조를 갖춘 집을 만들며, 비버는 제법 근사한 댐을 만들어 낸다. 제작을 이렇게 무엇인가를 만들어낸다는 것으로 이해할 때, 제작하는 활동에 있어 인간과 동물은 결코 구분될 수 없다. 그렇다면 동물 역시 인간과 마찬가지로 제작자(製作者)일 수 있는가? 이 물음에 대답하기 위해서는 반드시 이 활동의 목적이 고려되어야 한다. 앞서 언급한 것처럼 동물들도 무엇인가를 만들어내는 제작 활동을 수행한다. 이 점에서는 동물과 인간 모두 다르지 않게 보인다. 하지만 이 동물 활동의 특징을 고려한다면, 평가는 전혀 달라진다. 동물 활동의 특징은 전적으로 그들의 생존과 직결되어 있기 때문이다. 생존의 차원을 넘어선 제작은 이러한 동물들에게서 발견되지 않는다. 반면 인간의 제작은 생존의 차원으로 국한되지 않는다.

물론 인간 역시 생존해야 하는 존재자임에는 틀림없다. 한나 아렌트가 분석한 바 있듯이, 인간은 지구라는 제한된 조건 하에서 존재하며, 따라서 생존을 위한 그의 활동을 수행해야만 한다. 한나 아렌트는 인간의 이러한 활동을 '노동(labor)'이라 불렀다. 하지만 인간은 오로지 노동만 하는 존재자는 아니다. 그녀에 따르면, 인간의 활동적 삶을 구성하는 근본적 활동은 노동 외에도 일(work)과 행위(action)가 있으며, 여기서 인간이 수행하는 제작이라는 활동은 노동이 아닌 일에 속한다.[7] 일의 목적은 결코 생존에 있지 않다. 물론 도구와 같

---

7) Ibid., 73~75쪽. 역자는 'work'를 '작업'으로 번역하였지만, 인간의 근본적 활동이라는 아렌트의 구분에 기초하여, 그 보다는 '일'이 더 적합한 표현이라 생각

이 제작된 것이 노동에 사용될 수 있으며, 이를 통해 노동이 수월해질 수는 있지만, 그렇다고 하더라도 도구가 노동의 수고로움을 덜어주기 위한 목적에서 제작된 것은 아니다. 예를 들어 알타미라의 동굴벽화를 그렸던 물감이나 그림 도구들은 그들의 생존과는 무관한 것들이었으며, 그러한 도구들을 인간은 매우 오랫동안 제작해 온 것이다.[8] 인간의 제작을 '일'의 관점에서 이해한다면, 동물은 결코 제작자일 수 없다.

또한 만들어진 것과 만든 자의 관계를 고려할 때에도, 동물의 행동과 인간의 활동은 결코 같지 않다. 인간과 동물 모두에게 있어 만

---

하여 표현을 바꾸어 사용한다.

[8] 최대 기원전 1만 8천 년 전에도 사용되었을 이 동굴에는 물감으로 채색되어 있는 당시 동물들의 그림들과 더불어 사용되던 다양한 구석기 도구들과 제사용 막대기 등도 함께 발견되었다. 당시의 인간은 우리가 일반적으로 상상하는 원시인의 삶을 살았을 것으로 추정된다. 아마도 그들에게 생존만큼 중대한 문제는 없었을 것이다. 이들의 생존과 관련되어 있던 도구들은 이런 정황을 잘 보여주기도 한다. 그렇지만 이 같은 추정은 이 동굴에 그려진 그림뿐만 아니라 더불어 발견되었던 제사도구 등과는 그리 정합적으로 이해되지 않는다. 당시의 생존조건은 매우 열악했을 것이며, 인간의 신체적 결핍성에 비추어 볼 때, 그 정도는 아마도 당시의 인간에게 매우 심각했을 것으로 보인다. 동굴에서 발견된 구석기 도구들은 이러한 인간의 결핍성을 보완해주는 것으로 볼 수 있다. 그렇지만 동굴의 벽화나 제사용 막대기 등은 이 결핍성의 보완이라는 목적에 사실상 전혀 부합되지 못한다. 일반적 해석처럼, 그 그림이 더 많은 동물들에 대한 사냥을 기원하는 것이라 볼 수 있다 하더라도, 그 그림은 분명 그들의 생존과 직결되어 있지 않다. 게다가 당시의 열악한 환경을 염두에 둔다면, 천연 염료를 제작하고, 그것을 그림에 채색하는 행위는 결코 결핍의 보완을 통한 생존 가능성의 향상과는 전혀 관계없는 일이다. 이러한 점에서 볼 때, 당시의 구석기인들은 생존을 넘어선, 그래서 여타의 생존 지향의 동물들과는 다른 그들만의 독특한 세계를 구축하고 있었다고 추정해 볼 수 있다. 제사용 막대기는 이러한 추정의 또 다른 핵심적 증거이기도 하다.

듦은 완전한 무(無)의 상태에서 수행될 수 있는 것이 아니다.[9] 만듦은 오로시 유(有)에서 출발하며, 농물뿐만 아니라 인간에게도 자연(自然)은 그 유(有)의 핵심 토대이다. 하지만 인간의 동물과 달리 자연과의 관계를 진혀 다른 방향으로 전개시켰나. 문화(文化)가 바로 그것이다.

자연을 토대로 무엇인가를 만들 때, 만드는 자는 자연에 대하여 자신의 힘을 가하게 된다. 이것은 동물뿐만 아니라 인간의 경우에도 마찬가지이다. 잘 알려진 것처럼 인간의 문화(culture) 역시 어원상 자연에 인간의 힘을 가하는 특정한 행위를 표현하는 말에서 연원되었다.[10] 그렇다고 해서 문화가 자연에 힘을 가하여 그것을 변형시킨다는 것만을 뜻하는 것은 아니다. 동물도 자연에 자신들의 힘을 가하고 그것을 변형시킬 수 있지만, 이러한 동물의 행위를 문화라 부르지는 않는다. 이 둘 간의 근원적 차이는 인간의 제작이 자기 자신 내부로의 역(逆)전회(Rückwendung)를 포함한다는 점에 있다.[11] 인간의 제작은 단순히 자연에 힘을 가하여 그것을 변형하는 데에 목적을 두는 것이 아니다. 인간의 제작은 결코 외부의 자연에게 투여된 활동을 다시 자신의 내면으로 귀환시키는 이중운동(Doppelbewegung)으

---

9) 『티마이오스』의 데미우르고스 역시 무(無)에서 유(有)를 창조하는 존재가 아니다.

10) cultura에서 연원된 culture는 본래 땅을 일군다는 뜻이다. 인간에게 있어 땅을 일군다는 것은 그저 땅을 파는 정도의 의미만을 갖지 않는다. 일구어진 땅은 그것을 일군 인간 행위의 외화(外化)로서, 인간은 그 일구어진 땅을 통해 자기인식을 수행한다. 이러한 자기인식을 통해 인간은 비로소 인간으로 성장하며, 이러한 의미에서 culture는 문화(文化)라는 의미를 갖게 된다.

11) E, Cassirer, "Form und Technik", Symbol, Technik, Sprache, Hamburg, Felix Meiner Verlag, 1985, S. 71 참조.

로 전개되며, 이를 통해 자연과는 다른 자신의 고유하고 독특한 세계를 구축하게 된다.

> 도구는 외부 세계의 형성으로만이 아니라 자기 인식의 형성으로의 하나의 새로운 발걸음을 의미한다.[12]

이렇게 형성되는 세계가 바로 인간의 문화이며, 이 속에서 인간은 자연에 순응하는 동물과는 다른 존재자로서, 즉 인간으로서 성장하게 된다. 물론 유인원들이 간단한 도구를 만들어 쓰는 예들이 보고되고 있기는 하지만, 그러한 도구들은 신체의 연장일 따름이며, 자신의 몸을 외부로만 향하는 행동일 뿐이다. 인간이 제작하는 도구는 결코 신체를 연장하기 위한 수단이 아니며, 이 제작을 통해 인간은 자연과 간접적인 방식으로 관계하게 된다. 다시 말해 인간은 제작을 통해 자연을 활용하여 무엇인가를 만들어 내는데 그치는 것이 아니라, 그 활동으로 새로운 자기인식의 가능성을 열어 놓음으로써 문화의 의미를 획득한다.[13] 인간의 제작은 그 자체로 하나의 문화적 행위이다.

제작이 문화적 행위인 한, 제작은 인간의 고유한 활동이며, 바로

---

12) E. Cassirer, Philosophie der symbolischen Formen : Das mythische Denken (1925), Darmstadt: Wissenschaftliche Buchgesellschaft, 1977, S. 258.

13) E. Cassirer는 인간의 도구 사용의 문화적 특성에 대하여 다음과 같이 말한다. "도구는 단지 인간에게 대상 세계를 변형하기 위한 수단이 되는 것이 아니다. 오히려 바로 이러한 대상의 변경 과정 속에서 도구 자체는 하나의 변화를 경험하고 터전을 옮긴다. 그리고 이러한 변화에서 이제 인간은 하나의 점진적 증대, 즉 진정한 자기의식의 강화를 체험한다." E, Cassirer, "*Form und Technik*", S. 66.

이 점에서 인간은 또한 제작을 통해 규정될 수 있다. 인간만이 제작하며, 이러한 의미에서 인간은 '제작하는 존재'이다. 제작하는 존재란 그저 무언가를 만든다는 것을 넘어 다양한 제작을 통해 문화적으로 성숙되고 성장해왔다는 것을 의미한다. 인류의 역사를 그가 제작한 기술적 도구를 중심으로 기술해 온 것은 제작이 인간에게 갖는 그 고유의 의미를 매우 명확하게 보여주는 것이다.14) 이 둘의 상관관계 속에서, 인간은 도구를 만들고 사용하지만, 단지 도구를 통제하려는 존재가 아니라 그 역으로 그 도구에 의해 다시 규정되기도 하는 것이다.15) 이러한 의미에서 인간도 도구도 서로의 상관성 속에서 서로에 대한 인식의 단초인 것이다.

인간의 일(ergon)16)은 도구의 제작으로만 종결되지는 않는다. 제작된 도구는 그것을 활용한 또 다른 일의 과정에서 개선을 요구받게 되며, 이 개선을 통해 자연과의 새로운 관계 방식을 세우기도 하며, 일의 방식을 변경하기도 하고, 이와 동시에 새로운 자기인식의 과정

---

14) Neil Postman, *Technopoly: the surrender of culture to technology*, New York: Knopf, 1992, p. 22. 참조. 인간은 도구를 제작하여 자연에 대하여 사용하지만, 그와 더불어 도구를 활용하여 다른 도구를 제작하기도 한다. 이 같은 제작과 도구의 관계는 인류의 역사를 이해하고 기술(記述) 방식에도 사용되었는데, 우리에게 익숙한 역사 구분인 구석기시대, 신석기시대, 청동기시대, 철기시대 등의 시대 구분이 그것이다.

15) 이는 우리가 도구를 통해 우리 자신을 재인식한다는 문화적 과정을 잘 보여준다. 또한 E. Cassirer에 따르면, 인간을 도구를 통해 자연과 간접적인 방식으로 대면하게 되었으며, 이러한 간접성에서 인간 인식의 간접성이 기인된다.

16) 통상 인간의 일은 생산과 관련된 좁은 의미로 사용되지만, '인간의 일'이 인간만의 고유한 일을 뜻할 경우 그것은 인간을 인간으로 구실(ergon)할 수 있게 하는 모든 문화적 행위를 지칭하는 광의의 의미로 이해되어야 한다. 하지만 두 경우 모두에서 인간의 일은 문화적 행위이다.

을 수행하기도 한다.[17] 이처럼 인간의 일은 다양한 제작을 통해 펼쳐지며, 그 결과 문화 세계를 구성하는 구체적 내용들(contents)을 형성하고 확장함으로써 인간의 문화 세계를 역동적이며 풍부하게 만들고, 이를 통해 인간 자신의 이해 역시 확장시키게 된다. 이와 같은 일련의 과정 속에서 인간의 일은 자기 스스로를 늘 새롭게 인식하게 하는 문화적 콘텐츠의 생산 활동이자, 그 자체 그 활동의 결과물인 문화 콘텐츠이기도 하다.

## 3 산업혁명과 일 그리고 노동

인간이 문화적 존재인 한, 문화적 활동 자체인 인간의 일은 다른 것으로 대체될 수 없는 인간의 고유한 활동이다. 그런데 우리는 일과 노동을 같은 의미와 맥락에서 이해하고 사용하고 있다. 앞서 언급했듯, 일은 노동 보다는 사전적 의미로 큰 개념이다. 이러한 점에서 이 둘의 의미상 교차는 두 가지로 이해해 볼 수 있다. 그 한 가지는 작은 의미로의 환원, 즉 일이 노동의 의미로 축소되는 것이며, 다른 하나는 큰 의미로의 고양, 즉 노동이 일의 영역으로, 달리 표현한다면 문화적 의미를 획득하는 것이다.

이와 같은 갈림길에서 인간에게 매우 큰 영향을 미쳤던 것은 바로 산업혁명이었다. 산업혁명은 인간과 도구의 관계를 기존과는 전혀 다른 방향으로 몰아갔기 때문이었다. 산업혁명은 결코 인간이

---

17) 물론 도구의 제작이 유형의 것으로 제한되지는 않는다. 도구의 제작은 무형의 것으로도 확장되며, 이로써 인간의 일은 유·무형의 차원 모두에서 전개된다. 단, 여기서의 논의는 주로 유형의 것에 집중하고자 한다.

인공물의 제작을 지속해 가는 과정에서 초래된 결과물이 아니다. 물론 인간에게 있어 인공적(人工的) 세계의 구축이 생존을 목적으로 하지 않는다고 할지라도, 도구와 같은 인공물의 제작은 생존을 위한 인간의 활동뿐만 아니라 또 다른 도구의 제작을 촉진하기도 하였고, 이러한 도구의 제작과 강화의 과정은 노동과 일을 포함한 인간 활동 전반에 영향을 미치고, 개선되는 물리적 기능과 성능에 비례하여 인간의 노동과 일의 방식도 큰 폭으로 변화시켰다. 그렇지만 이 결과 산업혁명이 발생되었던 것은 아니다. 그러한 개선과정 자체가 인간과 그의 활동이 맺는 관계를 근본적으로 변경시키지는 않기 때문이다.

> 근대는 이론적으로 노동을 예찬했고 결과적으로 모든 사회를 노동 사회로 변형시켰다. …… 사람들이 노동의 방식으로 함께 살아가기 때문에 평등해진 이 사회에는 인간의 다른 능력을 회복시킬 정치적 귀족이나 영적인 귀족 또는 어떤 다른 계급도 남아 있지 않다.[18]

산업혁명의 가장 큰 영향은 인간의 사회를 노동사회로 진입시킨 것이었다. 그리고 그 배후에는 서양의 근대라는 특정한 이념의 역사가 자리해 있다. 생산과 효율성을 강조한 서양 근대의 이념은 인간의 활동 역시 이러한 기준에서 이해하고자 하였다. 생산을 담당하는 것은 노동이었고, 그 노동의 효율성을 높이는 것은 합리적 시도로 간주되었다. 인간의 일은 이러한 기준 하에서 평가될 수 있는 것이 아니었다. 하지만 인간 일의 결과는 노동에 활용될 수 있다. 그리고

---

18) 한나 아렌트, op.cit., 71쪽.

그 활용을 통해 노동의 효율은 높아질 수 있었다. 이 과정에서 일의 결과, 즉 도구의 제작은 노동을 위한 수단적 의미를 획득하게 되었다. 다시 말해 도구는 노동에도 활용될 수 있는 것이 아니라, 노동을 위해 있는 것이 된 셈이다.

우리의 사회는 근대 이후 여전히 노동사회이다. 물론 우리에게 너무도 익숙한 표현이며 당연한 전제로 보이긴 하지만, 노동사회는 심대한 변화를 함의하는 개념이다. 도구가 노동의 수단으로 환원된 순간, 노동사회 내에서 인간의 일은 노동과 결코 구분될 수 없게 되었기 때문이다.[19] 이러한 구분 불가능성이 환원의 결과라는 점에서, 노동으로 평등한 사회의 도래는 인간 삶의 다양성을 의미하는 것이 아닌, 오히려 인간 활동의 획일화를 의미하는 것이다. 이것이 바로 도구와 인간 그리고 도구의 문화적 의미에 대하여 산업혁명이 촉발시킨 중대한 변화의 핵심적 내용이다.

잘 알려진 것처럼, 산업혁명을 추동한 가장 직접적인 계기는 혁신적인 기계의 제작과 도입이었다.[20] 1차 산업혁명의 경우, 혁신적으

---

[19] 한나 아렌트의 노동과 일 그리고 행위의 구분은 이념적으로 수용될 수 있는 것이지만, 이 구분이 실제의 현실을 반영하는 것이라 보기는 어렵다. 고대의 계급 사회 이후, 인간의 실제 생활에서 노동과 일 그리고 행위는 연결되어 있으며, 개체의 차원에서 이 셋은 모두 수행된다. 하지만 산업혁명 이후 인간 활동에서 일과 행위라는 이념적 의미가 심각히 훼손되고 상실되었으며, 이 점에서만 한나 아렌트의 구분은 유의미하다고 본다.

[20] 앞서도 유사한 언급을 했지만, 혁신적 기계의 도입이 산업혁명의 필요충분조건일 수는 없다. 이와 유사한 혁신적 기계의 개발은 이루어진 바 있으며, 그보다 더 혁신적인 기계 역시 개발된 바 있지만, 그것이 반드시 산업혁명으로 이어지지는 않았다. 여기서는 산업혁명과 자본주의 간의 상관성에 주목하여 논의를 전개하려는 목적 때문에 자세히 설명하지는 않겠지만, 이 둘 간의 연관이 가능했던 것도, 더 근원적으로 효율적인 혁신적 기계의 도입과 시스템의

로 개발된 증기기관의 제작은 산업생산 과정에 도입됨으로써 그 과정을 획기적으로 변경시켰다. 이 영향은 단지 산업영역에만 국한되지는 않았다. 물론 한 순간의 변화는 아니었지만, 그 영향은 사회 전반에 미쳤으며, 그 결과 산업생산시스템은 인간 삶의 새로운 환경이 되었다. 이로써 인간은 그 이전과는 전혀 다른 삶의 방식을 요구받게 되었는데, 그것이 바로 앞서 언급한 제작의 과정에서 인간이 도구와 맺어 온 관계 방식의 근본적 전환이었다. 최소한 장인의 손에서 도구는 인간이 사용하고 통제하는 것이었다. 하지만 혁신적인 기계의 도입부터 이 기계는 인간이 사용하는 것이 아니었다. 오히려 인간이 그 기계를 위해 존재하는 것이 되었으며, 더 나아가 그 기계의 부속품이 되어갔던 것이었다. 이러한 관계의 변화가 단지 혁신적인 기계의 도입 때문인 것은 아니었다. 이러한 관계를 맺을 수밖에 없는 또 다른 사회적 변화가 촉진되었기에 가능했던 것이었다. 그것은 바로 인간 활동, 즉 노동의 상품화였다.

산업혁명은 사실 다층적으로 이해되어야 할 현상이며, 노동의 상품화는 산업혁명과 자본주의의 밀접한 연관이 잘 드러나는 사건이다. 이 과정을 면밀히 검토했던 경제학자 칼 폴라니에 따르면, 이러한 산업혁명이 본 궤도에 진입하게 된 것은 19세기 초였고, 그 중심에는 '시장'이 있었다. 특히 노동시장의 발견은 매우 중요한 것이었다. 산업혁명이 촉발한 시스템이 운영되기 위해서는 생산에 투입되는 요소들은 모두 시장21)을 통해 구매되어야 했으며, 인간의 노동

<hr />

사회적 확장은 근대의 합리성 이념 하에서 비로소 가능한 것이었다.
21) 칼 폴라니는 이 시장이 '자기조정 원리'에 의해 작동되는 것이라고 설명한다. 자기조정 시장이란 특히 가격 등의 결정이 인위적인 방식으로 이루어지는 것이 아니라 시장의 메커니즘에 의하여 자율적으로 결정되는 것을 의미한다.

역시 생산요소의 하나인 한 시장을 통해 구매될 수 있는 것이어야 했던 것이다. 경제의 성장은 시장의 성장에 토대를 두는 것이었으며, 산업혁명 초기 생산을 위해 필요한 인적 자원을 얻기 위해서는 노동력이라는 상품을 구매할 수 있는 시장의 확장이 요구되었다. 이를 위해서는 누구나 그 시장에 뛰어들어 자신의 노동력을 상품으로 팔려는 '경쟁적 노동시장'이 전국적 수준에서 작동되어야 했지만, 영국의 전통적 구빈법은 이러한 확장을 가로막고 있었다. 특히 이러한 변화 속에서 새롭게 작동하고 있던 스피넘랜드법이 1834년 산업자본가들의 노력으로 폐지되면서 노동시장은 비로소 전국적 수준에서 비로소 작동될 수 있었다.[22] 여기서 주목하려고 하는 것은 이 변화의 과정보다는 이 과정에서 고착된 노동의 상품화에 따라 매매의 대가로 주어지는 임금의 성격이다. 물론 산업혁명 이전에도 노동에 대한 보상은 이루어졌고, 형태상 상품화 이후의 임금과 다르지 않아 보이기도 한다. 하지만 상품화는 과거와는 다른 매우 큰 의미의 변화를 동반하는 것이었다.

> 교환시장에서 만나는 사람은 이제 분명 제작자 자신이 아니다. 마르크스가 자주 지적했듯이, 그들은 인격으로서가 아니라 상품과 교환가치의 소유주로서 만난다. 상품의 교환이 주된 공적 활동인 사회에서 노동자는 상품이나 화폐 소유자와 대립하기 때문에 그들도 소유주, 즉 '그들 자신의 노동력의 소유주'가 된다. 이점에 이르러서야 인간의 상품화라는 마르크스의 유명한 자기소외가 시작될 수 있다.[23]

---

22) 스피넘랜드법과 노동시장의 관계에 대하여는, 칼 폴라니 저, 홍기빈 역,『거대한 전환』, 도서출판 길, 2009, 7~8장을 참고하시오.
23) 한나 아렌트, op.cit., 248쪽.

노동이 시장을 통해 구매될 수 있으려면, 그것은 양도 가능한 하나의 상품이어야 한다. 그런데 양도 가능하기 위해서 그것은 그것이 기존에 맺고 있는 관계들과 단절되어야 한다.[24] 특히 '그들 자신의 노동력'은 최소한 그 자신과 단절되어야만 한다. 이러한 단절과 양도 가능성이 인간의 노동력이 하나의 상품으로서 시장에 진입할 수 있는 조건인 것이다. 그렇지만 문제는 이 노동력은 인간이 자신 안에 갖고 있는 능력이라는 점이다. 이 노동의 능력을 갖추고 있는 사람(노동자)와 노동력의 구분은 이념적으로 가능할 뿐, 물리적으로 가능하지 않다는 것이 문제의 핵심이다. 결국 시장에 상품으로 진입하는 것은 이념적으로는 노동력이지만, 실제로는 그것과 분리 불가능한 인간 자신이 투입되는 상황이 되어 버린 것이다. 이제 인간은 기계 생산의 과정에 직접적으로 투입되었다. 이 생산에 있어 인간은 기계와 동일한 생산의 요소로 간주되며, 동일한 목적에 따라 그 임무를 수행하는 존재가 되었다. 다시 말해 일은 인간도 하는 것이고, 기계도 하는 것이 된 것이다.[25] 인간 역시 하나의 기계적 메커니즘

---

24) 이러한 단절은 사회적 수준에서도 이루어진다. 칼 폴라니는 다음과 같이 말하기도 한다. "노동을 인간의 다른 활동들로부터 떼어내어 시장 법칙에 종속시키면 인간들 사이의 모든 유기적 존재 형태는 소멸되고 그 자리에는 대신 전혀 다른 형태의 조직, 즉 원자적 개인주의의 사회 조직이 들어서게 된다. 이러한 파괴 공작을 실행에 옮기는 최상의 방책은 자유계약의 원리를 현실에 적용하는 것이다. 현실에서 그것은 곧 친족, 이웃, 직업 동료, 신념을 공유하는 모임 등 모든 계약 외적인 조직들은 개인들에게 충성을 강요하는 것이며, 따라서 그들의 자유를 제한하는 것이므로 해체되어야 한다는 것을 의미한다. 경쟁적 자유주의자들은 … 개인들 사이의 비계약적 관계들을 파괴하고 그것이 저절로 재형성되는 것을 방지할 그런 종류의 개입은 얼마든지 환영하는 편애에 젖어 있는 것이다." 칼 폴라니, op.cit., 439쪽. 이것은 협력 대신 경쟁이 사회의 핵심 가치가 되는 계기이기도 하다.

으로 간주되고, 그 결과 인간과 기계 모두 효율성이라는 공통의 기준 하에서 비교될 수 있었다. 이 효율성의 기준에서 기계는 인간보다 우위에 있다. 인간은 효율성이 더 높은 기계의 작동과 움직임을 따를 수밖에 없다.[26]

이렇게 볼 때, 20세기 초 등장했던 테일러시스템이라는 과학적 경영기법의 등장은 결코 우연한 사건이 아니다.[27] 프레더릭 테일러의 목표는 효율 낮은 기계인 인간의 효율성을 높이는 것이었다. 인간 역시 기계와 마찬가지로 생산을 위한 작업과 무관한 행동은 하지 않아야 하며, 그는 이러한 행동을 모두 게으름으로 간주하였다. 효율성

---

25) 카렐 차페크의 R.U.R 서막에서 회사의 영업 담당자인 부스만의 대사 속에서도 이 상황이 잘 묘사되어 있다. "아이고, 글로리오바 양. 내 말은, 우리가 노동임금을 낮췄다는 겁니다! 식대까지 포함해도 로봇을 쓰면 시간당 3/4센트밖에 안 들어요! 공장이란 공장들이 모두 다 도토리 부서지듯 도산하지 않으려면, 생산비를 줄이기 위해 서둘러서 로봇을 사야하는 겁니다." 카렐 차페크, 『로봇』, 김희숙 옮김, 모비딕, 2015, 55쪽.

26) 1927년 Fritz Lang의 Metropolis는 이 같은 인간 일의 의미 변화와 왜곡을 고발하고 있다. 그의 영화 속에서 인간 노동자들은 꼭 없어도 되는 기계의 부품 중의 일부분으로 묘사되는데, 기계의 오작동으로 일하던 노동자들이 모두 죽자, 그들은 치워지고 새로운 노동자들이 그들의 일을 대신하는 매우 충격적인 장면이 연출되기도 한다. 20세기 초 이 같은 인간의 일이 의미 변화와 왜곡을 고발하는 작품들이 많이 등장하게 되는데, 이것은 산업혁명의 전개가 매우 느리게 진행되었기 때문이었다. 산업혁명의 공인이 거의 100여 년 이후 이루어진 것도 이러한 탓이었다. 하지만 그 느린 진행은 어느 순간 폭발적으로 그 변화를 드러내었으며, 그 시기가 20세기 초였다. 같은 이유로 이 이 때는 기술철학자들이 대거 등장했던 시기이기도 하였다.

27) 인간의 일을 기계적 메커니즘으로 간주한 것은 이 당시만의 특별한 시각은 아니었다. 테일러시스템은 이후 지속적으로 수정·보완되어 1966년 MODAPS (Modular Arrangement of Predetermined Time Standard)가 개발되었으며, 현재도 사용되고 있다.

을 높이기 위해서는 게으름의 가능성을 차단해야 하며, 이를 위해 그는 "개인적(personal) 요소를 제거하고 노동과 생산을 표준화하여 개별 노동자들의 자율성을 제한하고자 하였다."[28]

　이제 노동으로 표현되는 인간의 일을 양도 가능한 것으로 그리고 하나의 기계적 메커니즘으로 간주하는 시각은 분명 문화적으로 이해되었던 일의 본래적 의미와는 전혀 다른 것이다. 물론 이러한 변화가 산업혁명 이후 구축된 생산 시스템 내에서 어쩔 수 없는 것이라 할 수 있을지 모른다. 이미 시작된 산업혁명의 흐름을 어느 개인이 막을 수는 없는 것이며, 설혹 그것이 문제라 할지라도 그 성과를 인간이 공유함으로써 더 나은 인간 삶을 실현시켰다고 주장할 수도 있다. 하지만 사실 그 변화의 과정은 매우 폭력적으로 전개되기도 하였다.

　　노동시장이라는 것은 그야말로 무수한 인간들의 생활의 흐름으로서 이 흐름의 양을 규제하는 것은 인간들이 손에 넣을 수 있는 식량의 양 하나뿐이다. 물론 여기에 노동자들의 임금이 어느 이상 떨어질 수 없는 관습적 기준이 존재한다는 것은 인정되었지만, 그런 한계가 현실에서 효력을 발휘하기 위해서는 노동자들은 앉아서 굶을 것인가 아니면 노동 시장에서의 임금이 얼마이건 주는 대로 받으면서 자기 노동을 순순히 내놓을 것인가라는 양자선택의 궁지로 몰아넣을 필요가 있다고 생각되었다. … 이것이 고전파 경제학에서 이해하기 힘든 맹점, 즉 노동 시장이 잘 돌아가게 하는 데에 왜 높은 임금을 주어 더 일하도록 유인하는 쪽 이야기는 완전히 빼먹고 굶주림이라는 징벌만 효과가 있는 것으로 여기는가를 설명해

28) Kathleen Richardson, *An Anthropology of Robots and AI : annihilation anxiety and machines*, New York: Routledge, 2015, p. 35.

준다. …… '기꺼이 스스로 일하는 노동자'를 만들어내는 최종 단계
는 '자연의 징벌', 즉 굶주림을 노동 기율의 방법으로 활용하는 것
이다. 그런데 그렇게 굶주림이라는 힘이 한껏 효력을 발휘할 수 있
으려면, 개인들 누구도 굶주려서는 안 된다는 원칙에 선 유기적 사
회는 반드시 해체되어야만 하는 것이다.[29]

　　인간의 활동에 있어 일이 갖는 고유한 의미는 더 나은 생존 환경
에서 이해될 성질의 것이 결코 아니다. 인간이 문화적 존재라는 것
은 인간의 활동을 생존의 차원에만 제한하여 그를 이해하는 방식에
서는 결코 도출될 수 없는 결론이다. 문화적 존재로서의 인간 역시
생존의 필연성에서 벗어날 수 없지만, 도구가 노동의 수단으로 사용
될 수 있는 것처럼, 인간의 노동 역시 다른 활동들과 배타적으로 이
해될 수 없다. 인간을 문화적 존재로 이해하는 한, 그의 노동 역시도
이 범주 내에서 이해되어야 하는 것이다. 그럼에도 불구하고 더 나
은 생존 조건을 빌미로 인간 존재의 의미를 생존의 차원으로 환원
시키는 것은 인간 존재 의미의 축소이자 고유성의 부정일 따름이다.
인간의 실질적 삶 속에서 노동과 일이 분리될 수 없다는 점에서, 그
인간의 활동을 일이라 표현하든 노동이라 표현하든 상관없이 인간
을 그 활동과 별개로 이해해서는 안 된다는 점이다. 그러한 한, 인간
의 일을 기계적 작동으로 간주하는 것은 곧 인간을 기계로 간주하
는 것과 마찬가지의 왜곡인 것이다. 이것이 바로 산업혁명이 한창이
던 20세기 초에 카렐 차페크의 R.U.R이, 프리츠 랑의 Metropolis가,
찰리 채플린의 Modern Times가 기계화된 인간과 그의 일을 때로
비극적으로도 희극적으로도 그려내었던 이유인 것이다. 동일한 의

---

29) 칼 폴라니, op.cit., 441~443쪽.

미에서 로봇에 대한 이야기를 쓴 카렐 차페크는 다음과 같이 말하기도 하였다.

> … 제가 절실하게 원하는 것은 로봇들의 공격 순간에 청중들이 가치 있고 위대한 무엇인가가 위험에 처해 있다는 것을 느끼는 것입니다, 말하자면 인간성(humanity), 인류(mankind), 우리(us)를 말이죠.[30]

## 4 산업혁명과 문화적 존재로서의 인간

1차 산업혁명 이후 인간의 사회는 노동사회가 되었으며, 시장사회는 이 노동사회의 또 다른 이름이 되었다. 이러한 과정 속에서 우리는 이렇게 명명된 사회의 매커니즘과 그 안에서 인간이 어떠한 존재로 이해되고 있는지를 파악해 볼 수 있다. 앞서 잠시 언급된 바 있지만, 시장 사회는 철저히 계산적 합리성이 지배하는 공간이다. 생산의 효율성은 투입과 결과의 비율을 통해 계산되며, 시장은 이 효율성 제고를 위한 시스템으로 작동하기도 한다. 그런데 이 시스템은 누군가에 의해 작동되는 것이 아니다. 보이지 않는 손이란 자칫 오해를 살 수 있는 표현이지만, 여기서 강조되어야 하는 것은 손이 아닌 '보이지 않는'이라는 것이다. 시장의 체계는 그 누구도 아닌 스스로 조정되는 것으로 이해되고 있다. 소위 '자기조정원리'가 그것이다. 시장에서의 가격 결정 체계는 이 점을 잘 보여준다. 생산을 위한 모든 요소들의 가격은 시장의 자기조정원리에 의해 결정되며, 수요와 공

---

30) 1923년 The Saturday Review의 카렐 차페크 기고. 카렐 차페크, op.cit, 37쪽 재인용.

급은 이 결정의 핵심 계기들이다. 인간의 노동력 역시 하나의 상품이기에, 그 가격 역시 이 시장의 수요와 공급이라는 매커니즘 내에서 스스로 결정된다. 이것이 자본주의 이전의 '삯'이라 이해되었던 보상 방식과의 결정적인 차이이다.

인간 노동력의 가격 역시 시장을 통해 결정된다. 그것 역시 생산의 요소이기 때문이다. 시장사회는 결코 생산과 유리될 수 없다. 시장사회는 끊임없이 상품을 생산하는 활동에 의해 유지되어야만 한다. 인간이 시장사회에서 수행하는 대부분의 활동 역시 상품의 생산이다. 상품을 생산하기 위한 활동, 그것이 바로 '노동'이다. 시장사회가 인간 삶의 전제인 한, 인간의 활동은 생산을 위한 노동으로 이해되기 시작한다. 한나 아렌트의 '노동사회'는 이 시장사회를 인간 행위의 측면에서 기술한 표현인 것이다. 시장사회 내의 인간은 상품을 생산해야 하는 존재이며, 산업혁명은 이를 위한 새로운 생산 시스템의 구축 과정인 셈이다. 인간은 이 사회와 시스템 내에 머무는 존재이며, 이에 걸맞은 이름이 부여된다. homo industrialis가 바로 그것이다.

상품의 생산을 조건으로 삼고 있다는 점에서, homo industrialis는 노동사회 혹은 시장사회 내의 인간의 성격을 나타낸다. homo industrialis는 분명 활동하는 인간이기는 하지만, 그의 활동은 노동으로 귀착된다. 한나 아렌트의 구분에 따른다면, homo industrialis의 유일한 목적은 생존이며, 바로 이러한 점에서 homo industrialis는 인간에 대한 기능적 이해의 연장선상 위에 놓여 있게 된다. 그렇게 이해되지 않는 한, 그는 결코 시장 내에 진입할 수 없기 때문이다. 아렌트가 말하듯, "노동의 사회에서 인간을 판단하는 척도는 그들이 수행하는 기능이다."[31] homo industrialis는 상품을 생산하는 기능적 존재자이다. 그리고 그 기능의 본질은 바로 상품의 생산능력, 즉 노동력이다.

일반적 의미에서 노동하는 능력이 시장사회에 들어와 갑자기 생겨날 수는 없다. 생존은 인간에게도 기본 존재 조건이며, 이를 수행하기 위한 능력은 인간에게 근본적인 것이다. 그렇지만 척도로서, 기능으로서의 노동력은 이러한 일반적 의미의 노동하는 능력과는 전혀 다른 성격을 갖는다. 이때의 노동력은 상품과의 관계 내에서 이해되어야만 하기 때문이다. 물론 노동사회 탄생 이전에도 상품은 존재하였다. 그러나 그러한 상품이 그저 노동의 생산물인 것은 아니었다. 노동사회 내에서의 상품의 생산은 어느 누구나 가능한 것이다. 그러나 그 이전의 사회에서 상품은 숙련된 장인(匠人)의 특권이었다. 산업혁명 이후 새롭게 구축된 사회 내에서 노동력의 소유자인 homo industrialis가 장인일 필요도, 더 나아가 숙련된 노동자일 필요도 사실 없게 되었다.

> 하나의 활동이 많은 미세한 부분으로 나뉘어 그 각 부분의 전문가가 단지 최소한의 기술만을 가져도 되는 분업은, 마르크스가 제대로 예견했듯이, 숙련노동을 완전히 폐지하는 경향을 가진다. 분업으로 인해 노동시장에서 사고 팔리는 것은 이제 개인의 기술이 아니라 '노동력'이다.[32]

이 노동력은 동일한 기능을 수행하는 능력들이다. 물론 이 능력들의 크기는 약간씩 다를 수 있다고 하더라도, 질적인 차이를 갖는 것

---

31) 한나 아렌트, 앞의 책, 249쪽.
32) 앞의 책, 167쪽.

은 아니다. 아니 오히려 그 차이는 존재해선 안 된다. 이렇게 촉진된 '차이의 붕괴'는 인간의 삶에 매우 큰 영향을 미치게 된다. 차이의 부존은 대체를 동반할 수밖에 없기 때문이다. 노동력과 그 소유자는 물리적으로 분리될 수 없다. 이 때문에 노동자는 자신의 노동력을 팔지만, 그 판매의 과정 속에 그 능력의 소유자인 인간 역시 동반될 수밖에 없다.

동일한 노동력은 또 다른 노동력으로 언제든 교체될 수 있다. 물리적 분리 불가능성에 기인하여, 이 교체는 현상적으로 한 사람이 다른 사람으로 대체되는 것이기도 하다. 노동사회 속에서 노동은 인간의 유일한 활동이자, 생존을 유지하는 유일한 수단이 된다. 따라서 이 대체 가능성은 그 자체로 생존 자체를 위협하는 요인이다. 생존의 유일한 방편이라는 점에서, 인간은 이 노동의 과정에서 절대 배제되어서는 안 되며, 자신의 노동력과 대체 관계에 있는 존재자들은 모두 경쟁자이다. 인간의 노동력이 하나의 기능으로 이해되는 한, 경쟁자는 사람으로 국한될 수도 없다. 그러한 기능만 수행할 수 있다면, 어느 것이든 인간 노동력을 대체할 수 있기 때문이다. 이러한 점에서 혁신적 기술의 결과물인 기계는 인간의 가장 강력한 경쟁자이다. 문제는 이 경쟁이 자신을 돌아볼 수 있는 자기 자신 내부로의 역(逆)전회(Rückwendung)[33]를 포함하지 않는다는 점이다.

경쟁과 대체의 관계 내에서 인간은 문화적 관계 내에서 가능했던 도구를 통한 자기의 인식이나 자신의 강화를 경험하지 못한다. 인간은 새로운 관계 속에서 오히려 자기인식의 폭을 크게 제한받게 된다. 인간이 이 관계 속에서 기껏 인식할 수 있는 것이란 기계적 질서 속

---

33) 김종규, 「일의 문화적 의미와 기술혁명 시대」, 『人文科學』 제71집, 2018, 20쪽.

에서의 자신이다. 기능적 수단의 수준에서 본다면, 인간은 결코 기계보다 낮지 않다. 따라서 생산 과정의 이니셔티브는 인간이 아니라 기계가 차지하며, 인간은 그 기계의 체계에 속한 하나의 부품으로 전락되는 것이다. 노동사회에서 인간 존재의 의미는 이 시스템 속에서 결정되며, 언제든 대체될 수 있는 가능성을 전제한다는 점에서, 인간은 이 체계의 필수적인 부품일 수도 없다. 인간은 이 시스템 내에 존재해야만 함에도 불구하고, 언제든 이 시스템에서 불필요한 존재가 될 수도 있다는 가능성에 늘 위협을 받게 된다. 이 상황은 인간이 끊임없이 노동 활동에 자신의 모든 역량을 집중시켜야만 하는 근원적 조건이며, 인간이 그 스스로를 노동하는 존재(homo laborans)로서 인식하게 되는 계기이기도 하다.[34]

물론 노동하는 존재로의 인식 자체가 문제인 것은 아니다. 인간이 노동을 해야 하는 존재인 한, 그 자신을 노동하는 존재로서 인식하는 것은 가능한 일이다. 문제는 그 인식이 그것에만 머물 때다. 다시 말해 노동하는 존재로서의 인식이 스스로에 대한 또 다른 인식을 방해할 때이다. 스스로를 노동하는 존재로서 인식하는 것은 노동사회 내에서도 발견되는 것이다. 하지만 노동사회 내에서의 이 인식은 일종의 필연적 인식이라는 점에서 앞서 언급한 하나의 가능한 인식과는 근본적으로 다르다. 더 큰 문제는 여기서 발생한다. 이 시스템 내에서 노동하는 존재로서의 인식은 너무도 당연한 것이기에, 사람들은 이 인식이 옳다고 신봉하게 된다는 점이다. 우리는 옳다고 여기는 것들에 대하여 더 이상 물음을 던지지 않으며, 물음의 부재 속에서 이 인식은 맹목적인 것으로 되어 간다.

---

34) 이러한 인식은 생산적 노동과 비생산적 노동을 구분하는 핵심적 계기이다.

자기 자신에 대한 다양한 인식의 가능성을 스스로 상실시킨다는 점에서, 인간의 본질에 대한 인식의 제한은 곧 인간의 결핍으로 귀착된다. 그리고 이 결핍 속에서, 그 결핍의 조건인 시장사회 혹은 노동사회는 도리어 더욱 공고화된다. 이러한 결핍과 공고화 사이가 하나의 순환적 구조로 고착화될 때, 인간의 결핍은 최악의 상태로 치달아가게 된다. 그 결핍이 심화될수록, 인간의 대체 가능성 역시 최대화될 것이기 때문이다. 특히 이러한 상황은 호모 파베르로서의 인간 이해의 왜곡 과정에서 매우 분명하게 드러난다. 호모 파베르에 대한 왜곡은 인간만의 왜곡은 아니다. 호모 파베르가 인간에 대한 규정임에는 분명하지만, 그 규정은 도구에 대한 이해에도 직결되어 있기 때문이다. 이러한 점에서 호모 파베르의 왜곡은 이중적이다.

> 사람들이 망치와 도끼, 끌과 송곳, 집게와 톱의 형태 속에서 다름 아닌 손 자체라는 존재와 구조를 재발견할 수 있을지 모르지만, 그럼에도 이러한 유비는 사람들이 점진적으로 본래의 기술적 활동의 영역으로 들어가게 되자마자 부정된다. … 매우 발전한 기술 도구들을 원시 도구들과 구분하는 것은 바로 자연이 그것들에 직접적으로 제공할 수 있는 원형에서 그 도구들이 자유롭게 되었으며, 그리고 말하자면 결별이 선언되었다는 점이다. 이러한 "결별선언"의 근거 위에서 비로소 그 도구들 자체가 알려주고 수행해야만 하는 바가 드러나며, 그것들의 자립적 의미와 그것의 자율적 기능이 완전하게 밝혀진다.[35]

도구를 단순한 신체의 연장이나 강화의 수단으로 간주하는 것은 도구에 대한 근본적 이해에 이를 수 없다. 이러한 이해 방식은 초기

---

35) E. Cassirer, op.cit., p. 73.

도구에는 적용될 수 있을지 모른다. 인간은 스스로의 몸을 도구로서 사용하는 존재이기는 하다. 하지만 인간은 자신의 몸을 도구인 한에서만 이해하지는 않는다. 오히려 몸-도구의 한계 인식 속에서 몸이 아닌 인공적 도구의 제작에 나서게 된다. 한나 아렌트도 지적하고 있듯, 도구는 그 자체로 생존을 위한 수단이 아니며, 따라서 생존과는 별도의 목적에 의해 제작된다. 도구는 결코 행위의 직접성에 기인되는 것이 아니다. 인간은 자연적 세계와 연관되어 있지만, 그렇다고 해서 그 연관이 오로지 자연의 법칙에만 따르는 것은 아니다. 스스로의 몸을 도구로 사용하듯, 인간은 자연의 운행 속에 머물기도 하지만, 때로 그는 이러한 운행에서 벗어나거나 그 운행을 변경하기도 한다. 이 변경의 중심에 놓여 있는 것이 바로 도구이다. 도구는 자연과 인간의 단순한 연장선이 아니라 인간이 자연과 맺는 새로운 관계를 구축하게 된다. 인간은 도구를 통해 자연과 관계를 맺는 것이다. 이 도구의 특성은 장인의 도구에서 잘 드러나는데, 그것은 바로 도구와 장인 간의 연대(連帶)적 관계이다.

> 유기적 통일과 유기적 연관은, 인간이 도구를 단지 하나의 단순한-물질(Bloß-Maerielle)로서, 하나의 사물과 질료체로 간주하는 것이 아니라, 기능의 중심으로 전치시킴으로써, 그리고 이를 통해 도구와 말하자면 연대성을 느낌으로써 인간이 그가 사용하는 도구를 통해 점점 더 "성장하는" 한에서, 재건된다. 이러한 연대의 느낌이 바로 진정한 수공업자를 고무시키는 것이다. 그의 손들에 지배되는 특수한 개별적 일(Werk) 속에서 수업업자는 어떤 단순한 사물을 자신 앞에 갖는 것이 아니다. 오히려 그는 그 일 속에서 동시에 자기 자신과 자신의 가장 고유한 인격적 행위를 직관하는 것이다.[36]

---

36) Ibid., p. 76.

도구를 사용하는 존재의 본질적 의미는 자연과의 직접성을 강화하는 것에서 찾아지는 것이 아니다. 오히려 그는 역전회를 통해 자신이 제작하고 사용하는 도구의 경험 속에서 자신의 행위적 의미를 이해하는 존재이며, 이러한 점에서 동물과 다른 존재성을 성취하게 된다. 이것이 바로 호모 파베르의 진정한 의미이다. 호모 파베르의 일의 목적은 바로 자신에 대한 인식에 있다. 이러한 점에서 인간의 도구가 갖는 종적 차이는 이 내부로의 귀환에서 찾아진다. 만일 이러한 내부로의 귀환이, 달리 표현한다면, 도구의 본질적 목적이 상실된다면, 인간의 도구뿐만 아니라 호모 파베르 역시 왜곡의 길에 들어설 수밖에 없다. 그의 일의 의미가 상실되기 때문이다.

자기인식의 계기성이 탈취된 도구는 그저 외적인 작용체에 지나지 않는다. 그리고 그 도구의 의미는 그 작용의 성능에 의해 좌우될 뿐이다. 이 과정에서 도구는 인간과 자연 간의 새로운 관계를 지속시키지 않는다. 도구는 신체의 연장이며, 신체 그 자체이다. 신체가 어떠한 기능을 수행한다면, 도구 역시 마찬가지이다. 신체가 자연과 직접적으로 관계한다면, 도구 역시 마찬가지이고, 그러한 한, 인간은 자연과 더 이상 간접적인 관계 방식에 놓이지 않는다.

인간의 생존은 자연과의 직접성에 기초한 필연적 활동이다. 한나 아렌트는 노동이라는 활동을 설명한 것도 바로 이 관점에서이다. 이러한 의미에서 본다면, 자기인식의 계기가 탈취된 도구는 노동과 새로운 관계를 형성하게 된다. 도구 역시 자연과의 직접적 관계에 놓이게 되기 때문이다. 노동이 신체를 통해 이루어지는 한, 신체의 외적 연장으로서의 도구는 노동이라는 활동에 속한 것이 된다. 이 도구는 노동의 수단으로 보이지만, 도구의 수준이 높아질수록 노동이라는 활동 그 자체를 수행하는 것이 될 수 있다. 도구 역시 신체의 연장선에서 동일한 기능을 수행하는 것이기 때문이다. '기계노동 (machine labor)'의 탄생지는 바로 이곳이다. 기계 노동의 탄생 속에서 호모 파베르의 일은 노동으로 단일화된다. 그가 사용하는 도구는 그의 몸이 수행하는 기능의 연장체이며, 이에 도구를 통한 그의 모든 활동은 자기인식적 계기의 상실 속에서 도구의 기능으로 전치되어 간다. 이 도구의 혁신적 변화인 기계는 이 변화의 과정을 극적으로 촉진한다. 그 결과 그가 수행해 온 고유한 일의 목적은 "이제 기계에 넘겨지게 되고, 반면 인간은 노동 과정 전체 속에서 전연 비자립적인 존재가, 점점 더 단순한 편린으로 변질되는 하나의 부속품이 된다."[37] 하나의 부속품으로서의 homo faber는 곧 homo laborans이자 곧 homo industrialis이기도 하다.

호모 파베르의 도구의 본질적 목적은 자신의 인식과 성장에 있다. 이 인식과 성장은 자연으로부터 직접적으로 얻어지는 것이 결코 아니다. 이와 같은 인공물의 제작을 통해 호모 파베르는 다른 존재자들과 다른 자신만의 고유한 상과 의미를 발견하고, 이를 통해 자신의 고유한 세계를 구성해 나간다. 우리는 이러한 의미의 세계를 '문화'라는 개념으로 표현하며, 그러한 한, homo faber는 그 자체로 문화적 존재(homo culturalis)이다. homo laborans 혹은 homo industrialis로서의 homo faber는 인간이 문화적 존재일 수 있을 가능성의 약화 속에서만 이해로써 등장할 수 있을 뿐이다.[38] 이것이 바로 산업혁명의

---

37) Ibid., p. 76.
38) 인간과 도구 간의 문화적 관계의 붕괴될 때, 이 둘을 하나의 대립 구도를 형성하게 된다. 산업혁명의 역사에서 목도하듯, 이 대립구도 하에서 도구는 인간의 대체를 촉진하기도 한다. 이러한 점에서 인간과 도구의 대립적 관계는 시간에 대한 문화적 인식의 가장 큰 위기며, 인간의 자기인식은 현재의 시점에

방향이 전환되어야만 하는 핵심적 이유이다.

## 5 4차 산업혁명은 새로운 미래가 될 수 있는가?
: 노동교육과 일의 교육

역사적으로 그리고 공식적으로 우리는 2차 산업혁명의 연장선상에 놓여 있다. 공인된 산업혁명은 1차와 2차 밖에는 없기 때문이다. 물론 그 공인 기간이 오래되었으며, 기술혁명이라는 근본적 특성상 새로운 산업혁명에 대한 명칭이 필요한 시점이기는 하다. 3차 산업혁명과 4차 산업혁명 선언은 이러한 시대적 요구를 반영한 것이기도 하다.

하지만 다른 한 편으로 새로운 산업혁명에 대한 선언들이 단지 기존 산업혁명과는 다른 기술에 기초해 있다는 점에서만 이루어지는 것은 아니다. 논의된 바이지만, 기술적 변화만으로는 혁명이라는 명칭이 부여될만한 사회적 변화가 촉발되지는 않는다. 이러한 점에서 이러한 선언들은 오히려 기존의 산업혁명의 방식을 근본적으로 변경하려는 의지의 발로이기도 하다. 그리고 이러한 의미에서 3차든 4차든 그 명칭 자체는 중요한 것이 아니다. 이 새로운 산업혁명의 선

매몰되는 계기이기도 하다. 이 같은 문화적 시간으로서의 미래 상실은 현재를 미래로 지연시키게 만든다. 이러한 연유로 우리는 현재의 조건을 미래에도 투영하게 된다. 미래가 현재의 지연인 한, 도구와 인간의 대립적 구도는 이 둘 간의 미래상이기도 하다. homo laborans 혹은 homo industrialis로서의 homo faber가 미래의 상일 때, 인간이 문화적 존재로서의 존속될 수 있는 가능성은 매우 약화될 따름이다. 레이 커즈와일이 주장한 특이점(singularity) 이후, 포스트휴먼의 도래 가능성이 점쳐지는 것은 결코 우연이 아니다

언에서 중요한 것은 무엇을 어떻게 변경할 것인가 하는 것이다. 그리고 더 중요한 것은 왜 그렇게 변경해야 하는가이다. 이 물음이 곧 우리의 미래를 결정하는 것이 되기 때문이다.[39]

　미래는 정해져 있지 않으며, 새로운 산업혁명에 있어서도 이는 마찬가지이다. 그것이 어떠한 미래를 촉진하게 될 것인가 하는 것은 아직 뚜렷하게 드러나 있지 않다. 새로운 변화 속에서도 인간 일의 대체 과정은 지속되고 있기는 하지만, 그것이 아직 전면적으로 진행되고 있는 것도 아니며, 이전의 산업혁명들처럼 새로운 일의 영역이 산업생산시스템 내에서 생성될 수 있는 가능성도 여전히 존재한다. 하지만 이것 역시 예상이고 가능성일 따름이다. 미래를 예측하고자 하지만, 미래에 대한 정확한 예측은 사실 가능할 수 없다. 미래를 촉발하게 될 변수가 너무 많으며, 미래가 단지 현실의 연장은 아니기 때문이다. 미래를 현실의 트렌드로부터 투사하려는 기존의 미래예측 방법(fore-casting)은 산업혁명의 과거 모델일 따름이다. 그러한 한, 새로운 미래는 현재와의 연속선상에서 도래하는 것이 아닌, 그 현재와의 차이를 전제로 구상되고 점진적으로 마련되어야 하는 시간이다. 새로운 산업혁명은 이와 같은 미래의 구상과 마련에 있어 매우 중요한 계기이다. 하지만 미래가 현재로부터 투영되어 예측되는 시간이 아닌 한, 새로운 산업혁명에 대한 전망 역시 명확할 수는 없다. 여전히 우리에게는 낙관적인 전망뿐만 아니라 부정적인 전망도 분분한 형편이다. 이러한 의견의 대립은 자연스러운 것이며, 오래도록

---

39)　본 글에서는 3차 산업혁명과 4차 산업혁명이라는 명칭에 대한 중요성은 전혀 고려하지 않는다. 다만 기술의 편의를 위하여 때로 4차 산업혁명 혹은 새로운 산업혁명이라는 명칭을 사용하고자 한다.

유지되어야 할 성질의 것이기도 하다. 그 대립 속에서 우리의 미래는 더 오래도록 더 많이 논의될 것이기 때문이다. 그렇지만 이러한 대립의 중요성에도 불구하고, 우리는 새로운 산업혁명의 미래에 대한 우려를 언제나 배제해서는 안 된다.

산업혁명 이후, 인간의 일에 대한 우려가 지속적으로 반복되었던 이유는 그것이 촉발한 산업과 시장시스템이 인간의 일을 독점하고 있었기 때문이다. 이 시스템은 인간에게 자연과도 같은 환경이었으며, 여전히 우리에게 익숙한 환경이기도 하다. 이러한 익숙함 속에서 이 환경은 마치 절대적인 조건처럼 인식되기도 한다. 이 환경에서 벗어나는 것은 그 자체로 생존에 대한 위협이며, 우리의 생존을 위해서라도 이 시스템 내에 머물 수 있어야 한다. 그렇지만 문제는 마치 자연과 같이 우리가 예속될 수밖에 없는 이 시스템 내에서 인간의 일과 기계의 작동은 더 이상 본질적으로 구분되지 못한다는 점이다. 이와 같은 구분 불가능성 속에서 인간의 일과 기계의 작동 모두는 동일한 알고리즘으로 이해되며, 그러한 한 기계와 인간은 끝없는 대립적 구도 하에 놓이게 된다. 우리를 위협하는 것은 바로 이 상황이다. 언제든 인간은 기계와 전면적으로 경쟁할 수 있는 조건이 갖춰진 것이다.

> 생산과정 때마다 손의 하인으로 남는 장인의 도구와는 달리, 기계는 노동자가 자기에게 봉사할 것을 요구하고 노동자가 육체의 자연적 리듬을 자신의 운동에 적응시킬 것을 요구한다. … 기계로 생산을 계속하는 한, 기계의 과정은 육체의 리듬을 대신한다. 아무리 세련된 도구라 할지라도 손을 지도하거나 대신하지는 못하고 손의 하인으로 남는다. 그러나 아무리 원시적인 기계라 하더라도 그것은 육체의 노동을 지도하고 결국 완전히 대체한다.[40]

우리가 우려를 결코 배제하지 말아야 하는 것은 이러한 점에서 매우 분명하게 드러난다. 이러한 경쟁의 이데올로기에 머물러 있는 한, 새로운 산업혁명의 기술 역시 인간과 대립적 구도 하에 놓일 수밖에 없기 때문이다. 표면적으로 4차 산업혁명의 주도적 기술 역시 자동화의 연장선상에 놓인 것으로 보인다. 2016년 백악관 대통령실 보고서에가 표현하듯, 그 핵심기술은 AI 주도의 자동화(AI-driven Automation)이기 때문이다.

이 자동화가 이전의 자동화와 다른 점은 '자율성'이라는 기술적 요인을 더 갖고 있다는 것이다. 그리고 이 자율성의 핵심 기술이 바로 신과 영웅의 자리를 대신 차지한 AI이다. 구글의 퍼포먼스는 인간의 판단과 결정이 AI에 비하여 결코 우위에 있지 않음을 극명하게 보여주었다. 그리고 현재 그 평가의 범위는 지속적이며 폭발적으로 확장되고 있다. 경쟁의 구도에서 이러한 확장은 그 속도와 범위에 비례하려 인간의 개입 가능성을 줄이게 된다. 이러한 점에서 본다면, 4차 산업혁명의 자동화인 AI 주도의 자동화는 사실 인간의 개입이 배제되는 완전 자동화이며, 만일 이것이 전면적으로 전개된다면, 인간에 대한 완전한 대체의 가능성은 단순한 예상이나 시나리오의 수준을 넘어설 수 있다. 1950년대 중반 한나 아렌트가 경고한 최고의 위험이 이제 와 실현의 단계에 진입하는 것이다. 4차 산업혁명이 기존 산업혁명의 경쟁 이데올로기를 답습하는 것이라면, 어쩌면 그 실현은 이제 시간문제일 뿐일 수도 있다.

---

40) 한나 아렌트, op.cit., 323쪽. 한나 아렌트는 육체노동의 경우에 한정하여 언급하고 있지만, 4차 산업혁명의 핵심 기술인 AI는 정신노동 형태의 노동 역시도 대체해 나갈 가능성이 높다. 실제 높은 수준의 인공지능으로 인정받고 있지 못한 왓슨도 법률과 의료계에 적용되어 있기도 하다.

이러한 우려는 미래에 대한 비관을 부추기려는 목적과는 거리가 멀다. 오히려 미래에 대한 우려는 가능한 문제를 선취하여 해결하려는 적극적 의지의 발로일 따름이다. 그리고 이 우려 속에서 우리가 주목해야 하는 것은 기술과 인간의 대립적 구도를 촉발하여 호모 파베르를 왜곡시켜 온 경쟁의 이데올로기에서 벗어나는 일이다. 조심해야 할 것은 이러한 시각을 새로운 러다이트로 이해하는 것이다. 물론 러다이트 운동의 중요성을 우리가 간과할 수는 없지만, 현재의 문명적 조건을 무조건 부정할 수는 없다. 이러한 점에서 자동화의 성과를 일정정도 인정하면서 이를 경쟁의 이데올로기를 대체할 또 다른 이념과 결합시키는 방안을 고려할 필요가 있다. 그 이념이 바로 협력이며, 적응형 자동화(adaptive automation)는 이러한 방안의 현실적 예이다.

> 적응형 자동화는 완전 자율화를 지양하고 인간과 기계간의 협업(Kollaboration)을 통해 인공지능에게 인간친화적인 역할을 부여하는 방식이다. 컴퓨터의 속도와 정확성 그리고 센서 기능을 활용하면서 인간이 적극적이고 기민하게 일할 수 있도록 기계와 인간이 합리적으로 역할과 책임을 분담하는 것이다. 따라서 인간과 기계는 적응형 자동화의 현장에서 동료 관계를 형성하게 된다. 실제로 이러한 경우 인간은 단순히 기계를 사용한다기보다는 오히려 동료와 협업하는 의미를 갖게 된다는 인간적인 체험이 보고되고 있다.[41]

코봇(cobot)으로 대표되는 적응형 자동화 모델은 인간에 대한 전면적 대체가 아닌 인간을 필요로 하는 방식으로 자동화를 전개시켜

---

41) 김연순·이종관, 「제4차 산업혁명의 자동화와 적응형 자동화」, 『인문과학』 65집, 2017, 20쪽.

나갈 수 있다. 그리고 이를 통해 "몸의 활동력을 북돋으면서, 몸으로 사는 인간에게 일자리를 제공하는 미래의 길이 열릴 수도 있을 것이다. 그리고 그 길이 열리면 기술과 인간 그리고 인간의 몸이 서로를 돕는 공동창조(sympoiesis)의 공간, 기계로의 융합이 아닌 '융화'의 미래"[42]도 가능할 수 있을지 모른다.

자율최적화(self-optimization)를 지향하는 완전 자동화에 비한다면, 적응형 자동화는 일의 대체라는 측면에서 그 위험도를 현저히 낮출 수 있기도 하다. 하지만 적응형 자동화만으로 미래에 대한 충분한 준비가 마련되는 것은 아니다. 그 까닭은 적응형 자동화가 미래 자동화의 명확한 모델일 수 있는가에 대한 확신의 정도가 낮다는 점뿐 아니라,[43] 더 큰 이유는, 만일 그렇다고 하더라도, 산업생산시스템이 인간의 일을 독점하는 방식이 현재의 적응형 자동화 모델이 적용되는 공간을 지배하고 있기 때문이다. 우리가 기계와 인간의 협력과 더불어 인간과 인간의 협력을 함께 고민해보아야 하는 것은 이러한 까닭에서이다. 우리가 지금 인간과 인간의 협력을 새롭게 모색해야 하는 것은 칼 폴라니의 분석에서 잘 드러난다.

> 노동을 인간의 다른 활동들로부터 떼어내어 시장 법칙에 종속시키면 인간들 사이의 모든 유기적 존재 형태는 소멸되고 그 자리에는 대신 전혀 다른 형태의 조직, 즉 원자적 개인주의의 사회 조직이 들어서게 된다.[44]

---

42) 이종관, op.cit., 392~393쪽.
43) 각종 기술박람회에서 적응형 자동화 모형이 출품되고 있지만, 출품되고 있는 것들은 대개 완전자동화 모형들이다.
44) 칼 폴라니, op.cit., 439쪽.

산업혁명을 통해 지금껏 유지되어 온 산업시스템의 구조 속에서 우리는 경쟁을 당연한 조건으로 받아들이고 있다. 산업시스템이 인간 사회의 환경인 한에서, 우리의 교육 역시 경쟁이라는 이데올로기에서 결코 자유로울 수 없다. 현재까지도 경쟁은 모든 교육의 전제로 인식되고 있으며, 이러한 방식의 교육은 homo industrialis의 재생산의 핵심적 기제이기도 하다. 더욱이 기존의 성공체험은 이러한 기제를 더욱 공고화하고 있다. 이러한 체제가 인간 문명의 양적 팽창의 계기였다는 점에서, 이러한 기제의 현재적 의미를 추론해 내려는 것이다. 하지만 4차 산업혁명의 핵심 기술들은 더 이상 인간이 그러한 경쟁의 구도를 지속할 수 없다는 점을 점차 공공화시키고 있다. 이러한 점을 과거의 성공을 토대로 간과하는 것은 결코 미래를 인간의 시간으로 구축하려는 미래지향적 태도일 수 없다.

대비를 위한 정책의 마련은 당연히 필요한 것이지만, 대립과 대결이라는 구도 내에서 그러한 위기는 반복될 따름이다. 더욱이 우리의 교육 역시도 인공지능과 새로운 관계를 재설정할 수 있는 역량을 키워내기에 그리 적합하지도 못한 듯 보인다. 이와 같은 변화의 유일한 동력일 수도 있는 교육이 오히려 다양한 기준의 가능성을 줄여 공통의 기준을 마련한 후, 불특정 다수에 대한 경쟁을 우선시하기 때문이다. 이 같은 교육적 풍토 내에서는 결코 협력적 역량이 배태될 수 있는 가능성은 매우 낮을 뿐이다. 이러한 이유로 우리는 과거와 동일한 방식으로 새로운 기술을 인간의 세계에 적용하는 것에 거리낌이 없다.[45]

---

45) 김종규, 「인공지능과 인간의 길」, 『인공지능과 미래인문학』, 산과 글, 2019, 44쪽.

새로운 산업혁명과 더불어 전개될 미래가 진정 인간의 시간일 수 있기 위해서는, 그리고 그 속에서 인간이 생존 지향의 존재자가 아닌 문화적 존재로서 회복되기 위해서는 근본적으로 기술과 인간 사이에 고착되어 온 대립의 구도와 이데올로기에서 벗어나야만 한다. 이 이데올로기는 새로운 산업혁명의 시대에서는 낡은 것일 뿐이며, 이로부터 귀결되는 미래는 결코 인간의 시간일 수 없다. 이러한 의미에서 과거의 인간상을 지속적으로 재생산해 온 경쟁 교육 역시 새로운 산업혁명의 시대에서 개혁되어야만 한다. 이러한 점에서 4차 산업혁명이 그 전개의 속도를 높여가고 있는 이 시점이 경쟁이 아닌 협력을 위한 교육을 우리 교육은 적극적으로 모색하고, 이를 위한 다양한 방안들을 시급히 마련하여 개개인의 인식 변화를 사회적으로 도모해야만 하는 시점인 것이다. 이를 통해 우리는 서로가 서로를 대체해야 하는 관계가 아닌 협력해야 하는 관계임을 태도로서 갖추어야 하며, 이를 통해 인간의 일도 본 의미로 귀환할 수 있는 계기를 마련할 수 있을 것이다. 이것은 4차 산업혁명 시대를 맞이하는 인간의 일에 대한 우리 교육의 방향이기도 하다.

## 》》 참고문헌

에릭 브린욜프슨·앤드루 맥아피 저, 이한음 역, 『제2의 기계시대』, 청림출판, 2014.
한나 아렌트 저, 이진우 역, 『인간의 조건』, 한길사, 2017.
E, Cassirer, "*Form und Technik*", Symbol, Technik, Sprache, Hamburg, Felix Meiner Verlag, 1985, S.
E. Cassirer, *Philosophie der symbolischen Formen : Das mythische Denken (1925)*, Darmstadt: Wissenschaftliche Buchgesellschaft, 1977, S.

칼 폴라니 저, 홍기빈 역, 『거대한 전환』, 도서출판 길, 2009.

카렐 차페크, 『로봇』, 김희숙 옮김, 모비딕, 2015.

Kathleen Richardson, *An Anthropology of Robots and AI : annihilation anxiety
    and machines*, New York: Routledge, 2015.

김종규, 「일의 문화적 의미와 기술혁명 시대」, 『人文科學』 제71집, 2018.

김연순, 이종관, 「제4차 산업혁명의 자동화와 적응형 자동화」, 『인문과학』
    65집, 2017,

제2부

# 초연결 시대의 인문적 소프트파워

# 민주시민교육으로서의 인문교육

장은주

## 1 들어가는 말

전 세계적으로 이른바 '한류(韓流)' 열풍이 뜨겁다. 주로 '케이 팝 (K-POP)'을 중심으로 일어나고 있는 현상이시만, 그와 더불어 우리 나라가 만들어 수출하는 다양한 상품들의 인기는 물론 한국이라는 나라 자체에 대한 세계인들의 호감도도 덩달아 높아지고 있다고 한 다. 무척 고무적인 일이 아닐 수 없다.

그런데 우리나라는 또 다른 종류의 한류를 갖고 있다는 사실은 잘 인식되고 있지는 못한 것 같다. 우리나라는 또한 세계의 많은 나라 사람들에게 '민주주의', 특히 강렬한 '민주화 운동'이라는 모범을 제 시하고 있는 것처럼 보인다. 가령 우리의 운동가요 '임을 위한 행진 곡'은 일본이나 중국을 비롯한 여러 나라에서 번안되어 다양한 민주 주의 관련 활동이나 시위 등에서 애창되고 있다고 한다. 2016년 박 근혜 전 대통령 탄핵을 위한 촛불 시위가 한창일 때 서구의 여러 언 론들은 한국을 민주주의를 가르쳐 준 서구 국가들도 배워야 할 민주 주의의 모범으로 추켜세우기도 했다.

적어도 아시아권에서 우리나라가 최고 수준의 민주주의를 가 지고 있다는 사실은 비교적 객관적으로 확인될 수 있다. 『이코노미스트The Economist』라는 영국 경제지의 정보분석연구소(Intelligence Unit)가 매년 발표하는 "민주주의 지수'라는 게 있다. 이 지수에 따르면(2019년 기준), 우리나라는 일본(24위)은 물론 심지어 미국(25위)보다도 더 민주적인 국가다(23위)[1]. 이 지수에서 한국은 선거 과정과 그 다원성은 물론, 정부의 기능성과 시민 자유의 정도에서 높은 평가를 받고 있다.

오랫동안 분단과 군부독재로 신음했던 것으로 알려졌던 한국이 민주주의라는 관점에서 세계의 주목을 받고 있다는 사실은 참으로 놀라운 일이 아닐 수 없다. 어쩌면 민주주의는 한국이 가진 가장 강력하고 중요한 '소프트파워'의 자산이 될 수 있을지도 모른다. 아마도 민주주의는 자칫 한 때의 유행에 그칠 수도 있는 대중문화 한류보다 훨씬 더 심층적인 가치와 의미를 가질 수 있을 것이다.

그런데 이 지수는 한국보다 바로 위의 순위(22위)를 보여준 포르투갈(상위 국가는 대부분 북유럽의 복지국가들이다. 1위는 노르웨이, 2위는 아이슬랜드, 3위는 스웨덴…)까지만 '완전한 민주주의(full democracy)'라 분류하고, 한국부터는 '결함 있는 민주주의(flawed democracy)'라 분류했다. 이에 따르면, 한국은 민주주의 국가이되, 아직 충분하지는 못한, 그러나 그렇다고 너무 엉망도 아닌 정도의 민주주의를 하고 있다고 할 수 있다. 한국의 민주주의는 전반적으로 괜찮지만 약점도 있는데, 정부의 기능성도 약간 떨어지고(10점 만점에 7.86), 무엇보다도 정치참여도(7.22)와 정치문화(7.50)가 충분히 높은 기준에 도달했다고 보기 힘들단다.

---

1) 그런데 이런 순위는 2018년 보다 두 단계 하락한 것이다. The Economist Intelligence Unit, Democracy Index 2019.

물론 이 지수의 신뢰도가 얼마나 높은지, 그리고 완전한 민주주의와 결함 있는 민주주의를 구분하는 기준은 얼마나 자의적이지 않다고 할 수 있는지는 더 따져 볼 문제이긴 하다. 이 지수는 그저 민주주의를 바라보는 나름의 기준일 뿐 절대적 기준이 아닐 터다. 그렇더라도 우리는 저 지수를 보면서 한국의 민주주의가 상당한 수준에 이르렀음을 확인할 수 있음과 동시에 여러 면에서 보완이 필요하다는 정도는 분명하게 이야기할 수 있다.

나는 여기서 우리 민주주의를 이끌어 왔던 '시민'에 주목하고 싶다. 우리 시민들은 역사의 고비마다 우리 민주주의를 위기로부터 구해 내었다. 2016년 겨울의 '촛불혁명'은, 4.19 혁명과 5.18 민주화운동 및 6.10 민주항쟁의 전통을 이어, 그러한 위기로부터 우리의 민주주의를 구한 위대한 시민혁명이다.[2] 그러나 이렇게 어렵게 쟁취한 민주주의를 지키고 가꾸며 더 온전하게 성숙시키기 위해서는 이제 시민들이 좀 더 일상적으로 민주주의를 실천할 필요가 있다. 우리 민주주의의 한계는 또한 이 시민의 한계이기도 하다.

우리는 이제 민주주의와 관련한 우리의 위대한 역사적 성취를 공고히 하고 그 주역들이 더 큰 열정과 역량을 갖추고서 민주주의의 새 시대를 열 수 있도록 하기 위한 사회적 준비와 노력이 필요하다. 그러기 위해서 우리 사회는 주권자 시민들의 정치 참여를 일상적으로 이끌어내고 민주주의 역량을 함양하도록 돕는 효과적인 민주시민교육의 체계를 시급하게 마련해야 한다.

---

2) 이는 단순히 우리의 주관적 평가가 아니다. 촛불혁명이 현 시기 세계적 민주주의의 위기를 극복한 하나의 모범이라는 평가에 대해서는 야스차 뭉크, 『위험한 민주주의』, 함규진 옮김, 와이즈베리, 2018, 153쪽 이하를 보라.

출발점은 사람들이 시민다움을 처음부터 내재하고 태어나지 않는다는 사실이다. 민주주의에 필요한 역량 및 기본적인 민주적 지향과 가치관이나 태도 등을 지닌 시민이 그냥 하늘에서 뚝 떨어지지도 않는다. 누구든 가만히 있는데 시민이 될 수는 없는 법이다. 시민은 '교육'되고 '형성'되어야 한다. 누구든 시민이 되기 위해서는 민주주의가 무엇인지, 그 속에서 권리의 주체가 된다는 것은 무엇을 의미하는지, 시민으로서 어떤 책무를 지녀야 하는지, 시민의 자세와 태도는 어떠해야 하는지 등에 대해 오래도록 배워야 한다. 우리 민주주의의 성취를 굳건히 하고 그 한계를 뛰어넘기 위한 하나의 사회적, 정치적 기획으로서의 민주시민교육이 필요한 이유다.

그러나 안타깝게도 우리의 교육 현실은 이러한 과제를 제대로 감당해 오지 못했다. 비록 우리 교육기본법은 교육이 민주시민으로서 필요한 자질의 함양을 목표로 해야 한다고 명시하고 있지만,[3] 초중등교육은 물론 대학교육에서도 그러한 목표는 거의 인지조차 되지 못한 형편이다. 특히 '비판적 사고' 교육이라는 관점에서 이 민주시민교육에서 중핵적 역할을 담당해야 할 인문교육은 우리 사회를 휩쓴 '인문학의 위기'와 함께 황폐화되었다고 해야 하는 실정이다.

이 글은 이런 민주시민교육과 관련하여 비판적 사고의 형성에 초점을 둔 인문교육이 매우 중요한 몫을 감당해야 하지만(II), 그렇지 못한 현실과 무책임한 정책적 대응을 고발하고(III), 그런 현실에 대한 대안을 제시(IV)해 보려는 목적을 갖고 있다.

---

3) 제2조(교육이념) 교육은 홍익인간(弘益人間)의 이념 아래 모든 국민으로 하여금 인격을 도야(陶冶)하고 자주적 생활능력과 민주시민으로서 필요한 자질을 갖추게 함으로써 인간다운 삶을 영위하게 하고 민주국가의 발전과 인류공영(人類共榮)의 이상을 실현하는 데에 이바지하게 함을 목적으로 한다.

## 2 민주시민은 누구이고 또 어떻게 길러질 수 있는가?[4]

"대한민국은 민주공화국이다." 우리 헌법 제1조다. 한 세기 전 순종의 국권포기 선언 이후부터, 독립을 염원했던 이 땅의 모든 이들에게 우리나라가 결국 민(民)이 주권을 가진 민주공화국이 될 수밖에 없음은 너무도 명백했다. 상해 임시정부의 기초가 되었던 조소앙의 "대동단결선언"이 밝힌 대로[5], 왕이 주권을 포기한 이상 나라를 구성하고 있는 나머지 모든 백성이 나라의 주인임을 선언하는 것 말고는 독립을 상상할 수 있는 다른 길은 없었다. 그래서 상해 임시정부를 수립할 때부터 저 조항은 거의 아무런 이견도 논쟁도 없이 우리 헌법의 으뜸 조항으로 자리를 잡았다.

이렇게 조선 망국 이후 이 땅에 '공화제'에 대한 거의 자연스러운 합의가 형성되었다는 사실은, 그 이념이 당시의 지식인들과 민중들에게 결코 낯설지만은 않았음을 충분히 합리적으로 추측할 수 있게 한다. 여기서 길게 논의할 수는 없지만, 성리학적 왕조 조선은 서양의 기준으로 보면 순수한 군주제라기보다는 왕과 신하(귀족)들의 '공치(共治)'가 이루어졌던 '귀족적 공화정'에 가까웠다고 볼 수 있

---

4) 이 절은 장은주, 「한국의 민주시민교육: 사회적 합의 방향과 제도화의 과제」(『시민과 세계』, 2019.6)의 일부(100~113쪽)를 맥락에 맞게 약간 축약 및 수정한 것이다.

5) 조소앙은 이렇게 말한다. "융희 황제가 주권을 포기한 8월 29일은 즉 우리 동지들이 이를 계승한 8월 29일이니, 그 사이에 순간의 쉼도 없다. 우리 동지들은 주권을 완전히 상속하였으니, 황제권이 소멸한 때가 곧 민권이 발생하는 때요, 구한국의 최후의 하루는 곧 신한국 최초의 하루다." 김육훈, 『민주공화국 대한민국의 탄생: 우리 민주주의는 언제, 어떻게 시작되었나?』, 후마니타스, 2012, 103쪽에서 재인용.

고[6]), 바로 이런 바탕 위에서 별다른 이견 없이 민주적 공화정에 대한 합의가 형성되었을 것이라는 이야기다. 최소한 다른 선택지가 없었음은 누구나 알고 있었다고 해야 한다. 민주공화국에 대한 지향은 말하자면 우리 근현대사의 자명한 역사적 진리 또는 어떤 역사적 수수께끼에 대한 진정한 해결책 같은 것이었다.[7] 민주공화국은 단순히 서구로부터의 수입품이 아니다.

그러나 그 건국 선언 이후 실체를 갖는 나라를 만드는 과정도 지난했고, 1948년 8월 15일 정부를 수립하고 나서도 저 헌법 제1조가 얼마간이나마 명실상부하다고 말할 수 있게 되기까지는 너무도 오랜 시간이 걸렸다. 지난 100년에 걸쳐 건국되고 성숙해 온 대한민국이라는 민주공화국은 그 눈부신 성취에도 불구하고 분단과 군부 독재의 질곡에 끊임없이 시달려 왔고, 민주화 이후에도 여러 면에서 빈약한 '결손 민주주의'[8]를 제대로 벗어나지 못했다. 심지어 지난 이명박, 박근혜 정부를 거치면서 우리나라는 민주주의라는 외피를 쓴

---

6) 위잉스, 『주희의 역사세계 : 송대 사대부의 정치문화 연구』, 이원석 옮김, 글항아리, 2015, 306쪽 ; 장은주, 「메리토크라시와 민주주의: 유교적 근대성의 맥락에서」, 『철학연구』, 제119집, 23쪽.

7) 서희경, 『대한민국 헌법의 탄생: 한국 헌정사, 만민공동회에서 제헌까지』, 창비, 2012.

8) 이는 메르켈(W. Merkel) 등이 민주주의와 권위주의 사이에 있는 제한적 민주주의를 지칭하기 위해 사용하는 개념이다. 결손 민주주의(defekte Demokratie)는 "누가 지배할 지를 규제하는 포괄적으로 기능하는 선거제도가 존재하기는 하지만, 제대로 작동하는 민주주의에서라면 자유, 평등 및 통제를 보장하기 위해 불가결한 나머지 부분 제도들의 기능 논리가 방해를 받아, (그 민주적 선거 제도가 필요로 하는 : 필자) 보완적 지지를 잃어버린 지배체제"다 (Merkel,et.al. 2003, 66). 이에 대한 자세한 논의는 장은주, 『왜 그리고 어떤 민주시민교육인가?』, 경기도교육연구원. 2014, 113쪽 각주 6번을 참조하라.

새로운 종류의 권위주의 국가로 전락할 지도 모를 위기까지 맞이했었다. 비록 우리의 현대사는 기본적으로 '민주주의를 향한 역사'[9]이긴 했지만, 안타깝게도 그 오랜 여정 속에서 민주주의는 끊임없이 굴절되어 왔다.

이런 상황에서 우리는 그 동안 대한민국이라는 민주공화국에서 민주주의를 만들고 지키며 가꾸어 온 시민이라는 존재는 누구이고 어떤 존재여야 하는지, 한국의 시민은 어떤 잠재력을 지녔고 또 어떤 한계를 가졌는지 등의 문제에 대해서 뚜렷한 인식을 발전시켜 오지 못했다. 물론 이는 어떤 게으름의 결과 같은 것이라기보다는 어떤 사태의 본성과 관련된 것이라 할 수 있다. 다시 말해 시민이라고 지칭되는 사람들이 민주공화국을 실제로 구성하고 그 원리를 실천하는 일이 생각만큼 분명하지는 않아서라고 말이다. 실로 시민이 어떤 존재인지에 대해 이야기하는 건 결코 쉬운 일이 아니다. 단지 우리에게만이 아니라 민주주의와 시민의 이념을 애초 발전시켰던 서구의 여러 나라들에서도 사정은 마찬가지다.

이런 문제와 관련하여 서구의 정치철학에서는 크게 보아 두 조류의 전통이 발전했다.[10] 시민을 국가가 보호해야 할 권리의 담지자 정도로 이해하면서 주기적인 선거에 참여하는 정도가 시민적 책임의 최대치라고 이해하는 전통이 있는가 하면(자유주의), 시민이란 정치공동체의 적극적인 구성 주체임을 강조하면서, 사람들이 공동선을 지향하는 '시민적 덕성'으로 무장하고서 일상적으로 정치 과정에

---

9) 김정인, 『민주주의를 향한 역사』, 책과 함께, 2015.

10) 이에 대한 개관은 장은주, 『시민교육이 희망이다: 한국 민주시민교육의 철학과 실천 모델』, 피어나, 2017, 130쪽 이하 참조.

참여할 수 있어야 비로소 시민다운 존재가 될 수 있다고 보는 전통도 있다(공화주의).

역사와 맥락이 다른 우리나라의 상황에서는 성급하게 두 전통 중 하나를 선택해서 절대화하는 방식의 접근은 옳지 않을 것이다. 중요한 준거는 우리 민주주의의 역사와 경험이어야 할 것이다. 민주주의를 향한 우리의 현대사는 서구의 두 전통이 강조하던 시민성을 각각 서로 강화시키는 방향으로 발전해 왔다고 보아야 하지 않을까 싶다.[11] 우리 헌법 등에서 형식적이지만 반편이라도 보장되었던 여러 민주적 권리는 시민들의 민주적 참여를 강화시키는 출발점 또는 토대가 되었고, 반대로 그 바탕 위에서 강화된 민주주의는 시민들의 권리를 더 깊고 더 튼튼하게 만들어 왔다고 말이다

이런 맥락에서 우리는 어쩌면 그 두 전통의 중간쯤에서 또는 그 두 전통 모두를 아우르는 방식으로 시민다움을 이해하려는 시도를 해 보는 것이 현실적이면서도 바람직할 수도 있겠다. 그러니까 시민이란 자신이 누리는 권리를 소홀히 하지 않으면서도 보통 사람들이 큰 부담 없이 수행할 수 있는 정도의 기본적인 시민적 책임을 다하는 존재라고 말이다. 오늘날의 민주주의에서는 다양한 수준과 차원의 공론장이 민주적 참여가 이루어지는 일차적인 공간이라고 할 수 있는데, 이런 사정에 초점을 둘 수도 있겠다. 그렇다면 시민이란 기본적으로 '공중(the public)'으로서 공론장에서 이루어지는 토론과 논쟁과 성찰의 과정에 이런 저런 방식으로 참여하여 집합적인 의사결정을 이끌어내는 주체라고 규정해 볼 수 있지 싶다.[12] 이런 시민은

---

11) 장은주, 위의 책(2017a), 133~135쪽.
12) 장은주, 위의 책(2017a), 135~136쪽.

구체적으로 어떤 자질이나 역량을 가져야 할까? 거칠게 만이라도 살펴보자.

시민은 단순한 '유권자' 이상의 존재여야 한다는 점은 분명하다. 물론 이 유권자로서의 역할조차 쉽게 저버리는 사람들이 많기도 하고 또 투표도 '잘' 해야 하지만, 단지 투표하는 것만으로 시민적 책무를 다했다고 여길 때 민주주의에 어떤 불행한 일이 생기는 지는 우리의 역사적 경험이 잘 보여준다. 민주주의에서도 민의를 대변해야 할 정치인들은 곧잘 유권자의 기대를 저버리고 스스로 독립적인 이해관계를 가진 이른바 '정치계급'이 되어서 국정을 운영하려는 경향을 갖고 있다. 그들에게 시민들의 정치 무관심이나 이른바 '정치 혐오'만큼 좋은 선물은 없다. 그래서 우리나라의 시민들은 가령 박근혜 - 최순실의 국정농단을 보면서 그냥 가만히 보고만 있지 않고 추운 겨울에도 몇 달이고 촛불을 들고 광장에 모여 무능하고 부패한 대통령의 퇴진을 이끌어냈다. 이렇게 시민다운 시민이 되려면 투표 이상의 무엇을 해야 한다. 이런 저런 이유로 언제나 광장에 함께 나서지는 못하고 마음으로만 함께 촛불을 들더라도 말이다.

시민이라면 우선 헌법을 비롯한 민주주의 여러 제도의 이념과 작동 원리는 물론 여러 사회정치적 사안들을 나름의 시각으로 꿰뚫어 볼 줄도 알아야 할 것이다. 복잡한 인간사의 일들을 전부 세세히게는 아니더라도 최소한 어떤 민주적 의사결정과정을 통해 문제에 접근해야 하는지에 대해서는 판단할 수 있을 정도로는 알고 있어야 한다. 민주주의 국가의 주권자로서 행위 하기 위하여 필요한 기본적인 지식을 갖추어야 한다는 이야기다.

마찬가지로, 아니 어쩌면 더 중요한 건 민주적 가치관과 태도다. 민주주의의 시민이 된다는 것은 민주주의 제도들의 작동 방식을 안

다거나 투표를 할 수 있다거나 하는 능력보다는 훨씬 많은 것을 갖추어야 한다는 것을 의미한다. 민주주의는 우리의 정치공동체가 서로 평등한 사람들의 연합체라는 사실을 인정하는 데서 출발한다. 그래서 시민은 모두 1표의 권리만을 갖고 있다는 정도를 넘어 누구든 동등한 존엄성과 가치를 갖는다는 점이 모든 시민에게 어떤 자명한 진리로서 인식되고 실천되지 않으면 민주주의는 제대로 유지되고 작동할 수 없다. 예컨대 우리 사회에서 횡행하는 이른바 '갑질' 문제가 심각한 까닭은 그것이 바로 이런 이념을 부정하기 때문이다. 물론 어느 사회에서든 돈이나 정치적 영향력이나 학식 같은 가치재를 구성원들 모두가 똑 같이 가질 수는 없다. 그러나 민주주의에서는 그런 가치재의 소유와 관련하여 생겨날 수 있는 불가피한 불평등이 누구든 시민으로서 가지는 '존엄의 평등' 보다 더 중요하게 취급되어서는 안 된다.

사람들이 흔히 말하는 '일상의 민주주의'란 바로 그런 이념이 실현된 우리의 사회적 삶의 비전을 가리킨다. 그 이념에 따르면, 부모 - 자식의 관계이든 교사 - 학생의 관계이든 선후배 관계이든 또는 직장 상사 - 부하 직원의 관계이든, 사회 조직이나 어떤 관계상의 불가피한 권위의 차등적 배분이 신분적 상하관계나 종속관계로 발전해서는 안 된다. 남녀의 생물학적 다름은 그냥 차이일 뿐 결코 사회적 차별의 근거가 되어서는 안 된다. 학교 공부를 잘하고 지적 능력이 뛰어나다는 사실은 그러한 능력이 꼭 필요한 분야에 활동을 할 수 있는 잠재력을 갖고 있음을 나타낼 뿐 특권을 누리면서 그렇지 못한 사람들을 차별하고 무시해도 좋다는 것을 의미하지는 않는다.

이렇게 민주주의는 사람들 사이의 자유롭고 평등한 관계 맺기라는 토대 위에서만 가능하다. 그래서 시민은 단순히 유교적인 수직적 관계에서 강조되던 그런 '예절'이 아닌 평등한 동료 시민들에 대한 '시민적 예의'(civility)부터, 서로를 존중하고 다름을 포용하며 다른 이의 이야기에 귀 기울일 줄 아는 태도에 이르기까지 다양한 덕목들에 익숙해져야 한다. 나아가 자신의 삶의 성공을 최소한 타인에 대한 지배와 연결시키지는 않는 가치관도 형성할 수 있어야 한다.

그러나 단순한 갈등 회피가 민주적 태도라고는 할 수 없다. 민주적 시민은 공동의 목적을 협동의 방식으로 해결하려 하면서 비폭력의 원칙을 견지해야 하지만, 자신의 견해와 이해관계를 분명하게 표현하며 관철시키려 하면서도 타인의 권리를 인정하고 상대에 대한 공감이나 배려의 자세를 잊지 않는 소통에 대한 지향을 습관화할 수 있어야 할 것이다. 그밖에 사회적 불의에 맞설 수 있는 용기, 사회적 약자에 대한 공감 능력, 국가 전체의 공동선을 지향하는 민주적 애국심 같은 것들도 필요하다.

바로 이런 자질들을 갖춘 시민들을 길러 내는 교육이 민주시민교육이다. 나는 이를 '민주적 시민성에 대한 교육'(edcation for democratic citizenship)이라고 이해해 보자고 제안한 바 있다.13) 나는 민주적 시민성을, 시민들이 민주주의를 지키고 운용하며 발전시키는 데 필요한 시민적 역량과 민주적 가치(관) 및 태도라는 차원으로 크게 나누어 이해할 수 있다고 본다. 그래서 민주시민교육은 핵심적으로 시민적 역량에 대한 교육이고, 민주적인 가치(관) 및 태도에 대한 교육이다.

이 민주적 가치관과 태도에 대해서는 위에서 살펴보았으므로, 시민적 역량이 무엇인지에 대해서만 좀 더 보기로 하자. 우리가 말하

---

13) 장은주, 위의 책(2017a), 제4장.

는 민주시민교육의 원형 또는 모범으로 간주되곤 하는 독일의 정치교육(Politische Bildung)은 1) 정치적 판단능력 2) 정치적 행동능력 3) 방법론적 활용 능력을 미래의 시민들이 교육을 통해 갖추어야 할 핵심역량으로 규정한다.[14] 나는 이를 우리나라의 맥락에서 각각 〈민주시민으로서의 판단능력〉, 〈민주시민으로서의 행동능력〉, 민주시민이 갖추어야 할 〈방법론적 활용 능력〉으로 발전시킬 수 있으리라고 본다. 물론 이 역량들은 따로따로 분리된 것으로서가 아니라 상호연관 속에서 이해된다.

〈민주시민으로서의 판단능력〉은 '공공의 사건, 문제, 논쟁 등을 사실과 가치의 측면에서 분석하고 성찰적으로 판단할 수 있는 능력'으로, 어떤 공적 사건이 개인의 삶과 사회나 세계의 미래에 미치는 영향이나 의미 등을 파악하는 능력이다.

〈민주시민으로서의 행동능력〉은 '자신의 견해, 확신, 관심을 정리하여 다른 사람 앞에서 적절하게 내세울 수 있고, 합의과정을 이끌어나가며 타협할 수 있는 능력'으로, 자신의 정치적 견해와 입장을 정립하고 관철시키며 정치적 차이와 대결을 평화적으로 해결할 수 있는 능력 등을 의미한다.

마지막으로 〈방법론적 활용능력〉은 '경제적 · 법적 · 사회적 문제와 같은 시사적인 정치 문제에 대해 독자적으로 파악하고, 전문적인 주제를 여러 가지 방법으로 다룰 줄 알며, 자신만의 정치심화 학습을 조직할 수 있는 능력'으로, 스스로 독립적으로 민주적 - 정치

---

14) GPJE(Gesellschaft für Politikdidaktik und politische Jugend-und Erwachsenen-bildung)(2005), *Anforderungen an nationale Bildungsstandards für den Fachunterricht in der Politischen Bildung an Schulen. Ein Entwurf.* 2 Aufl. Schwalbach: Wochenschau

적 과정을 이끌기 위해 필요한 학습능력을 갖추도록 할 줄 아는 능력이다.

물론 다른 방식의 접근도 가능하다. 민주시민교육에 대한 사회적 합의와 제도화를 추진하기 위해서는 교육학 등에서 일반적으로 수용되고 있는 '역량'(competency)에 대한 규정을 차용하여, 민주시민교육을 '민주주의 사회의 주권자인 시민이 갖추어야 할 기본적인 역량, 곧 지식(knowledge), 기술(skill), 태도 및 가치(attitudes & value)의 함양에 대한 교육'으로 정의해 볼 수도 있겠다. 이런 접근법은 민주시민교육의 성격과 내용에 대해 생길 수도 있는 지나치게 복잡할 수 있는 쟁론을 피해 비교적 쉽게 공통의 출발점을 제공할 수 있을 것이기 때문이다.

여기서 시민들의 민주주의에 대한 〈지식〉은 민주주의의 기본 원리, 다양한 제도, 시민으로서의 권리와 의무 등에 대한 이해와 인식에 대한 교육을 통해 배양될 수 있을 것이다. 이 교육은 예를 들어 헌법, 기본권, 권력 구조, 정당, 선거, 시민사회와 압력 단체, 과세와 재정, 미디어의 작동방식과 기능 등에 대한 교육을 포괄한다.

민주주의를 위한 〈기술〉은 민주주의를 운용하고 실천하기 위해 필요한 능력, 특히 민주적 의사소통을 위한 능력에 대한 교육을 통해 함양될 수 있을 것이다. 이 교육은 예를 들어 정치적 견해를 형성하여 내세울 수 있는 능력, 효과적으로 이견을 제기하고 자신의 이해관계를 명료화할 수 있는 능력, 정치적 이견을 가진 사람들과 소통하고 정치적 사안에 대한 의견 차이를 평화적으로 타협하고 조율할 수 있는 능력 등에 대한 교육을 포괄한다.

민주주의를 향한 〈태도 및 가치〉는 민주주의가 추구하는 근본적 도덕적 지향과 민주주의를 유지하고 발전시키기 위해 시민들이 공유해야 할 도덕적 원리의 내면화에 대한 교육을 통해 획득될 수 있을 것이다. 이 교육은 예를 들어 인권, 모든 시민의 평등한 존엄성의 인정, 상호존중, 이질성에 대한 관용 및 포용, 정의감 또는 공정성 및 공동선에 대한 지향, 민주적 애국심 등에 대한 교육을 포괄한다.

이런 접근법은 민주시민교육을 바라보는 다양한 입장들이 일반적이고 추상적인 수준에서만 공동의 합의를 이루고, 다음 절에서 살펴볼 몇 가지 기본적인 지향 및 원칙들과 어긋나지만 않는다면, 구체적인 내용 및 방식과 관련하여서는 다양하게 변용하고 수정, 보완할 여지를 남길 수 있다는 점에서 큰 장점을 가진다.[15]

나는 여기서 어떤 접근법을 택하든[16] 한국 민주시민교육이 특별히 신경 써야 할 것으로 보이는 핵심 사안으로 '비판적 사고' 교육의 중요성을 강조하고 싶다. 민주주의의 주체를 기르는 교육, 곧 민주시민교육은 묘한 역설을 내포하고 있다. 이 교육은 궁극적으로는 주체가 교육의 내용과 방식을 스스로 비판적으로 성찰하고 내면화하지 않으면 성공할 수 없다. 이 교육에서는 가르침의 핵심이 남의 가르침을 무조건 따르지 말고 스스로 생각하고 판단할 수 있도록 하는

---

15) 실제로 경기도교육청은 2016년 제정한 「학교민주시민교육조례」에서 민주시민교육을 "민주시민으로서, 사회 참여에 필요한 지식, 가치, 태도를 배우고 실천하는 교육"이라고, 비록 '기술'에 대한 언급은 없지만, 필자의 제안과 유사한 규정을 내렸다. 이러한 규정은 서울, 충북, 충남, 전북, 전남 등 다른 교육청에서도 조례를 제정하면서 큰 틀에서 따르고 있는 바, 그것은 바로 이런 접근법의 보편적 수용가능성 때문이리라.

16) 가령 교육부 종합계획은 민주시민교육을 "비판적 사고력을 가진 주체적인 시민이 민주주의의 가치를 존중하고 서로 상생할 수 있도록 민주시민으로서의 역량을 향상시키는 교육"으로 정의하면서 주체적 시민 형성에 초점을 두고 있다.

데 있다고 할 수 있기 때문이다. 이 교육에서는 가르치되, 이 가르침을 말하자면 '삐딱하게' 문제 삼고 따져보라고 가르쳐야 한다. 왜냐하면 민주주의는 궁극적으로 자기 삶의 주인이자 매사를 독립적이고 비판적인 고유의 시선으로 바라볼 수 있는 시민들만이 꾸려갈 수 있기 때문이다. 민주적 시민은 비판적 시민이다.

우리는 이런 민주적 시민의 상(象)이 오늘날의 조건에서 결코 쉽게 달성될 수 없음을 잘 알고 있다. 대중사회라는 현대적 삶의 조건 자체가 사람들로 하여금 독립적이고 진정성 있는 개인의 가치와 이상을 쫓는 삶의 비전으로부터 멀어지게 한다. 이런 사회에서는 늘 타인의 시선을 의식하며 다른 사람을 모방하고 대세적인 흐름을 따르며 기성의 제도와 관행에 익숙한 삶을 사는 게 사실은 무척 자연스럽다. 게다가 문화산업에 포획된 대중매체들은 진실이 아니라 더 많은 대중들의 시선을 끌 수 있고 그래서 더 많은 이윤의 창출을 가능하게 하는 가상의 조작된 현실을 만들어 실체화하려는 무서운 속성을 노골화하고 있다. 그 만큼 우리의 과제가 무겁다는 이야기다.[17]

때문에 제대로 된 시민이 되기 위해서 개개인의 '비판적 성찰' 만큼 중요한 역량은 없다고 할 수 있다. 시민은 통념을 당연하게 여기지 않아야 하고 편견과 선입견에 쉽게 빠져 있지 말아야 한다. 타인의 이야기를 귀담아 들을 줄 알아야 하고 무턱대고 권위에 기대서도

---

17) 이런 맥락에서 '문화산업(Kulturindustrie)'이라는 개념을 처음 제안했을 뿐만 아니라 그것의 억압적 잠재력 때문에 서구 민주주의의 미래에 대해 매우 비판적이었던 아도르노가 독일의 민주시민교육, 곧 정치교육의 활성화를 위해 많은 노력을 기울였다는 사실은 우리에게도 시사하는 바가 크다(Adorno 1966). 그는 민주주의 교육, 이데올로기 비판 교육, 반권위주의 교육, 저항권 교육, 공감 교육, 과거청산교육을 강조했다. 김누리, 「아도르노의 교육담론」, 『독일 언어문학』 78권, 한국독일언어문학회, 2017.

안 된다. 음모론 따위에 휘둘려 사태에 대한 그릇된 판단을 하지 않도록 지성을 배양하되, 언제나 자신이 틀릴 수도 있음을 열어 놓고 충분히 잘 검토되고 정당화된 믿음을 독단으로부터 잘 구분해 낼 수 있어야 한다. 이런 비판적 사고의 습관을 기르지 않고서 민주주의가 필요로 하는 시민이 되기는 쉽지 않다.

안타깝게도 우리나라의 학교 교육은 전반적으로 보아 이런 비판적 성찰 역량을 함양하는 데에 적합하지 않다. 여기서 자세히 논할 수 없지만, 무엇보다도 우리나라를 지배하고 있는 교육에 대한 메리토크라시(meritocracy) 패러다임[18]이 낳은 과도한 입시위주의 교육 때문이다. 상대평가를 통한 줄 세우기에 초점을 두고 유일하게 올바른 정답 찾기를 강요하는 객관식 문제풀이 교육만 해대는 통에 우리 학교교육은 그와 같은 비판적 성찰 역량의 함양이라는 중요한 시민교육적 과제를 거의 감당하지 못하고 있다.

이런 맥락에서 인문교육의 중요성이 드러난다. 물론 인문교육이 민주시민교육의 전부일 수는 없다. 이 교육에서는 민주주의를 실제로 살아내고 행하는 게 정말 중요하다. 그러나 앞서 말한 비판적 성찰 역량이 깊은 인문적 학습의 경험 없이 얻어질 수 없음도 분명하다. 특히 사람 사는 일의 본성과 그 모습의 다양성과 깊이를 파고드는 인문학적 사유를 훈련시킬 수 있는 독서가 중요하다. 인간사의 다양한 일들과 우리가 세상을 살아가는 방향을 제시하는 여러 인식의 틀에 대한 비판적 성찰이야말로 인문학의 중핵적 정체성을 이루기 때문이다.

여기서 인문학 학습은 단순히 정보를 얻기 위해 하는 것이 아니

---

18) 장은주, 위의 책(2017a), 79쪽 이하.

다. 인문학 공부는 기본적으로 다차원의 '비판적 대화'여야 한다. 독서를 통해 우리는 저자의 생각을 탐색하되, 그 빈틈도 찾아보고 그 생각이 상식이나 다른 사람들의 시각과 어떻게 다른지를 비교해 볼 수 있다. 아니면 여럿이 같이 책을 읽고 토론하면서 저자의 생각을 읽어 내고 문제를 바라보는 다양한 관점이 있음을 확인하면서 스스로의 한계를 교정하고 문제에 접근하는 시선의 폭을 넓히는 경험도 해 볼 수 있다.

어떤 식이든 이런 식의 인문학 공부 습관이 길러 줄 비판적 성찰 역량은 단순히 정보의 홍수 속에서 유용하고 신뢰할만한 믿음과 그렇지 못한 믿음을 구분하게 돕는 정도의 역할만을 하는 것은 아니다. 우리에게 무엇보다도 중요한 것은 인간적 삶의 의미와 가치의 드넓은 지평에 대한 확인이다. 특히 시대나 조건 등이 다른 다양한 사람들의 삶과 처지를 이해하고 공감하며 상상 속에서나마 체험해 보는 경험이 중요하다. 그런 경험은 인간적 삶의 본원적 취약성과 불완전성을 깊이 이해하고 나와 다른 처지와 관점을 가진 타인들과 역지사지하며 포용하고 관용하는 민주적 문화를 발전시키기 위한 소중한 토대가 될 것이다. 인문학은 민주주의를 위해 우리에게 늘 부족하기만 한 자원이다.

## 3 한국의 인문교육에 대한 정책적 죽이기

그러나 민주시민교육으로서의 인문학의 이와 같은 중요성에도 불구하고, 우리 사회의 교육 전반에서 인문교육의 주변화 현상은 심각하기만 하다. 입시중심의 중등교육에서는 물론 대학교육에서도 교양과 전공을 막론하고 인문학은 그 학문적 가치에 값하는 위상을 차지하지 못하고 있다. 상황이 이렇게 된 데에는 급격한 사회 변화나 인문학자들의 안이한 상황 인식과 잘못된 대응도 중요한 몫을 했지만, 그에 대한 정책적 대응의 부재와 그릇된 정책의 탓이 가장 큰 것처럼 보인다.

인문학의 위기는 우선적으로 인문학자들의 사회적 생존의 위기로 나타난다. 그 배경에는 대학에서 인문학 관련 학과의 현저한 축소와 그에 따른 인문학 전공 학생 수의 급격한 감소가 있다. 대학원이 제대로 운영되지 않을 뿐만 아니라 학문 후속세대가 길러지지 않고 있다. 당연히 인문학의 학문적 질이 떨어질 뿐만 아니라 인문학 생태계 자체가 거의 완전하게 파괴되고 있다. 더불어 우리 사회의 인문적 문화와 그것이 가능하게 할 사회적 삶의 '인간적 질'도 황폐해진다. 이미 우리 사회에는 인문학의 위기와 관련된 이런 악순환적 구조가 아주 단단하게 형성되어 있다.

이 구조에서 가장 심각하게 문제적인 고리는 인문교육 영역이다. 초중등 교육에서는 입시중심교육 때문에, 대학에서는 취업 전망의 불투명성 때문에 인문학 교육이 제대로 이루어지고 있지 않다. 바로 이 때문에 인문학자들의 사회적 생존을 위한 토대가 위협받고 있다. 학문 활동을 하기 위한 직업적 기반이 턱없이 부족할 뿐만 아니라 기존의 자리들도 존폐의 기로에 있다. 인문학의 사회적 기반과 관련하여 매우 중요한 중등교육 단계에서는 사범대학과 인문대학의 분리 정책 이후 인문교육을 담당할 전문성 있는 인력이 교육 현장에 진입할 가능성이 차단되어 있다. 대학에서는 교양교육의 의미에 대한 몰이해와 학부제 정책 강요 및 학령인구감소에 따른 대학구조조정 국면 때문에 그리고 최근에는 '강사법'의 의도하지 않은 효과로 인해 인문교육을 위한 공간이 현저하게 축소되고 있다.

이런 현상들은 기본적으로 우리 사회에 물질주의 문화가 만연하게 되고 최근에는 모든 것을 시장 논리로만 재단하려는 신자유주의가 사회 전반에 걸쳐 맹위를 떨치면서 생겨났다. 그런 점에서 어느 정도 세계적인 현상들이기도 하다. 그러나 우리나라에서처럼 상황이 심각하게 전개된 데는 교육부를 비롯한 정부의 잘못된 정책이 적지 않은 역할을 했다고 보아야 한다. 인문학을 비롯한 학술 정책 전반이 그렇지만, 특히 인문교육과 관련된 국가 정책의 역사는 한 마디로 무정책의 역사라고 해도 과언이 아니다. 정책이 아예 없지는 않았다고 인정한다고 해도, 그 역사는 실패의 역사였고 인문학 죽이기의 역사였다고 해야 한다. 물론 그런 역사의 배후에는 그런 무정책과 오(誤)정책을 거들고 방조했던 인문학자들이 있었음을 함께 성찰해야 하겠지만 말이다.[19)]

### 1) 중등교육에서 인문교육의 주변화

무릇 인문학의 가장 중요한 기반은 교육이다. 어린 시절부터, 특히 중등교육과정에서부터 인문학의 의미와 깊이를 접한 이들이 대학에서도 인문학을 공부하게 될 가능성이 크고, 그런 기초 위에서만 사회 전체가 인문학을 가꾸고 발전시키는 데 더 많은 관심을 가질 수 있을 것이다. 그러나 우리나라에서는, 초등교육을 일단 도외시한다면, 중등 교육과정에서부터 인문교육이 제대로 자리를 잡고 있다고

---

19) 김석수 외, 인문학의 자기성찰과 혁신, 경제인문사회연구회, 2008; 비교적 최근까지의 인문교육 실태 전반에 대한 조사와 대안 모색은 홍병선 외, 『인문학 교육 실태 분석 및 진흥 방안 연구』, 한국교육정책연구소, 2011을 참고.

말하기 힘들다.

대학입시에 초점을 둔 우리나라의 중등교육은 인문교육 자체의 공간을 충분히 허용하지 않았을 뿐만 아니라 그나마 교육과정 안에 자리 잡은 인문학조차도 입시를 위한 도구로서만 다루었다. 국어와 영어 등 어문학관련 교과들을 통해 인문교육이 이루어진다고는 하지만, 그러한 교육과정이 입시를 위한 준비를 넘어 폭넓은 고전 교육이나 글쓰기 같은 본래적인 인문학적 소양을 함양시키는 데 얼마나 성공하고 있는지는 의심스럽다.

이 점은 대학들이 논술을 입시 과정에 도입했을 때 공교육이 논술교육을 위한 전문성 있는 교사들을 확보하기 힘들다는 등의 이유로 사실상 이에 대한 준비를 방기해 버렸다는 데서 극명하게 드러난다. 논술 입시의 도입이 인문교육과 관련하여 얼마간 새로운 장을 연 것이 아니라 사실상 중등교육과정에서의 인문교육을 사교육의 전담 영역으로 만드는 결과만 낳았던 것이다.

중등교육에서 아주 중요한 역사나 도덕/윤리 교육의 경우도 상당한 정도로 왜곡되어 있기는 마찬가지다. 이 경우에는 입시중심교육이 문제라기보다는 교육을 정치에 종속시킨 데서 온 폐해가 심각하다. 유신 시절의 '국민윤리' 교과의 도입이 단적인 예인데, 그 과정에서 윤리/도덕 교육은 철학을 중심으로 한 인문학적 정체성을 잃어버렸고 지금까지도 그 부정적 여파가 작동하고 있다고 보아야 한다. 역사의 경우에도 상당히 정치적인 이유로 '한국사' 중심으로 필수화되었는데, 반드시 긍정적이라고만 보기는 힘들다. 역사교과서 국정화 시도는 막아내었지만, 역사 교육의 국수주의적 편향성 문제는 여전히 남아 있다.

이에 덧붙여 우리나라 중등교육과정에서 인문교육 담당 교사들의 전문성 부재 문제도 지적되어야 한다. 앞에서 언급한 논술교육 방기 문제도 있지만, 도덕/윤리 교과의 경우 많은 경우 인문학적 전문성을 충분히 갖추지 못한, 가령 교육학 전공 교사들이 담당하고 있다.

이렇게 된 데에는 중등 교원을 길러내는 시스템에서 인문학이 체계적으로 배제되어 있다는 사실이 가장 큰 역할을 했다고 해야 한다. 중등 교사를 양성하는 사범대학과 인문대학이 분리된 경우가 많을 뿐만 아니라 인문대학 출신자들의 교원임용시험 기회가 점점 더 축소되어 왔다. 이러한 사정은 근본적으로 대학의 인문학 교육체계가 인문학도들의 가장 중요한 직업기반인 중등교육과 분리되게 만들었다.

## 2) 폐쇄적 학과제 중심의 대학 편제

입시위주의 교육이 초중등교육 차원에서 인문교육이 내실 있게 진행되지 못하도록 막는 주범이라면, 대학교육에서는 취업에 대한 강렬한 압박이 인문교육이 제대로 이루어지지 못하게 막는 최대 장애물이다. 대부분의 대학에서 인문학과들은 중등교육이라는 중요한 직업적 기반을 이미 상실한 데 이어, 다른 분야의 취업과 관련하여서도 별다른 장점을 가지지 못했다고 인식되고 그 결과 학생들의 선호 대상에서 멀어지게 되었다.

이 역시 세계적인 현상이지만, 우리나라의 경우 그 정도가 훨씬 더 심하다고 해야 한다. 이러한 현상은 우리나라 대학들에서는 학부 수준에서 견고한 폐쇄적 학과제가 정착되고 대부분의 학과들이 학생 모집 단위로 존재하는 바람에, 직업적 전망에 학과 선택의 최우선적 기준을 두는 대부분의 학생들과 학부모들이 인문학 관련학과들을 외면하기 때문에 더 강화되었다. 몇 몇 예외적인 경우를 제외하고 대부분의 인문학 관련 전공들은 입학 성적이나 학점 같은 이유로 학생들이 억지로 선택하는 전공들이 되었으며, 인문학 관련 전공을 공부하는 학생들도 실제로는 다른 직업 분야 준비를 하는 경우가 많은 것이 솔직한 현실이었다.

학부 과정에서 모집단위와 연계된 이런 폐쇄적 학과 중심의 대학 편제는 사실 특별히 한국적인 학문 제도화 양식이라 해야 한다. 우리나라 대학편제가 모델로 삼은 미국을 비롯하여 많은 나라들에서 대학들은 무전공으로 학생들을 선발하는 경우가 많으며 학문 단위로서의 학과와 모집단위가 구분되는 경우가 보통인데, 우리나라의 경우 대학들이 별다른 교육철학적 토대 없이 외형만 미국 대학을 모방하면서 일종의 학문이기주의적 파벌주의의 양상으로 폐쇄적 학과제가 정착해 온 것처럼 보인다. 예를 들어 법과대학의 '법철학'이나 정치학과 '정치철학' 분야가 대학 안 철학과의 관련 철학교수가 아니라 법학/정치학을 전공한 담당 교수를 따로 두는 식으로 학과 중심의 학문제도화가 강하게 이루어졌다.

이러한 학과제 중심의 대학 편제는 인문학 관련 전공들의 자폐성을 낳았다. 본디 인문학은 다른 학문들과 다양한 방식으로 연계되면서 그 학문들의 기초가 되고 그 학문들의 문제 해결 과정에 함께 협업하는 방식으로 존재 의의를 확보해야 했다. 그러나 학과제 중심의 대학 편제 안에서 인문학은 자족적 학문 단위로서만 존재하게 되었다. 교양교육과 관련해서도 오랫동안 다른 비인문학 학과들과 거의 대등한 수준에서만 몫을 인정받을 수 있었다. 인문학 관련 학과들도 자연스럽게 수용했던 모집단위와 연계된 폐쇄적 학과제는 이후 대학 구조조정 과정에서 인문학 관련 전공에 치명적으로 작용하고 말았다.

### 3) 부실한 교양교육

대학에서 전공 인문교육이 제대로 이루어지 않는다면, 전체 학생들을 상대로 한 교양 인문교육이 제대로 자리를 잡았어야 한다. 그러나 우리나라 대학의 교양 인문교육은 더 엉망이었다. 한 때 '작문'이나 '철학개론' 등 인문 교양교과가 필수로 자리 잡기도 했었으나, 우리나라의 대학에서는 오랫동안 교양교육은 '해(받아)도 그만, 안해(받아)도 그만'인 교육으로 인식되었고, 그나마 1학년을 상대로 한 가벼운 입문교과, 고학년생들에게는 '학점관리과목' 정도로 취급받기 일쑤였다. 시간이 지나면서 교양교육 안에서 인문교육의 비중도 점점 줄이들었다.[20]

문제는 고유한 자생적 학문 전통과 단절된 채 일제와 미국식 제도의 형식적 모방 속에서 식민지적으로 형성된 우리나라 대학교육 체계에서 교양교육이 어떤 뚜렷한 교육철학이나 분명한 정체성도 없이 구색 갖추기 식으로 도입되었다는 데 있는 것처럼 보인다. 그리고 그런 어설픈 출발은 대학의 양적 팽창과 고등교육 체계의 확립 과정에서도 충분히 교정되어 온 것처럼 보이지 않는다.

우리의 대학 교양교육은 일차적으로는 학생들을 고등학교 교육에서 대학의 전공 교육으로 '연착륙'을 시키기 위한 도구의 성격에 더 초점을 두고 있었다. 가령 영어와 컴퓨터 등의 보편적 도구과목과 대학의 다양한 학문 세계에 대한 가벼운 소개가 우리 교양교육의 핵심이었다. 아니면, 이른바 '취미 교양'도 광범위하게 자리를 잡았다.

---

20) 장은주, 「학제간 융합교육을 통한 '인문적 교양교육'의 새로운 활로 찾기 - 철학의 입장에서 그리고 PPE 모델을 중심으로」, 『교양교육연구』 제2권 제2호, 한국교양기초교육원, 2008 참조.

한 때 각종 '연애학 강좌'나 '성공학', '해리포터 마법학교' '한강변 1000km 나누어 걷기' 같은 강좌가 인기 있는 대학 교양 강좌로 자리를 잡기도 했다.[21]

물론 최근 들어 교육부 등의 대학평가에서 교양교육에 대한 평가의 비중이 늘어나는 과정에서 '한국교양기초교육원'의 노력 등에 힘입어 우리나라 대학들의 교양교육과정이 체계적으로 재정비되고 다양하고 새로운 실험들이 진행되고 있는 것은 사실이다. 경희대학교의 '후마니타스 칼리지'를 필두로 교양교육을 전담하는 단과대학이 설립되고, 교양교육에서 많은 취미교양/도구과목이 추방되었으며, 인문교육의 비중이 증가되는 등의 흐름이 형성되고 있다.

그러나 이는 대학들의 자발적인 노력의 산물이라기보다는 ACE나 CORE 같은 교육부 사업에 지원하여 높은 평가를 받기 위한 인위적 시도인 경우가 많고, 대학마다의 특성이나 건학 이념 및 교육철학에 따른 실질적인 교양교육 강화라고 하기 힘든 경우도 많다. 많은 대학에서 교양 담당 교수들을 비정년트랙으로 국한하여 채용한다든가, 최근 들어 강사법 시행에 따른 재정 부담이 강화되자 교육과정을 대폭으로 축소하는 모습들이 나타나는 것은 그러한 교육철학의 빈곤과 교양교육의 불안한 위상을 방증한다.

또 여전히 대학 학부 교육에서 전공교육과 교양교육의 관계에 대한 분명한 상이 정립되지 못하고 있으며, 교양교육이 학부 과정의 핵심 교육 과정으로 인정받고 있다고는 할 수 없다. 교양교육은 여전히 1학년 과정에 집중되고 전공교육에 비해 부차적인 지위를 벗어나지 못하고 있으며, 인문적 교양교육의 비중도 충분한 정도라 하기 힘들다.

---

21) 동아일보, "대학 교양 강의들, 톡톡 튀어야 산다", 2007.08.17.

## 4) 학부제와 인문학 관련학과의 구조 조정

그 동안 한국의 기형적인 학과제 중심 대학편제에 대한 성찰이 아예 없었던 것은 아니다. 인문학과 관련해서만 보자면, 학과제는 인문학을 좁은 관련 학과들 틀 안에 묶어두면서 다른 학과에 속한 전공들과의 교류와 융합을 막는 등 인문학의 자폐성을 강화하는 역할을 했다. 학부제는 그런 학과별 장벽을 허물고 학생들의 교육 경험을 넓힐 뿐만 아니라 교수들의 자폐성도 일정 정도 극복하고 새로운 모색의 기획을 제공할 수도 있을 터였다. 학부제는 그 발생지인 미국에서는 본디 가장 인문학친화적인 대학 편제라 할 수 있었다. 미국의 '문리과대학(Liberal Arts College)'과 유사한 편제가 우리나라 대학들에 도입된다면 대학 안에서 인문학이 생존하고 발전하기 위한 더할 나위 없이 좋은 기반이 될 터였다.

그러나 교육부는 그 기본 정신을 오해하고 한국 나름으로 형성된 학과제 중심의 대학 문화 및 교육 풍토와 환경 등을 무시한 채 강압적이고 기계적으로 학부제를 도입함으로써 그것을 사실상 한국 대학에서 인문학을 말살시키는 주범으로 만들고 말았다. 우리가 도입한 학부제는 대학 전체나 계열별 입학 정원에 대해 무전공 또는 이른바 '자유전공'을 보장하는 방식으로 학생들을 모집해서 충분한 시간 동안 (사실상 학부 과정 대부분의 시간을) 인문교양 중심의 보편적 역량을 연마하게 한 뒤 기초학문을 중심으로 최소한의 집중 이수를 통해 전공 소양을 함양하게 하는 것이 아니었다. 우리가 도입한 학부제는 연관된 소계열 전공들을 묶어 자잘한 학부들을 여러 개 만드는 방식이었고, 그것도 2학년이 되면 학생들이 자유롭게 또는 정원을 정해 학점 순으로 전공을 선택하게 하는 기형적인 방식이었다.

이런 상황에서 대부분 '인문학부'로 묶인 인문학 전공들은 학과제를 고수하거나 다른 방식으로 학부제에서 빠져 나오는 것을 대학 안에서의 생존의 핵심 관건으로 인식할 수밖에 없었다. 그러나 어떤 경우든 학령 인구의 급속한 감소 때문에 불가피해진 대학구조조정 상황에서 학생들의 직업적 전망과 연결되지 못하는 인문학과/전공은 학생들과 학부모들의 외면을 받아 생존할 수 없게 된 것이 냉엄한 현실이다. 예를 들어 부산 지역에는 15개(경남지역 대학의 부산 캠퍼스 포함)의 대학이 있지만, 국립대인 부산대학교를 제외하고는 철학과가 한 군데도 남아 있지 않게 되었다.

## 4 민주시민교육으로서의 인문교육 활성화를 위하여

다른 사회에서는 유례를 찾아보기 힘들 정도의 높은 교육열과 대학진학률에도 불구하고 중등 및 고등 교육 과정에서 인문학의 비중이 충격적으로 낮다는 사실은 우리 사회의 중증 병리현상이다. 문제를 하루아침에 해결할 수는 없더라도 이에 대한 올바른 정책적 대응이 절실하다. 교육에서 인문학의 비중을 늘릴 수 있는 다양한 방안을 모색하는 것은 단순히 위기의 인문학을 소생시키기 위해서만이 아니라 우리 사회의 교육을 제대로 된 궤도 위에 세우고 삶의 인간적 질을 높이기 위해서도 절실하다. 중등교육의 혁신과 더불어 대학의 인문적 교양교육의 위상을 현저히 높이며, 학과제 중심의 인문학의 자폐증을 극복하기 위한 정책적 모색이 필요하다. 물론 인문학 그 자체가 혁신되어야 할 필요도 절실하다.

인문학의 위기는 전 세계적인 현상이지만, 한국의 경우 그 정도가 더욱 심각한 것은 인문학이 중등교육과정 안에서는 물론 대학교육 안에서도 제대로 된 교육적 공간을 갖지 못하게 되었다는 사정과 깊은 관련이 있다.

중등교육과정에서 인문교육의 위기는 사실 우리 사회의 너무도 근본적인 교육 병리 현상과 연결된다. 앞서도 잠시 언급했지만, 우리 교육을 지배하고 있는 메리토크라시 패러다임에서 학교는 사회적 경쟁체제에서 승리할 수 있는 엘리트를 선별해 내는 기능에 초점을 두어 왔기 때문에 그러한 선별 기능을 위해 효과적으로 재단할 수 없는 말하기나 글쓰기 그리고 비판적 사고 교육은 뒷전으로 밀려날 수밖에 없었다. 이런 필요에 부응하는 인문교육에 대한 강조는 지극히 올바르고 정당하기는 하지만, 입시 중심의 우리 교육 전체의 병리에 대한 근본적인 해법 없이는 공허할 수도 있다. 바로 이런 상황에 대한 근원적 성찰이 오히려 인문학의 과제라고 할 수도 있다.

대학교육과정에서 인문학의 공간이 협소해진 것은 단순히 시대의 조류 때문만은 아니다. 우리의 경우 인문학은 그 동안 지나치게 자폐적인 개별 학과의 틀 안에서만 생존을 모색하고 위기를 걱정하기만 했다. 그러나 시대의 변화에도 불구하고, 아니 바로 그 시대의 혼란스러운 변화 때문에 인간다운 삶에 대한 물음과 그 답에 대한 간절한 갈구가 사라질 리 만무하다. 과학기술의 급격한 발전은 인문학적 물음들을 쓸모없는 것으로 만들기보다는 끊임없이 새로운 종류와 차원의 인문학적 물음들을 제기한다. 인문학은 이제 바로 그 시대의 변화와 새로운 조건에서 새로운 방식의 위상 확보와 존립 가능성을 모색해야 한다.

무엇보다도, 인문적 교양 교육의 의미와 위상에 대한 새로운 접근법을 확립하고 그에 걸맞은 정책을 수립해야 한다. 서양 전통의 이른바 '7 교양 과목(septem artes liberales)'22)이나 동양의 사서삼경과 같은 전통적인 인문적 교양 교과목들은 나름의 지배적인 형이상하적 우주 속에서만 튼실한 기초를 가진 것이었다. 그런 만큼 '기초학문'으로서 그리고 '인성'을 계발하기 위한 교육으로서의 인문적 교양교육의 체계적 의미는 대문자 진리(서양)나 도(道)(동양)를 상상할 수 있었던 형이상학적 우주의 붕괴와 더불어 의심될 수밖에 없다.23) 오늘날 그리고 한국적 상황에서 인문학은 기초학문이고 인성 교육을 위해 중요하니 그에 대한 체계적인 교육을 강화해야 한다는 식의 주장은 더 이상 설득력이 없다. '자유인을 위한 교육'으로서의 인문적 교양교육은 오늘날 무엇보다도 '민주시민교육'으로서 그 이념과 위상을 재정립할 필요가 있다.

전통적으로 인문적 교양 교육은 전통이나 관습 등으로부터 정신적으로 해방되어 그런 것들에 구애되지 않고 각자가 '자유롭게' 생각하고 판단하고 비판하고 행동할 수 있는 인간, 바로 그런 의미에서의 '자유인'을 양성하는 것을 목표로 했다. 오늘날 이 자유인은 무비판적으로 전수받은 관습과 선입견 등을 자신들의 이성을 잣대로 충분한 이유와 근거에 의해 뒷받침된 잘 정당화된 믿음과 구분해 냄으로써 자신들의 생각과 말과 행동의 참된 주인, 곧 비판적이고 독립적인 사유와 행동 능력을 지닌 시민의 상으로 이어질 수 있다. 이런 접근법은 중등교육은 물론 대학에서도 인문교육의 새로운 방향을 제시하는 데 중요한 이정표를 제시할 수 있다.

---

22) 이는 수사학, 문법, 변증론, 산술학, 기하학, 천문학, 음악 이론학을 말한다.
23) 장은주, 위의 글, 2008.

## 1) 중등교육과정에서의 인문교육의 활성화

인문학 생태계의 복원을 위해서는 초등학교 때부터, 특히 중등교육과정에서부터 인문교육이 체계적으로 이루어지는 것이 필요하다. 그리하여 미래 세대가 어린 시절부터 인문학에 익숙해지고 인문학의 가치와 소양을 내면화하도록 해야 한다.

정책적 대안은 비교적 단순하고 명료하다. 대부분의 민주주의 국가들에서 그러는 것처럼 우리 중고등학교에서도, 글쓰기와 말하기, 문학적 소양, 국사를 넘어선 역사 이해, 비판적 사고, 성찰적 윤리 의식 등을 함양하기 위한 폭넓고 체계적인 인문교육이 이루어져야 한다. 그렇게 되면 대학에서 인문학을 전공한 이들이 중등교육 현장에 직업적 기반을 가질 수 있는 기회가 늘어나고 대학의 인문학 관련 학과들이 활성화되는 될 수도 있을 것이다. 가령 인문학 분야 석사나 박사 학위 소지자들이 중고등학교에서 특별히 인문학을 교육할 수 있는 기회도 얻을 수 있을 것이다.

그러나 우리 현실에서 이러한 당위는 쉽게 실천되기 힘들다. 현실적으로 우리나라의 중등교육은 대학입시를 위한 종속 변수이기를 그만두기가 쉽지 않기 때문이다. 그리고 이 대학입시 문제는 단순히 좁은 의미의 교육문제가 아니라 우리 사회 전체의 심층적이고 구조적인 문제들과 관련이 있다. 중등교육 과정에서 인문교육의 정상화를 위해서는 단순히 당위적인 인문학 중심 대안들을 외치기만 할 것이 아니라, 오히려 우리 교육의 근본 패러다임에 대한 인문학적 성찰과 대안을 제시할 수 있어야 한다.

지금 우리 사회의 교육 병리를 그 근본에서 규정하고 있는 입시 문제는 사실 좋은 학벌에 대한 많은 시민들의 욕망과 관련이 있다.

학령인구가 큰 폭으로 감소하고 대학 정원은 실제로는 남아돌고 대부분의 학생들은 지금과 같은 입시지옥에 살지 않더라도 얼마든지 대학에 갈 수 있음에도 입시지옥이 해소되지 않는 현실이 이를 단적으로 보여 준다. 그런데 그 욕망은 사실은 계층의 상승 또는 유지에 대한 욕망이고, 그 배경에는 우리 사회의 심층적인 불평등과 계층 갈등이 놓여 있다.

그래서 입시문제에 대한 표피적 접근으로는 문제를 어떻게 다루든 우리 사회의 불평등 구조를 확대재생산하는 결과를 피하기가 쉽지 않다. 때문에 우리는 좀 더 근본적이고 장기적인 전망 속에서 그 문제에 접근할 필요가 있다. 결국 대학서열을 해체해야 한다. 그러기 위해서는 지방대를 획기적으로 육성해야 하고, 또 그러자면 우리 사회 전체에서 사적이거나 공적인 좋은 '자리'를 두고 벌어지는 경쟁을 완화해야 하며, 궁극적으로는 그 경쟁의 승자와 패자에게 주어지는 보상의 너무도 큰 격차를 줄여야 한다.

쉽게 말해 지방대를 나와도 대기업이나 공기업 같은 좋은 직장에 취직하는 데 큰 어려움이 없게 하고, 중소기업에 다니거나 육체노동을 하더라도 충분히 인간답고 품위 있는 삶을 살 수 있는 사회적 환경을 만들어야 한다. 교육문제는 결국 사회문제이고 노동문제이며 복지문제다. 그래서 관련된 모든 영역에서 유기적으로 작동하고 서로 긍정적인 시너지 효과를 낼 수 있는 정책들의 체계적인 실천을 통해서만 문제의 뿌리에 다가갈 수 있다.

중등교육과정에서 인문교육을 활성화하는 문제는 결국 우리 교육 전체의 정상화라는 과제와 연결될 수밖에 없으며, 인문학은 교육에 대한 근원적인 물음부터 새롭게 제기하는 일부터 나서야 한다. '민주공화국에서 교육은 어떻게 시민들의 평등한 존엄성과 인간다운 삶의 가능성을 보장하기 위한 방편이 될 수 있는가?'와 같은 물음에 대해 우리 사회 전체가 나소간 공유할 수 있는 설득력 있는 인문학적 대답 위에서만 중등교육에서 인문교육을 활성화하기 위한 사실은 너무도 명백한 정책적 대안들을 제대로 관철시킬 수 있을 것이다.

## 2) 민주시민교육으로서 인문적 교양교육(liberal arts education)

보통의 사람들이 자신의 직업적 처지나 개별적 이해관계, 전통과 인습, 온갖 종류의 문화적 편견과 선입견 등에 얽매이지 않고 거기서 벗어나 진정으로 자유로운 시민적 주체가 되는 과정은 결코 자연스러운 과정일 수 없다. 그러기 위해서는 인간의 인간다움의 방식에 대한 다양한 체험, 자신을 타인들과 동등한 종류의 한 인간으로 인식하고 또 타인들이 자기 자신과 똑 같이 존엄한 인간임을 깨닫는 자기성찰, 자신만의 특수한 처지와 맥락에만 얽매이지 않고 자신의 삶을 보다 보편적이고 공동체적인 삶의 맥락 속에 위치시켜 이해하고 바라볼 수 있는 능력 등이 필요할 텐데, 이 모든 게 바로 인문적 교양 교육의 몫이다.

이렇게 민주적 시민성을 위한 교육으로서의 인문적 교양교육을 단순히 좁은 의미의 정치적 민주주의에 대한 교육으로 오해해서는 안 된다. 경제협력개발기구(OECD)의 핵심역량 정의 및 선정(DeSeCo: Definition and Selection of Key Competences) 프로젝트(민주화운동기념사업회, 2008)에 따르면, 오늘날의 개인화, 현대화, 합리화 등의 조건 속에서 개인은 1) 언어, 정보, 기술 등 도구를 상호작용에 효과적으로 사용하는 역량, 2) 이질적인 집단 속에서 상호작용하는 역량, 3) 자신의 삶을 넓은 사회적 맥락 속에서 자율적이고 책임감 있게 영위하는 역량이라는 세 범주의 핵심 역량을 길러야만 제 몫을 다하는 미래 사회의 성원이 될 수 있다. 그리고 이 '핵심역량의 틀'의 중심에는 개인이 성찰적으로 생각하고 행동해야 할 필요성, 곧 성찰성 (reflexiveness)이 놓여 있다. 이것은 일정한 방식을 관례대로 적용하여 상황에 대응하는 능력만이 아니라 변화에 대처하는 능력, 경험에서 배우는 능력, 그리고 비판적인 자세로 생각하고 행동하는 능력도 포함한다. 이 상호작용, 자율, 성찰성 등과 같은 역량들은 모두 민주 사회의 시민적 주체들이 잘 갖추어야 할 성향 또는 자질들과 남김없이 연결되고, 의식적인 민주적 시민성을 위한 교육을 통해서만 함양될 수 있을 것이다. 이런 역량들은 단지 좁은 의미의 정치적 차원의 민주주의만을 위해서가 아니라 과학기술 분야의 창의성과 역동성을 위해서도 꼭 필요할 것이다.

　인공지능이 인간의 지능을 능가하게 되는 특이점이 곧 온다고 예견되고 있는 오늘날의 조건에서 그 동안 대학교육이 전수한다고 자부해 왔던 전문적인 지식은 개인적으로나 사회적으로나 그 자체로는 커다란 의미가 없다. 지식과 정보는 부족해서 문제가 아니라 너무 많아서 문제가 되고 있다. 이런 상황에서 대학교육이 학생들에게 함양시켜야 하는 전문적인 역량은 단편적인 지식과 기술(skill)이 아니라, 필요한 지식과 정보를 효과적이고 창조적으로 소화하여 새로운 상황과 변화에 능동적으로 적응할 수 있을 뿐만 아니라 그러한 변화를 주도할 수 있는 역량이어야 한다. 그러한 역량은 지속적인 자기주도적 학습과 창의적인 문제해결을 위한 노력 위에서만 함양될 수 있다. 교양교육이 강조하는 자유의 정신, 곧 창조적이고 비판적인 사유에 대한 지향은 바로 그와 같은 근본적이고 기초적인 역량을 함양시키기 위한 출발점이 될 것이다.

이런 기본적인 인식 위에서 우리는 교양교육에 대한 새롭고도 명확한 모델을 확립함으로써 중등교육에서 인문교육을 강화할 수 있는 교육혁신을 이루어낼 뿐만 아니라 대학 내 교양교육이 단순히 '1학년 교육'이 아니라 핵심적 교육과정이 될 수 있도록 새로운 교육철학과 이념을 확립하여 확산시켜야 한다.

무엇보다도 '회수(淮水)를 넘어 오면서 탱자가 되어버린 귤' 같이 되어버린 미국 식 학부제 도입의 실패 경험을 성찰한 위에서 한국적 상황에 맞는 '학부대학', '자유전공'의 확대를 유도해야 한다. 미국의 문리과 대학들처럼 학부 교육 전체가 인문적 교양교육을 핵심으로 삼는 대학 모델도 발전시킬 필요가 있으며, 그렇지 않더라도 교양교육의 비중을 획기적으로 강화하기 위한 새로운 모델도 모색해야 한다.

예를 들어 학부 교육 전체 교육과정에 인문적 교양교육이 최소 1/3 비율을 확보할 수 있도록 하는 등의 정책적 모색이 가능할 것이다. 그러나 정부가 재정 지원 등을 미끼로 억지로 특정 교육 모델을 대학에 강요하는 방식은 바람직하지 않다. 정부의 유도가 없더라도 대학들이 내부의 자체적 필요에 따라서 적극적으로 도입할 수 있는 새로운 교양교육 모델이 필요하다. 이런 필요는 결국 시대와 사회의 요구에 부응하는 새로운 인문융합교육 시스템의 모색으로 연결될 수밖에 없다.

이른바 '중핵 교과(core curriculum)'에 대한 재고가 필요하다. 이런 과목을 단순히 전통적으로 이해된 교양필수 교과목 같은 것이 아니라, 각 대학이 고유한 교육 이념, 전통, 철학 및 정체성을 고려하면서 시대와 사회의 요구에도 부합하는 융합적 - 학제적 핵심 교양교과목을 개발할 수 있도록 유도해야 한다. 모든 학생들이 필수로 들어야 할 이런 교과목은 대학 전체의 역량을 투입하여 대학 교양교육의 기본 이념과 가치를 효과적으로 담아낼 수 있도록 개발되고 운영되도록 해야 한다.

교양교육에서 교육내용을 점점 더 융합적 - 학제적 지향을 갖도록 변화시키고 그에 맞추어 교육방법의 혁신도 이루어내야 한다. 교양교과목들은 단순히 인문학 및 사회과학 각 학문 분야의 기초지식을 전달하는 수준을 넘어서야 한다. 각 교과목들은 구체적인 삶의 경험과 연결된 문제들을 해결하기 위한 융합적이고 학제적인 지적 탐구의 성격을 강화해서 학생들이 필요한 역량들을 스스로 체득할 수 있게끔 설계되어야 한다. 그에 맞추어 방법적으로도 전통적인 강의식 교육을 지양하고 학생들의 참여와 자율에 기반한 세미나나 프로젝트 식 수업 같은 '탐구형 수업'이 활성화될 수 있도록 지원해야 한다.

## ≫ 참고문헌

동아일보, "대학 교양 강의들, 톡톡 튀어야 산다", 2007년 8월 17일자.
『한겨레』, "예산 '0'원... 문재인 정부 '교육 국정과제' 좌초 위기", 2018.9.9. (인터넷판)
김누리, 「아도르노의 교육담론」, 『독일언어문학』 78권, 한국독일언어문학회, 2017.
김석수 외, 인문학의 자기성찰과 혁신, 경제인문사회연구회, 2008.
김육훈, 『민주공화국 대한민국의 탄생: 우리 민주주의는 언제, 어떻게 시작되었나?』, 후마니타스, 2012.
김정인, 『민주주의를 향한 역사』, 책과 함께, 2015.
김현수, 『요즘 아이들 마음고생의 비밀』, 해냄. 2019.

민주화운동기념사업회, 『데세코 프로젝트; 핵심역량 정의 및 선정 프로젝트 요약』, 2008.

민주화운동기념사업회, 『민주시민교육센터 설립·운영연구』, 민주화운동기념사업회 민주시민교육국, 2018.

서희경, 『대한민국 헌법의 탄생: 한국 헌정사, 만민공동회에서 제헌까지』, 창비, 2012.

임정택 외, 『국외 우수 인문교육 비교연구 및 활용방안』, 경제인문사회연구회, 2003.

장은주, 「학제간 융합교육을 통한 '인문적 교양교육'의 새로운 활로 찾기 - 철학의 입장에서 그리고 PPE 모델을 중심으로」, 『교양교육연구』 제2권 제2호, 한국교양기초교육원, 2008.

장은주(2014a), 「민주주의라는 삶의 양식과 그 인간적 이상」, 『사회와 철학』, 제27집, 2014.

장은주(2014b), 『왜 그리고 어떤 민주시민교육인가?』, 경기도교육연구원, 2014.

장은주(2017a), 『시민교육이 희망이다: 한국 민주시민교육의 철학과 실천모델』, 피어나, 2017.

장은주(2017b), 「메리토크라시와 민주주의: 유교적 근대성의 맥락에서」, 『철학연구』, 제119집, 2017.

장은주, 「한국의 민주시민교육: 사회적 합의 방향과 제도화의 과제」, 『시민과 세계』, 2019.

홍병선 외, 『인문학 교육 실태 분석 및 진흥 방안 연구』, 한국교육정책연구소, 2011.

야스차 뭉크(2018), 『위험한 민주주의』, 함규진 옮김, 와이즈베리

위잉스(2015), 『주희의 역사세계 : 송대 사대부의 정치문화 연구』, 이원석 옮김, 글항아리.

Th.W.Adorno(1966), "Erziehung nach Auschwitz", *Gesammelte Schriften*, Bd.10 *Kulturkritik und Gesellschaft* I/II.

The Economist Intelligence Unit, *Democracy Index 2018*.

GPJE(Gesellschaft für Politikdidaktik und politische Jugend-und Erwachsenen-bildung)(2005), *Anforderungen an nationale Bildungsstandards für den Fachunterricht in der Politischen Bildung an Schulen. Ein Entwurf.* 2 Aufl. Schwalbach: Wochenschau

W. Merkel (et.al./2003), *Defekte Demokratie.* Band 1: *Theorie.* Oplanden; Leske+Budrich, 2003, 66.

# 초연결 시대 한국의 국가 경쟁력과 글로벌 인문학의 가치

한 지 희

## 1 한국의 하드파워와 소프트파워는 과연 일치하는가?

일반적으로 경쟁력이란 시장에서 개인, 기업, 산업, 국가가 재화와 용역을 판매하고 공급하는 데 있어서 매출과 수익을 창출하는 능력을 비교하기 위해 사용하는 경제학 용어이다. 하지만 1985년 미국, 영국, 독일, 프랑스, 일본의 중앙은행 대표자들과 재무부장관들의 회담에서 "국제통화 거래의 자유화"가 결의되고 이후 전 세계적으로 "변동환율제"가 시행되고 무국적 자본이 초국적 차원에서 거래되는 자본주의 세계경제 체제가 본격화된 이래로(로젠버그 819)[1], '경쟁력'은 경제학의 분과를 넘어 사회학으로, 인문학으로 그 영향력을 발휘해 왔으며 이제는 전 세계 시장에서 개인과 개별 국가의 존재 가치를 결정짓는 다양한 지표들로 구체화되고 있다. 가령, 자본의 창출과 증식에 기여하지 않는 혹은 관련이 적은 개인의 비경제적 행위들은 자본주의 시장에서 존재의 경쟁력을 저하시키는 '쓸모없는 것'(the useless)으로 범주화되어, 그 개인에게 현실을 모르는 무가치한

---

1) 에밀리 로젠버그, 편, 『하버드 - C.H.베크 세계사』, 제2권.

존재이라는 평가를 받게 하며, 사회 구성원들로 하여금 그러한 존재가 자연 도태되는 것은 어쩔 수 없다는 시장 논리를 수용하게 한다. 마찬가지로, 개별 국가 역시 세계 경제체제에서 "지속적인 경제성장과 장기적인 번영을 가능하게 하는 정책이나 제도 및 제반 요소"[2]를 갖추지 못하는 경우, 세계 시장에서 경쟁력이 낮고, 자생력이 미흡하여, 원조를 받지 못한다면 자연히 도태될 것이 예상되는 존재로 여겨지기 십상이다.

이처럼 21세기 세계인들은 개인의 차원에서나 개별 국가의 차원에서나 모두 외형적으로 드러나는 지표들로 구성된 경쟁력(하드파워)이 개인과 국가의 고유한 영혼과 건강한 인간성을 함축적으로 드러내는 정신적 자질들(소프트파워) 보다 훨씬 막강한 힘을 행사하는 시대에 살고 있다. 그렇기에 한국인들 역시 그 어느 나라와 국민 못지않게 예민한 시선으로 한국의 국가경쟁력을 반영하는 지표들을 의식하고 일희일비(一喜一悲)의 반응을 보이곤 한다. 가령, 2019년 7월 7일 기준 세계은행(WB) 조사에 따르면, 2018년 한국의 명목 GDP는 1조6천194억 달러로 GDP순으로 볼 때 세계 경제 질서에서 205개국 중 12위를 유지했고, 아틀라스 방식으로 측정한 1인당 국민총소득(GNI)으로는 3만600달러로 192개국 중 30위를 차지했다는 소식은 종종 한국의 하드파워를 예증해 주는 사례로서 기사화된다.[3]

---

2) 인용된 문구는 World Economic Forum에서 내리는 "국가경쟁력"의 정의이며, WEF는 매년 환경, 인적자원, 시장, 혁신생태계를 포함하는 네 가지 영역의 103개 지표를 활용하여 전 세계 국가 경쟁력을 평가한 보고서 (The Global Competitiveness Report)를 발간하고 있다. 2019년 한국은 평가대상 141개국 중 13위를 차지하였다. 1위는 싱가포르, 141위는 차드가 차지하였다.

3) 연합뉴스 기사(https://www.yna.co.kr/view/AKR20190706050300002). 다만 연합

사실상 1인당 GNI는 국민들의 생활수준과 밀접한 지표로서 알려져 있으므로, 그러한 뉴스 기사는 한국인들이 적어도 수치상으로는 28위 이태리, 29위 부르나이, 31위 바하마 제도, 32위 스페인 국민들과 비슷한 생활수준을 영위하고 있다고 자부심을 가질 수 있게 한다. 이런 기사와 더불어 2014년 이후 18년 까지 연도별, 국적별 체류 외국인 현황 나라지표를 살펴본다면,[4] 전체 국민 인구 대비 체류외국인 비율이 2014년 3.5%에서 2018년 4.6%로 매년 증가하는 추세를 보여주고 있어서, 한국의 하드파워가 이제 적어도 동아시아권의 세계인들에게는 실질적인 영향력을 미치고 있으며 그들에게 한국몽(Korean Dream)을 꿈꾸게 할 만큼 국가경쟁력이 있다고 분석될 수 있다.

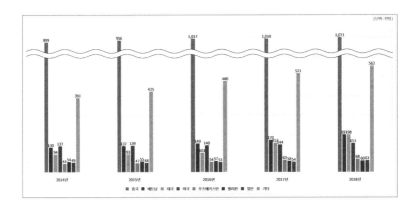

뉴스 기사에 의하면, 실제 국민들의 구매력을 평가하는 구매력평가(PPP) 기준으로 따지면 한국의 1인당 GNI는 4만450달러로 2017년 31위에서 두 계단 떨어진 33위였다고 한다.
4) 체류 외국인 현황 e-나라지표
   http://www.index.go.kr/potal/main/EachDtlPageDetail.do?idx_cd=2756

특히, 위의 표에서 한국에서의 삶을 매력적으로 여기는 세계인의 국적을 파악해 볼 때, 중국이 1,070,566명(45.2%)으로 가장 많았고, 태국 197,764명(8.4%), 베트남 196,633명(8.3%), 미국 151,018명(6.4%), 우즈베키스탄 66,433명(2.9%), 일본 60,878명(2.6%), 필리핀 60,139명(2.5%) 등의 순을 보이고 있어서, 지표 분석가는 "저출산 고령화 사회로 인한 외국노동력 증가, 국제결혼 증가로 인한 결혼이민자 증가, 외국국적동포 유입, 유학생 증가 등으로 국내 체류외국인 수는 지속적인 증가가 예상"된다는 전망을 내놓기도 한다.[5]

그렇다면 동일한 GNI 지표를 활용하여 한국의 소프트파워[6]의 세계 국가경쟁력을 파악해 본다면 어떨까? 하드파워의 면에서 한국과 비슷한 순위를 점하고 있는 이탈리아 혹은 스페인과 비교할 때, 과연 지표 분석가는 한국이 그러한 나라들과 비슷한 수준의 소프트파워를 가지고 있다고 분석할 수 있을까? 혹은 한국이 이탈리아나 스페인에 버금가는 창의적 리더십과 문화전파력을 보인다고 자신 있게 말할 수 있을까? 아마도 지표 분석가는 '아, 그랬으면 좋겠지만…'이라는 아쉬움 가득 찬 내면의 소리를 들으며 한국에 비해 월등히 높은 이탈리아와 스페인의 문화적 경쟁력을 보여주는 '객관적인' 자료들 앞에서 위축되는 스스로를 발견하게 될 지도 모른다. 가

---

5) 체류 외국인 현황 e-나라지표
   http://www.index.go.kr/potal/main/EachDtlPageDetail.do?idx_cd=2756

6) Joseph S. Nye, Jr.의 저서 『Bound to Lead: The Changing Nature of American Power』에 의하면, 하드파워는 군사, 경제력 등 유형 자원을 활용하여 상대국에게 자신이 원하는 바를 하도록 압박하는 힘을 의미하며, 소프트파워는 창의적 발상, 아젠다 설정, 국제체제 창설, 문화 전파 등 무형 자원을 활용하여 상대국으로 하여금 자신의 이념과 이상에 동조하게 만드는 영향력을 의미한다.

령, 영국 홍보컨설팅 업체 포틀랜드 커뮤니케이션에서 문화, 정치, 교육, 디지털화 등등을 기준으로 평가 발표한 세계 국가의 소프트파워 순위 표를 보면, 한국의 소프트파워 순위는 20위로서 아일랜드나 싱가포르와 비슷한 수준으로 평가되고 있는 반면, 이탈리아와 스페인은 각각 12위, 14위를 차지하고 있어서 한국 보다 우월한 수준으로 평가되고 있다. 더불어, 전 세계 231도시의 범죄율, 교육, 병원과 보건, 정부 서비스, 대중 교통, 레크리에이션, 주거지, 개인의 자유와 권리, 개인의 잔전, 경찰의 자질, 언론의 자유, 환경 등을 기준으로 매년 전 세계 각 도시의 삶의 질 조사를 발표하는 미국의 2019년도 머서 지표를 보면, 스페인의 바르셀로나는 43위, 마드리드는 46위, 그리고 이탈리아의 밀라노는 41위, 로마는 56위를 차지한 반면, 한국의 서울은 77위, 부산은 94위를 차지하고 있다. 이와 같이 전 세계 각국의 소프트파워 경쟁력을 제시해 주는 지표들을 보게 되면, 지표 분석가들뿐만 아니라 대부분의 한국인들이 아마도 비슷하게 반응을 할 것 같다. 즉, 한국이 하드파워의 순위로는 세계적인 경쟁력이 있지만, 문화적으로 영향력을 미치기에 무리가 있다는 심증을 확증으로 굳히면서, '한국은 문화 강국이 아니다'라는 명제를 '참'인 명제로 '사실화' 할 것이다. 심지어, 세계 정치 경제 질서를 선도하는 빅 5국가들, 즉, 영국, 프랑스, 독일, 미국, 일본의[7] 막강한 소프트 파워경쟁력을 다시 한 번 실감하면서, '우리는 멀었어'라는 자괴감을 가지게 될 지도 모른다.

---

7) 사실상 일본은 세계 제1차대전 이후 파리조약 설계에 참여한 Big 5 국가들(프랑스, 영국, 이태리, 미국, 일본) 중 하나로서, 세계 정치와 경제 질서에서 선도적 입장을 유지하고 있다는 점을 부일 할 수 없음.

하지만, 포틀랜드 커뮤니케이션의 지표에서 한 가지 이상한 점을 발견 할 수 있는데, 그것은 다름이 아니라 중국이 27위, 러시아가 28위를 차지하고 있다는 점이다. 누가 보더라도 두 국가는 세계적으로 막강한 경제력, 군사력, 그리고 문화적 영향력을 가지고 있는데 어떻게 그 두 나라의 소프트 파워 경쟁력이 19위를 차지한 아일랜드보다 낮게 평가된 것일까? 포트랜드 커뮤니케이션은 그 이유로서 중국과 러시아가 정치체제 면에서 민주주의가 아니거나 명목상 민주주의를 표방하지만 '결함'이 있다는 설명을 하였다. 자, 그렇다면, 중국인의 입장에서 영국의 포틀랜드 커뮤니케이션이 배포한 세계 국가별 소프트파워 경쟁력 순위에 연연할 필요가 있을까? 아마도 그럴 필요가 없을 것 같다. 굳이 그런 외형적 수치로 측정되지 않아도 될 만큼 이미 중국은 막강한 하드 파워를 가지고 세계 경제를 이끌고 나가고 있으며, 더불어, 문화 강국이라는 점을 그 누구도 부인하지 않기 때문이다. 나아가, 포틀랜드 커뮤니케이션이나 머서라는 컨설팅 업체는 본질적으로 '정치적 로비'를 주업으로 하는 업체[8]이기 때문에, 매우 객관적으로 보이는 세계 각국의 소프트파워 순위가 사실상 결코 객관적일 수 없으며 오히려 매우 '정치적'이라는 점을, 즉, 통계 수치를 활용하여 개별적 목적을 지닌 개별 집단의 이익을 추구하기 위해 조사되고 배포되었기 때문이다.

---

8) 2012년에는 James O'Shaughnessy 의원이 정무직 퇴직 후 지켜야 하는 공직자 윤리법을 위반하고 당시 러시아와 카작스탄 정부, 구글, 맥도널드, 보다폰, 방산업체 BAE Systems를 위한 로비를 펼쳤던 포틀랜드의 자문역을 맡아 인디펜던트지에서 심한 비판을 받기도 했었음. 2019년 7월 쇼네시는 다시 포틀랜드로 돌아가서 자문역을 맡고 있으며, 보리스 존슨이 영국 수상으로 임명되면서, 포틀랜드에서 쇼네시가 주도하는 여론전이 어떤 식으로 펼쳐질 지도 흥미롭게 지켜볼 필요가 있음.

다시 말해서, 월터 리프먼이 일찌감치 『여론』[9]에서 지적했던 대로, 여론 조사를 통해 사회 통계를 내고 순위를 매기는 작업을 수행하는 컨설팅이나 홍보 업체는 데이터를 기반으로 소규모 표본을 추출하여 의뢰를 맡긴 '주인'에게 바칠 뿐이다. 게다가, 노엄 촘스키 역시 일찌감치 지적했듯이, 미디어는 결코 진보적이지 않으며, 여러 종류의 필터를 사용하여 대중들에게 편향적인 정보를 제공하여 진실의 효과를 추구하거나 사실을 오도하도록 영향을 미칠 뿐이다.[10] 이제 21세기 정보화 및 데이터 분석 기술의 발달로 인하여, 일라이 패리저가 지적하듯이[11], 대중들은 다양한 소셜 미디어 플랫폼들을 통해 뉴스를 포함한 각종 정보에 접근할 수 있게된 반면, 그들이 개인의 취향이나 성향을 반영하는 피드가 제공하는 정보에 갇히게 되는 필터버블(Filter bubble) 혹은 정보 편식 현상에 더욱 지배되고 있다. 가령, 광고, 홍보, 로비 업체들이 제공하는 소위 객관적인 세계 국가 경쟁력 관련 자료들은 어떤 점에서 보자면 사용자 정보를 바탕으로 사용자가 관심을 가질만한 이슈들을 콘텐츠로 생성하고 빅데이터 분석 기반 여론 조사를 실시한 것에 불과하다고 볼 수 있다. 즉, '특정한 시장'에 도달하기 위해 '주인'이 포틀랜드 커뮤니케이션과 같은 로비업체에 여론 조사 용역을 맡길 수 있고, 로비업체는 또 다시 바이럴 홍보업체에 하청을 주어 사안과 관련된 빅데이터를 생성해 내

9) Walter Lippmann, *The Public Opinion*. New York: Harcourt, 1922.

10) Noam Chomsky, Justic Lewis, and Edward Herman, "The Mytho of the Liberal Media: The Propaganda Model of News."
www.mediaed.org/transcripts/Myth-of-The-Liberal-Media.pdf

11) Eli Pariser, *The Filter Bubble: What The Internet is Hiding from You*. New York: Penguine, 2012.

고 그렇게 생성된 데이터를 분석한 기반으로 추출된 여론 조사 결과를 '주인'에게 전달할 수 있다. '주인'은 이러한 여론 조사를 바탕으로 '대중의 필요'를 운운하며 그에 따라 상품과 용역 그리고 소통(광고) 방식을 변화시킬지를 결정하게 되겠고, 결정이 이루어지면, 또 다른 바이럴 마케팅 업체에게 하청을 주어 그 결정과 관련된 빅데이터를 생산해 내는 용역을 맡겨 대중의 여론을 원하는 방향으로 주도할 수 있다. 이제는 이 처럼 각 사안마다 그런 식의 편향성을 내포한 빅데이터 생성과 분석이 가동될 수 있으며, 특정한 정치적 목적을 지닌 '주인'들은 매우 객관성이 결여된 편향된 여론으로 대중들을 더욱 정교하게 조종하고 특정 사안에 대한 대중들 혹은 세계인들의 인식의 왜곡을 추동할 수 있게 된 것이다.

이렇게 보자면, 하드파워 지표와 달리, 세계 각국의 소프트파워 경쟁력을 순위 매김하는 각종 지표들은 철저하게 누군가의 목적을 위해 맞춤 설계된 표본을 제시한 것에 불과한 것이라고 할 수 있다. 그렇다면, 한국인들 역시 굳이 그러한 편향적인 지표에 연연하여 선불리 한국의 소프트 파워 경쟁력에 대한 자신감을 잃거나 자국 문화에 대한 자부심을 위축시킬 필요가 없다고 생각한다. 한국은 오랜 역사를 지닌 국가로서 그에 따른 문화 자원이 많은 나라이고, 자원을 잘 가공한다면 문화 강국으로 도약할 수 있는 잠재력이 상당한 국가이기 때문이다. 그렇기에, 이제 한국인들은 정보 기술의 발전으로 초국적 연결이 가능해 진 21세기에 한국의 역사, 사상, 문학을 자유롭게 표현하고 한국인의 인문정신을 발휘할 수 있는 방법을 진지하게 모색할 필요가 있을 것이다.

## 2 한류 지속과 인문 담론의 가치

사실상, 한국에는 이미 국가브랜드 위원회가 존재하며 전 세계에서 한국의 소프트 파워 경쟁력을 향상시켜 한국의 정치적 교섭의 효과를 극대화시키려는 목적을 가지고 다양한 프로그램과 활동들을 수행하고 있다. 한국국제문화교류진흥원과 한국문화콘텐츠 진흥원 역시 한류를 활용하여 한국 문화산업의 세계 경쟁력을 추동하거나 세계인들에게 한국문화의 매력을 지속적으로 유지, 확산시킬 수 있는 방안에 대해 고심하고 다양한 창작 활동들을 지원하고 있다. 그럼에도 불구하고, 한국의 국가브랜드라든가 소프트 파워 경쟁력 제고라는 문제와 관련한 연구 결과물들을 살펴볼 때, 각각은 관련 연구 주제에 대해 유의미한 통찰력들을 보여주고 있지만, 각각의 연구 결과물 혹은 데이터를 유의미하게 군집(clustering)하여 한국의 국가브랜드나 문화의 고유성을 드러내도록 의미화를 이루어 내는 과정(culturally specific signifying system)을 시도하는 데까지 나가지 못하는 것으로 파악된다. 가령, 최근 한국국제교류 진흥원 지원을 받아 출판된 『2018년 한류 파급효과』라는 보고서를 검토해 보자면, 각각의 연구자들은 한국의 대중문화 상품 각각이 개별적으로 해외 각 지역에서 추동하는 한류의 양상에 대한 분석을 하거나, 최근에 부상하는 OTT 글로벌 플랫폼을 활용하여 한국 문화상품들을 유통, 보급하는 전략과 경제적 효과에 대한 분석을 하거나, 혹은 한류를 지속적으로 강화하기 위한 방안으로서 가능할 법한 관리모델을 제시하고 있다. 하지만, 글로벌 비즈니스와 테크놀로지, 경제학, 도시사회학, 공공브랜드 연구 전문가들이 제시한 분석들은 다음과 같은 질문들에 대해서 사유하지는 않고 있다.

1) 개별적 한류 효과가 국내외 한국의 국가 브랜드 – 이미지에 어떤 식의 변화를 일으켰는가?

2) K-pop으로 대표되는 한국 대중음악문화가 어떤 식으로 동종 음악계에서 차별성을 가지는가? 그리고 어떤 식으로 세계 대중음악계 발전에 기여하고 있는가?

3) 드라마, 대중음식, 코스메틱, 패스트 의류, K-pop과 같은 창의 산업 강화가 어떤 식으로 한국의 소프트파워 강화의 의제로 환류될 수 있는가? 즉, 국내와 글로벌 문화상품 소비자들의 인종, 계층, 성 변수들을 고려하지 않고서도 대중문화상품 기반의 한류가 세계 대중문화계에서 한국이 차지하고 있는 문화적 위상을 제고할 수 있게 하는가?

4) 최종적으로 한류의 대중 문화적 양상들이 어떤 식으로 세계 문화 질서에 변화를 일으키고 한국의 문화력을 제고할 수 있게 하는가?

　물론 이러한 질문들에 대해 담당 연구자들은 개별 소재별로 답변을 할 수는 있겠지만, 그들의 개별적 답변을 총체적으로 그리고 논리적으로 설명할 수 있는 어떤 '개념'이나 '담론'을 제시하라고 하면 난색을 표명할 것이다. 가령, 장원호와 송정은이 '국가 선양에 이바지' 하였다고 평가하는 BTS라는 아이돌그룹에 대한 분석을 보자면, 그들은 "BTS의 메시지 및 실천적 행동과 ARMY의 상호작용에 따라 BTS의 사회적, 문화적, 외교적 영향력을 BTS의 비외교적 효과"로 (97) 제시하면서 기존의 문헌 기반 정성 분석에 추가하여 구체적인 한류지수 현황, 뉴미디어와 팬덤의 진화, 뉴스기사, 빌보드닷컴 기사, 소셜미디어에 대한 빅데이터 분석을 하였다. 그리고 그러한 분석을 토대로, BTS가 초국적, 초문화적 팬덤을 추동하였다고 결론을 지으며, 이로 인하여 BTS라는 한국의 문화상품이 경제적 효과, 사회적 효과, 문화적 효과, 외교적 효과를 가져왔다고 추론하였다.

> BTS의 외교적 효과는 한국어와 BTS 음악에 관련된 한국문화의
> 인지도 상승과 BTS 자체 브랜드 평편으로 한국에 대한 친숙도를 제
> 고하는 것이다. 일례로 최근 2018 MMA 시상식 무대에서 전통무용
> '삼고무'를 콘셉트로 한 무대 공연 이후 삼고무는 전 세계 ARMY
> 및 MMA 시상식 영상 시청자에게 홍보되었다. BTS 팬이 아니어도
> 대부분의 반응은 전통문화와 현대문화의 결합으로 연출된 무대를
> 칭찬하며 한국무용과 사물놀이에 대해 흥미를 느꼈다고 했다. 이런
> 대규모 시상식 무대를 제외하고는 쉽게 실연할 수 없는 BTS와 한국
> 전통문화의 콜레보레이션이었기에 더욱 반응이 좋았다. (172)

이런 분석 보고서를 접하면 독자들은 한국 대중문화의 우수성이
전 세계적으로 입증되었다는 인상을 가지고 매우 흡족한 마음을 가
질 것이다. 하지만, 그들이 분석하지 않은 다른 측면, 즉, BTS라는 아
이돌 그룹을 포함한 한국 아이돌 그룹들이 속한 문화산업 생태계를
자세히 들여다보면, 니체가 말한 대로 '너무나 인간적'인 그리고 줄
리아 크리스테바가 말한 대로 '비루한' 인간적 실상들이 적나라하게
드러나고 있어서, 과연 한국의 국가브랜드 제고 혹은 세계 문화계에
서 한국 문화의 경쟁력 강화를 위해 아이돌 음악 산업을 적극 활용
하는 것이 앞으로 과연 연구자들이 예측하는 대로 사회, 문화, 외교
적 효과를 가져올 수 있을지 이미 미디어를 통해 보도가 된 대로,
YG, SM, CJENM, MBM, LM 기획사 모두 소속사 혹은 소속된 아이
돌 예인과 관련된 혐의가 불거진 사례가 있었듯이, 아이돌 음악 산
업은 소위 한국연예매니지먼트협회가 정하는 "업계의 질서에 맞는
순리"에 따라 매우 가부장적인 위계질서의 조직망으로 운영되고 있
어서 그 경제적 효과뿐만 아니라 한국의 문화적 위상마저도 단숨에

휘발시킬 수 있는 위험성을 내포하고 있다. 이러한 측면들은 2016년 BBC뉴스에 게재되었던 기사에도 어느 정도 제시되어 있는데,[12] 한류 파급효과에 대한 보고서를 집필한 연구자들은 이러한 비판적 시각으로 대중음악산업을 둘러싼 사회 환경을 변화시키려는 인문학적 분석과 바람직한 인문 가치를 제시하지 않았다. 연구의 목적과 내용이 한류의 '산업 논리'와 맞물려 있었기 때문이다.

　이런 점을 고려할 때, BTS 혹은 아이돌 음악의 세계적 인기를 활용하여 한국의 문화적 파워를 강화하는 방안을 사유하거나, 심지어, 한국의 국가 브랜드 제고를 위해 활용하고자 때, 우리는 매우 신중할 필요가 있다. 전 세계 각국에서 정책을 기안하고, 정치 공학, 외교 공학을 만들어 내는 실무 주체들이 10대 취향의 대중음악 장르보다는 클래식 음악 장르에 익숙할 가능성이 높은 전문직 관료들이라는 점을 고려할 때, 그들에게 무작정 '한국의 BTS를 아는가?'라는 식으로 아이돌 음악의 '세계적 열풍'에 동참할 것을 강요하는 것은 오히려 역효과를 초래할 수 있기 때문이다. 또한, 한국의 문화적 영향력을 활용하여 국제 교육, 문화, 외교 분야에서 한국인들의 협상력을 제고하고자 할 때는 국제무대에서 활동하는 관료 계층의 아비투스를 이해하고 그들의 문화적 취향에 자극을 줄 수 있는 한국 인문학 소재를 발굴하여 그들이 한국의 고유한 인문 정신과 가치를 이해하고 공감할 수 있도록 '계층의 언어'로 소통하는 것이 무엇보다 중요하기 때문이다.

---

12) Mariko Oi, 「The Dark Side of Asia's pop Music Industry.」
https://www.bbc.com/news/world-asia-35368705

## 3 한국의 인문 정신과 가치는 무엇인가?

### 1) 과연 우리는 4차 사업혁명시대를 살고 있는가?

그렇다면 한국의 고유한 인문 정신과 가치는 무엇일까? 이 점을 설명하기 위해 우선 현재 한국 사회에서 그리고 학계에서 무심하게 그저 기계적으로 반복, 사용되는 '4차 산업혁명 시대'라는 표현에 대해 검토해 볼 필요가 있다. 일반적으로 "4차 산업혁명"이라는 표현은 경제, 경영 부문 사업 관련자들이 현재의 과학과 ICT 기술의 획기적인 발전으로 인해서 상품의 생산과 유통방식에 매우 대대적인 변화가 일어나고 있다는 점을 지적하고 대중들의 관심을 환기시키기 위해 사용한다. 한국에서 이 표현이 수입되어 사용되기 시작한 것은 2016년 WEF에서 찰스 슈밥이 "차세대 산업혁명의 [진행] 방향을 탐색하기"(Navigating the Next Industrial Revolution)이라는 기조연설을 한 즈음이었다. 다음의 표에서 보이듯이 슈밥은 서구의 산업의 발달 과정을 3가지의 혁명단계로 설명하였고, 이제는 4차 산업혁명 단계로 접어든 것이 아닌가라는 자신의 의견을 피력하였다. 즉, 슈밥은 1784년 무렵 시작된 1차 산업혁명 시대에는 기계화 생산의 동력이 물과 증기였다면, 1870년 무렵 시작된 2차 산업혁명 시대에는 기계화 생산의 동력이 전기로 대체되었고, 대량생산이 가능해졌으며, 도시 노동자 계층이 탄생하게 되었다고 한다. 그리고 1969년 무렵 시작된 3차 산업혁명 시대를 설명하면서 슈밥은 기계화 생산의 동력에 대해서는 언급을 하지 않고, 그 대신 전자, 정보 기술 발전으로 초래된 자동화 생산을 언급을 짧게 한 뒤, 현재 20세기 중반 이후 어느 시점에서 디지털 정보화가 가속되면서 물리적 현실 공장 기반의 물품 대량, 자동화 생산, 가상 디지털 플랫폼 공장 기반의 하이퍼 물품의 대량, 자동화 생산, 그리고 생물체 기반의 바이오 생산이 가능해 졌다고 지하였다. 그러면서 그는 이러한 시대를 4차 산업혁명 시대라고 불러야 하지 않을까라는 의견을 제시하였고, 그 자리에 참석한 세계 경제를 이끌어가는 초상류 계층 엘리트들에게 미래 경제 활동과 관련하여 참조하고 깊이 생각해 볼 여러 가지 혁신의 가능성들과 시나리오들을 던져주었던 것이다. 하지만 그의 연설문의 맥락을 고려해 본다면,[13] 슈밥은 2016년 시점에서 일어나고 있었던 변화들(transformations)에 대해 3차 산업혁명 시대의 지속이라는 입장을 견지하고 있는 지식인 집단과 달리, 이제 4차 산업혁명의 시작이라고 봐야하지 않을까 하는 자신의 개인적인 주장을 펼치고 있던 것에 불과하다.

가령, 슈밥은 3차 산업혁명 시대를 설명할 때, 기계화 생산에 변화를 가져다 준 동력에 대해서는 언급을 하지 않았다. 왜냐면, 2차 산업혁명 시대를 가능하게 했던 전기가 그가 구분하는 3차 산업혁명 시대에도 여전히 생산의 동력으로 사용되고 있었고, 나아가, 그가 4차 산업혁명 시대라고 구분하고 싶은 현재에 여전히 기계화, 자동화, 바이오 생산의 동력으로 사용되고 있기 때문이다. 이런 점에서 지식인 – 학자들은 슈밥의 의견과 달리 상품의 생산과 유통의 면에서 세계 경제는 아직도 2차 산업혁명 시대의 연장선상에 있다고 주장하는 경우도 있다. 실제로 케빈 켈리(Kevin Kelley)[14]는 2016년 6월 밴쿠버

---

13) https://www.weforum.org/agenda/2016/01/the-fourth-industrial-revolution-what-it-means-and-how-to-respond/

14) Digital visionary Kevin Kelly was the publisher of the Whole Earth Review, co-founded Wired magazine, and established numerous nonprofits. Today he is a writer on business, biology, and "cool tools" for several prominent publications.

테드 서밋(TED Summit)에서 했던 연설에서 인공지능을 활용한 생산과 유통이 보편화되는 시기가 아직 도착하지 않았다고 주장하면서, 슈밥과 달리 현대 산업사회는 아직도 2차 산업혁명 시대로 진입하지 않았다는 주장을 한다. 켈리는 1차 산업혁명 이전 시대를 '농업 생산 혁명 시대'라고 부르면서 인류가 가축의 동력을 농업생산에 이용하면서 생산과 유통에 혁신을 기할 수 있었다고 지적하는데, 그가 보기에, 인류는 1차 산업혁명 시대에 '인공적 동력'(artificial power), 즉, 스팀이나 화석 연료를 사용하여 만들어낸 전기를 동력으로 삼아 농업생산 방식을 혁신할 수 있었을 뿐만 아니라 공업생산의 기계화(mechanization)를 이루었고, 그 이후로 지속적으로 자동화(automation) 생산의 방식으로 혁신을 이루어왔다는 것이다. 흥미롭게도 켈리의 시각에 따르면, 인류는 아직까지도 1차 산업혁명 시대를 살고 있는 것이며, 이제 앞으로 20여년에 걸쳐 모든 종류의 생산의 방식에서 새로운 연료 (가령, 태양광이나 수소연료)를 사용하여 발생하는 전기를 동력으로 삼아 인공 지능을 사용하여 생산과 유통 방식에서 혁신을 이루게 될 때, 그제서야 비로소 2차 산업혁명 시대로 진입하게 되는 것이 된다. 그렇다면, 인류는 앞으로 20여년의 준비 과정을 거친 후에야 마침내 2차 산업혁명 시대의 문을 열고 새로운 삶을 살아가게 되는 셈이다.

## 2) 한국의 인문 정신과 가치 사슬의 관점에서 서양의 관점과 시대 정의를 번역하는 작업이 필요하다.

하지만, 생산과 유통 방식에 있어서 기술적 혁신을 기준으로 삼기보다는 그러한 기술 혁신으로 인하여 인간 존재를 중심으로, 그중에서도, '쓸모없게 된 계층'(the useless class)의 존재 가치를 기준으로 시대를 구분한다면 한국인들은 슈밥이나 켈리와는 다른 관점에서 현 시대를 이해하고 정의할 수 있게 된다. 가령, 인간과 가축의 힘을 생산 동력으로 삼았던 농업생산 경제 시대에서 19세기 후반 전력이 생산과 유통의 동력으로 대체되고, 공업생산 뿐만 아니라 농업생산 방식에서도 기계화, 대량 생산이 이루어지기 시작하였던 그 시기는 분명히 1차 산업혁명 시대라고 구분지어질 수 있을 것이다. 하지만, 바로 이때 1차 산업혁명 시대에 진입하여 전 세계가 농업경제 체제에서 공업중심 대량생산 경제체제로 변화되는 바람에, 농업의 기계화로 일자리를 잃게 된 농군들과 기계화 생산 시대에 적절한 생산 기술을 습득하지 못하여 경제 활동이 불가하게 된 상당수의 소작농들은 소위 '쓸모없게 된 계층'으로 강등되었다. 이어, 각국에서 전국적인 도시화가 전개되는 가운데 그들은 도시로 이동을 하여 하루벌이 용역을 하는 빈민 계층으로 변모하였다. 하지만, 운이 좋아서 새로운 기술을 습득하고 공장에서 일하게 된 공장 노동자들 역시 1차 산업혁명 시대에 그들의 삶의 질이 나아진 것은 그다지 없었으며, 오히려, 농장주에서 공장주로 바뀐 자본가들의 노동 착취에 시달리는 하층 노동자 계급으로 변모하였다.

이 시기에 발생한 빈민 계층과 새로운 서민 계층에 대해 관심을 가지고 문학 활동을 한 작가로는 유럽을 대변하는 시인 샤를 보들레르가 있다. 이미 잘 알려져 있듯이, 보들레르의『파리의 우울』(1862)은 도시 변두리 지역이나 공원의 외로운 오솔길, 외딴 방 등등 화려한 도시 파리의 어두운 뒷골목을 산책하며 때로는 호기심 어린 시선으로 또 때로는 비탄에 잠긴 목소리로 도시 빈민의 삶과 애환을 관찰하고 사라진 것들 혹은 쓸모없어진 것들에 대한 향수와 그로 인한 우울감을 노래하였다. 또한 이 시기에 막스와 엥겔스가 출판했던

『공산당 선언』(1847)이 '쓸모없게 된' 도시 빈민층과 노동자 계층에게 수용되고 점차 이들이 프로레타리아트 계급의식을 형성해 나갔던 것은 이제 두말할 필요도 없을 것이다. 이 시기에 인류는 대가족 혹은 친지들과 더불어 사는 방식, 마을공동체 의식, 종교적 신앙과 전통적 공동 의례 등등 농업사회 공동체를 기반으로 습득하게 되는 arte-기술도 상실하기 시작하였다.

이후 1차 산업혁명 시대 이후로부터 지금까지 농업과 공업 생산의 동력은 여전히 전력에 보편적으로 의존하고 있다는 점에 주목한다면, 슈밥이 제 3차 산업혁명 시대라고 구분하는 시기, 즉, 1970년대 후반부터 생산과 유통의 관점에서 ICT기술이 접목되어 기계화 생산 방식이 자동화 생산 방식으로 변모하게 된 바로 그 시기는 제 2차 산업혁명 시대로 구분되는 것이 적절할 것이다. 이 시대에 진입하여 전 세계는 점차적으로 단일국 생산과 유통이 아니라 다국적 기업의 원거리 지역국 생산과 전 세계 유통을 기반으로 하는 신자유주의 세계경제체제로 진입하였고, 그에 따라, 또 다른 형태로 쓸모없는 계급이 탄생되었기 때문이다. 다시 말하여, 제 2차 산업혁명 시대에는 생산과 유통 방식의 자동화, 전산화가 보편화 되었을 뿐만 아니라 자본주의 시장경제가 더욱 발전하여 마침내 세계경제체제가 공고화되고 중심부와 주변부의 격차가 심화된 시기라고 할 수 있다. 이때 미국의 산업 구조가 제조업 중심에서 금융투자 중심으로 변모하고, 공장들 자체가 임금이 매우 싼 전 세계의 개도국, 가령, 베트남, 미얀마, 인도네시아 등등으로 원거리 지역 국가들로 이전하면서 제조업 자체가 후발 선진국 혹은 개도국으로 넘어가게 되었다. 그 결과, 제조업 분야에 종사하고 있었던 수많은 정규직 공장 노동자들의 대규모 실직 사태가 초래되었고,15) 제조업으로 유명세를 치르던 도시들이 갑자기 경제적 활기를 상실하는 사태도 일어났다. 이 시기에 자동화, 전산화 과정에 적합한 지식과 기술을 습득하지 못한 노동자들은 비정규직 노동자, 혹은 시급 노동자의 신세로 전락하게 되었으며, 일용직 자리조차 얻지 못한 대규모의 노동자들은 실업연금이나 사회보장제도에 의존하여 살아갈 수밖에 없는 '쓸모없는 계급'으로 변모하게 되었다. 그러면서 이들이 기존의 하층 계급과 빈민자 계층에 포함되게 되어 '가진 자'와 '못 가진 자'의 격차가 더욱 심화되었다. 더욱 심각하게는, 성, 인종, 계층 간 차별이 심화되고, 개인주의가 더욱 가속화되면서, 석유화학업체가 배출하는 유독물질을 처리하면서 질병에 걸려 마을 전체가 활기를 잃어버리고 쓰레기처럼 방치된 'Cancer Alley'로 쇠락한 경우도 있었다.

이처럼 '쓸모없게 된 계층'의 발생과 쓰레기 취급, 그리고 그로 인한 인간 존엄성의 상실이라는 기준으로 산업혁명의 시기를 구분할 때, 한국의 학자들은 슈밥이 제 4차 산업혁명 시대라고 구분하고, 켈리가 제 2차 산업혁명이라고 구분하는 현재와 다가올 미래의 시기를 ―굳이 숫자를 붙여 구분해야 한다면― 오히려 제 3차 산업혁명의 시대로 구분해야 하지 않을까라고 생각한다. 비록 지금도 여전히 생산의 동력으로서 전력이 사용되고 있다는 점은 변화가 없지만, 생산과 유통방식에 있어서 이제는 자동화, 전산화에 추가하여 인공지능과 디지털 플랫폼을 활용, 블록체인과 가상화폐 및 가상 은행을 활용하는 e-금융과 투자, 디지털 디바이스와 3D 프린터를 활용한 원격 조종과 하이퍼 물품의 소규모 생산과 유통, 생물체를 기반으로 하는 바이오 물품의 생산과 유통을 기반으로 하는 새로운 글로벌 e-커머

---

15) 미국 디트로이트의 경제 불황

스 경제체제가 성립되었기 때문이다. 이로 인하여, 전 세계적으로 다양한 직종에 종사하던 정규직, 비정규직, 일용직 노동자들이 대거 일자리를 잃게 되는 현실이 펼쳐지고 있으며, 앞으로는 더욱 그 기세가 강화될 것으로 예측된다.

다시 말하여, 미래를 예측하는 학자들은 인공지능(ANI, artificial narrow intelligence)의 상용화와 대중화의 속도가 빨라지게 되면서 앞으로 20년 이내에 전 세계적으로 수 억 명의 사람들이 일자리를 잃게 될 것이며, 현재 대학에서 가르치는 지식과 기술 대부분이 2040년의 노동시장에서 완전히 무용지물이 될 것이라고 경고하고 있다. 가령, 칼 프레이나 마이클 오스본의 연구를 보면[16], 2033년까지는 텔레마케터, 각종 보험 업무자가 알고리즘에 의해 대체될 것이며, 요리사의 96퍼센트, 웨이터의 94퍼센트, 법률비서의 94퍼센트, 여행가이드의 91퍼센트, 버스운전사의 89퍼센트, 안전요원의 84퍼센트 등등 현재의 직종에 종사하는 수 억명의 사람들이 직업을 가질 수 없을 것이며, 남게 되는 소수의 직종은 고도로 전문화된 역량을 지닌 인적 자원들이 차지하게 될 것이라고 예상됩니다. 더불어, 유발 하라리[17]는 약 20년 이내로 상용화된 인공지능(ANI)을 통제하는 고도 인공지능 (AGI, artificial general intelligence)와 초고도 인공지능 역시 상당한 정도로 혁신되어 있을 것이라고 예상하면서, 고도로 전문화된 소수 계층과 ANI 기반 자동화가 이루어져도 경제적 이윤이 남

---

16) Carl B. Frey and Michael A. Osborne, "The Future of Employment: How Susceptible Are Jobs to Computerization?"
www.oxfordmartin.ox.ac.uk/downloads/academic/The_Future_of_Employment.pdf

17) Yuval Harari, "The Rise of the Useless Class."
https://ideas.ted.com/the-rise-of-the-useless-class

지 않는 육체노동직에 종사하는 일용직 계층을 제외한다면, 대부분의 공무원, 회사원, 일반 노동자들이 현재의 디지털 기술 교육을 받는다고 해도 온전한 경제 주체로 존재하지 못할 것이라고 보고 있다. 이처럼 과거와 마찬가지로 현재와 다가올 미래에도 새로운 형태의 '쓸모없게 된 계층'이 대대적으로 발생하게 될 것이라는 점에 대해 학자들의 이견이 거의 없는 상황을 고려할 때, 이 시기는 3차 산업혁명의 시대라고 불리는 것이 적절할 것이기 때문이다.

  이러한 이유에서, 현재 한국사회에서 무심코 기계적으로 사용되는 '4차 산업혁명'이라는 표현은 그 적절성이 재고될 필요가 있다. 서양 학자들 사이에서 조차 서구 사회의 산업발전 역사와 시기를 구분하는 작업을 두고 의견이 분분하여 '4차 산업혁명'이라는 표현을 사용할 때 조심하는 상황에서, 한국의 각계 지도자들이 한국이 세계정치 질서에서 처하고 있는 위치와 동아시아의 지정학적 위치 그리고 그에 따른 역사와 문화의 특수성을 고려하지 아니하고, 슈밥이라는 한 사람의 경제인의 전망에 따라 ─물론 그가 전 세계적으로 행사하는 소프트파워를 무시하지는 말아야 하겠지만─ 무비판적으로 반응하며 '4차 산업혁명 시대'를 마치 이미 확정된 시대구분인양 무분별하게 수용하는 것은 분명 뒤탈이 있을 것이기 때문이다. 즉, 한국 국민 전체의 시간을 서구세계의 시계에 연동시키고, 서구 선진국들의 경제속도에 따라 앞뒤, 양옆 재지 않고 뛰어가면서 사회, 문화, 교육 영역들에게 동일한 속도로 변화와 혁신을 요구하는 것은, 20세기 현대 산업사회 문화지체 현상에 대해 연구했던 윌리엄 오그번(William Ogburn)이 지적했던 것처럼 '집단 현기증'을 일으킬 가능성이 농후하다는 것이다.

### 3) '글로벌 인문학'의 이니시어티브: 한국의 국가 브랜드 정체성과 소프트 파워 경쟁력 제고를 위한 새로운 접근이 필요하다.

이런 맥락에서 필자는 한국의 사상, 역사, 문화를 가공하여 한국의 국가 정체성을 확립하고 국제 무대에서 소프트 파워를 제고하기 위한 하나의 방편으로서 '글로벌 인문학'을 제안한다. '글로벌 인문학'이란 한 마디로 한국인으로서 가지는 인간과 삶의 제반 문제들이 전세계인들이 가지는 인간과 삶의 제반 문제들과 다르지 않다는 점을 통시적, 공시적으로 예증하고, 각 지역의 현안 문제에 대해 국제 공동연구를 수행함으로써 국제적 공감대를 형성하고 지구촌의 사회적 변화를 추동하고자 하는 인문학 연구이다. 특별히, 필자는 그간 수행했던 비교세계 문학·문화 연구와 마이너리티 담론을 토대로 본격적으로 한국의 인문가치를 담은 문화를 전문가 지식인 계층이 이해하고 공감할 수 있는 영어로 가공하여, 국제적 맥락에서 다양한 학문들 사이의 교차 연결적 확장과 이론과 현장의 공감적 반향을 이루어 내고자 '글로벌 인문학'이라는 새로운 학문 분야를 제안하고자 한다. 이미 필자는 2019년 국내외 학자들과 함께 글로벌 인문학 연구단을 구성하고 글로벌 인문학 연구소(Institute of Global Humanities)를 개원하였다. 그리고 '인공지능, 초연결, 초국화'라는 21세기 '메가트렌드'에 부응하여 초국적 역사를 의식하여 현 시대를 '초연결 시대'(the Age of Hyper-Connection)로 명명하고 인류의 정신문화유산을 연구 소스로 삼아 인문학의 세계화를 지향하는 학술활동을 시작하였다. 다가올 21세기 인간의 삶의 양식과 존재 조건이 과거와 현재에 비해 어떻게 달라질 것인가에 대해 구체적으로 상상하고, 기존의 서양 인문학 중심적 사유의 패러다임과 용어들을 한국 사상, 역사, 문화 전통을 기반으로 보완하여 21세기 인류애에 대해 한국의 청년세대들이 알만한 가치가 있는 지식으로 새롭게 쓰고 뉴미디어를 통해 발신하여 그들이 급변하는 정보화 시대에 창의적으로 대응할 수 있는 관점과 태도를 함양할 수 있도록 하기 위해서이다.

　무엇보다도, 21세기에 접어들어 전 세계의 경제와 정치가 글로벌 통합성을 가속화 하는 가운데서, 필자는 인문학 연구와 교육의 목표 역시 과거 20세기의 지향, 즉, 개별 국가의 시민 양성의 임무에 두어졌던 국가중심주의에서 벗어나 현재에 등장하는 초국적 면모에 관심을 기울이고 그 양상들이 예증해 주는 세계시민중심주의로 그리고 글로벌 통합성의 역사를 조명하는 방향으로 나아갈 필요가 있다고 여긴다. 즉, 개별국가의 사회, 경제, 문화적 발전과 미래가 이제는 결코 독자적, 자족적일 수 없으며, 앞으로 더욱 다양하고 밀접한 방식으로 세계 모든 국가들과 시민들이 각자의 생존과 인간의 존엄성을 유지하기 위해 서로 상호작용을 하고 소통의 혁신을 이루는 가운데 글로벌 역사를 진행시켜야 한다는 인식이 점점 확산되는 상황에서, 한국의 인문학자들 역시 20세기와 다른 21세기 인류애는 무엇인가라는 물음을 제기하고, 답을 찾기 위해 과거의 글로벌화 역사 시기를 동양 중심도 아닌 서양 중심도 아닌 공동의 시선으로 다시 바라볼 필요가 있을 것이다. 동시에, 뉴 미디어를 활용한 뉴 라이팅이 대세가 된 21세기에 한국의 인문학자들이 STEM(과학, 기술, 공학, 수학) 분야의 학자들의 공동연구 모델을 차용하여 국내외 공동연구를 진행할 필요가 있다고 여긴다. 즉, STEM 분야의 국내외 학자들은 국내외 공동연구를 수행하는 가운데 최신 정보와 지식을 원활하게 공유하고 그들의 연구 성과를 전 세계로 발신하여 과학과 기술 분야에서 혁신을 이루는 데 기여할 뿐만 아니라 글로벌 통합성을 자연스럽게 드러내는 학문의 역사를 발전시켜왔기 때문이다.

반면, 국내 인문학 분야의 학자들은 국제 공동어로 여겨지는 영어 스킬의 장애로 인하여 국제 학자들과 동등한 수준에서 최신 정보와 지식을 원활하게 토론하고 공유하는 국제 공동연구를 수행하는데 어려움을 겪어왔다. 더불어, 19세기와 20세기 인문학 연구에 있어서 주요 이론적 패러다임과 용어들이 서양의 국가들에서 발원하였던 탓에 국제 인문학 학술계에서 글로벌 통합성이 드러난다는 것의 의미는, 서양 인문학계의 사상, 미학, 문화의 새로운 패러다임이 전 세계 학계에서 수용되는 것을 의미하는 것으로 인식되어 왔다. 하지만, 서양 인문학계, 혹은 필자의 전공분야인 미국시 연구사를 찬찬히 들여다보면, 20세기 초 영미권에서 일어나 전 세계적으로 영향력을 미쳤던 이미지즘은 사실상 일본 미학의 영향 덕분인데, 사실상 그 일본 미학이라는 것이 고대 중국 중심의 한자문화권의 기반에 뿌리를 내리고 있으며 한국 고대, 중세 미학 덕분에 혁신된 것이라는 점은 이미 한국의 인문학자들이라면 거의 대부분 공감할 것이다. 그렇다면, 국내 인문 학자들이 공동 연구를 진행하여 한국의 미학이 언제나 중국, 일본 미학에 종속된 아류가 아니라 동양 미학을 구성하는 유의미한 문화소였다는 점을 국제학계에서 통용되고 있는 비평이론과 영어를 사용하여 학문적으로 주장하고 국제적으로 발신하는 작업이 필요한 것이다. 필자가 보기에 한국 인문학자들만이 할 수 있는 이러한 작업을 통해 세계인의 공동의 정신문화유산를 다루는 연구 분야에 내재한 글로벌 통합성이 언제나 서양 세계에서 동양 혹은 비서구권 세계로 흐른다고 단언할 수 없다는 점이 드러날 수 있으며, 결과적으로 한국의 인문 정신과 가치가 세계 인문학 발전에 기여하는 효과를 낼 수 있을 것이다.

더불어, 한국 인문학자의 시각으로 동서양의 산업발전의 역사의 맥락 속에서 다가오는 차기의 산업혁명 시대 속에서 '쓸모없게 된 계급'으로 전락하게 될 지도 모를 차세대 세계 각국의 지역 대학생들의 새로운 인문 - 기술 교육에 초점을 두는 국제공동연구를 수행할 필요가 있다. 지금도 한국의 지방대 인문대 학생들을 지칭하며, '지잡대'라는 유행어가 퍼져 있는데, 앞으로 20년 이내에 이들이 다시 한 번 '10퍼센트의 엘리트 그룹'과 '90퍼센트의 쓸모없는 계급'으로 범주화된다면, 그때 그들이 가지게 될 분노는 상당할 것이기 때문이다. 아무리 취업 장려금, 실업 급여, 사회보장기금 지원 등등을 제공해 준다고 하여도, 다수의 차세대 청년들이 '인간적으로' 자신의 존재가 '그런 식으로' 취급되는 현실을 순순히 받아들이기 어려울 것이라는 점은 명약관화이다. 그러나, 이것은 단지 한국의 문제만이 아니다. 일본, 미국, 중국의 교육계가 모두 이런 현실을 걱정하고 있기 때문에, 필자는 한국의 인문학자들이 곧 다가올 현실에 대해 진지하게 고민하고, 디지털 정보 기술에 인간중심의 관점을 더할 수 있는 방법들에 대해 모색해 보는 이니시어티브를 선점할 수 있을 것이라고 여긴다.

## 4 한국의 소프트파워 경쟁력과 인문 학자의 역할

지금까지 한국의 하드 파워와 소프트 파워의 세계 경쟁력 강화를 통해 국가 브랜드를 제고하는 지향점을 가지고 소박하게나마 필자의 의견을 서술하였다. 사실, 아직도 기계에 의존한 대량생산과 자동화 시스템에 따른 물류유통의 양식이 유지되고 있고, 또 인간관계와 사회생활에 있어서 20세기 아날로그 방식과 21세기 디지털 방식이 공존하고 있다. 하지만, 미래학자들이 주상하듯이, 정보기술과 과학 지식의 발전으로 인하여 인류는 호모 사피엔스로서 살아가는 방식과 호모 에코노미쿠스로서 일하는 방식, 그리고, 호모 소시올로지쿠스 혹은 호모 루덴스로서 사회적 관계를 맺는 방식에 근본적이고 대대적인 변화가 일어날 것이라는 점이 분명하다. 그러므로 필자는 21세기 초연결 시대가 진전할수록 한국의 인문학자들이 정보화 기술에 인문학적 관점을 더하는 인문 - 기술에 관심을 갖고 한국 인문정신과 가치에 기반을 둔 공동연구를 수행하여 국제적으로 발신하는 역할을 하는 무엇보다 중요하게 될 것이라는 점을 강조하고 싶다.

그간 한국의 학계에는 한국의 인문 정신과 가치들에 대해 분석한 연구 업적들이 축적되어 있으며, 다만, 그러한 개별적 연구 성과들이 아직까지 적절한 학술 영어로 개념화, 담론화되는 작업이 미루어져 있었다. 한국이 정보화 기술 분야에서 선두를 달리는 상황이고 한국의 STEM 분야 학자들이 국제적 영향력을 발휘하여 한국의 하드파워 경쟁력을 증진시키고 있는 상황에서, 필자는 이제 한국 인문학자들이 그간의 업적에 자부심을 가지고 개별적 인문학적 관심과 국내외 인문학자들의 인문학적 관심에 초연결시켜 세계 각국의 인문학 분야에서 학술적 시너지 효과를 발생시키는 카탈리스트의 역할을 담당하려는 도전을 해봄직 하다고 생각한다. 그 일환으로서 필자와 국내외 공동연구자들은 글로벌 인문학 연구라는 새로운 연구의 씨 앗을 심은 단계에 불과하지만, 한국 인문학 아카이브에서 글로벌화된 역사를 발굴하여, 영어로 가공하고, 뉴미디어를 통해 국제적으로 발신함으로써 세계 학술계에서 인문학 아젠다 설정의 이니시어티브를 주도하고, 국내외 학술 공조 체제를 실행해 나가는 시도를 하고

자 한다. 이러한 시도를 통해 필자는 한국의 인문학자들이 그동안 동양에서 이상화되고, 관념화되고, 유형화 되었던 서양 개별국가들의 문화 컨텐츠와 서양에서 단순화되고, 이국화되고, 컬트화 되었던 한국을 포함한 동양의 개별 국가들의 문화 컨텐츠를 동시에 재검토하여 동양과 서양의 인문학 모두에게 신선한 자극과 기운을 불어넣는 계기를 제공하는 미래를 기대한다. 더불어, 교육, 문화, 외교 분야에서 한국의 소프트파워를 강화하고 한국의 국가브랜드를 혁신하는 공공의 작업에서 STEM 분야의 학자들과 균형을 맞추어 기여하는 미래를 희망한다.

# 한국의 '인문자산'으로
# '한류'의 뿌리를 형성해야 한다*

위 행 복


**1** '소프트파워'는 인류사회의 발전에 기여할 수 있는 개념이다.

(1)

자동화와 인공지능에 의해 반복적이거나 단순한 노동들이 기계로 대체되는 상황이 빠르게 진행되고 있다. '4차 산업혁명(the fourth industrial revolution)'이라는 용어를 제기함으로써 급속한 기술발전의 앞날에 대한 논쟁을 활성화시킨 클라우스 슈밥(Klaus Schwab)은 계층 격차의 심화와 인간소외의 확대를 미래 사회의 주요 문제점으로 지적했다. 인공지능과 자동화가 창출할 혜택이 소수의 개인이나 기업에 의해 장악될 수 있으며, 심지어는 의학 발달의 혜택이 부유한 소수에게만 집중되는 현상조차도 초래될 수 있다는 것이 그의 생각이다.

---

\* 본고는 「4차 산업혁명 시대 人文學의 展望 - '材'와 '不材'의 사이」(『한중언어문화연구』 제47집, 2018), 「인문적 소프트파워 자원으로 국가브랜드 제고를 도모해야 한다」(국회토론회 『한국의 소프트파워, 이대로 괜찮은가?』 발표논문, 2018.8.27.), 「'소프트파워 인문학'의 정착을 위한 제언」(『한중언어문화연구』 제55집, 2020) 등에서 '인문적 소프트파워'에 관해 피력했던 생각들을 모으고 보완한 결과이다.

４차 산업혁명이 전개되면 이러한 구조적 변화로 인해 불평등이 더욱 심화될지도 모른다. 로봇과 알고리즘이 점차 노동을 자본으로 대체하고, 투자는(더 정확하게는 디지털 경제하에서 사업을 할 때) 자본 집약성이 완화될 것이다. 다른 한편으로 노동시장은 전문적 기술이라는 제한된 범위로 더욱 편중될 것이고, 전 세계적으로 연결된 디지털 플랫폼과 시장은 소수의 '스타'들에게 지나치게 큰 보상을 주게 될 것이다.[1]

사회적 불평등을 뛰어 넘는 불평등의 가능성도 묵과할 수 없다. 존재론적 불평등은 그 단어 자체가 의미하는 것처럼 수용하는 사람과 저항하는 사람 그리고 물질적 승자와 패자로 갈라놓게 될 것이다. 승자는 ４차 산업혁명의 특정 분야(유전공학과 같은)로 가능해진 인간의 근본적 개선에서 오는 이점을 누리게 될 수도 있지만, 패자는 그렇지 못할 것이다. 때문에 우리가 한 번도 겪지 못했던 종류의 계층 간 갈등과 충돌을 야기할 위험이 있다.[2]

인공지능의 발전과 기계의 활용이 노동의 효율성을 높이고 인간을 힘들고 위험한 노동으로부터 벗어나게 만드는 것은 과학기술이 인류사회에 기여한 공로이다. 그러나 이는 사회적 취약 계층을 생산적 노동 과정으로부터 배제하거나, 기술발전이 창출하는 혜택을 소수의 개인이나 기업이 장악하게 만들 수도 있다. 그리고 이러한 상황이 진전되면 생물학적으로까지도 불평등이 야기될 수 있다. 의학 발달의 혜택이 부유한 소수에게만 집중되고, 그들만이 오래도록 안락한 삶을 누리는 극단적 현상이 빚어지는 상황까지도 배제할 수 없는 것이다.

---

1) 클라우스 슈밥(Klaus Schwab) 지음, 송경진 옮김, 『클라우스 슈밥의 제4차 산업혁명』, 새로운 현재, 2016, 148-149쪽.
2) 앞의 책 157쪽.

두어 해 전에 우리사회는 정보통신기술과 미디어의 발달이 개인의 정치적·문화적 자유와 참여 기회를 확대할 수 있음을 경험했다. 기술의 발전은 인간의 선택에 따라 얼마든지 다른 결과를 빚어낼 수 있지만, 지금처럼 소수가 자본과 기술을 독점해가는 상황을 방치한다면, 결국에는 재화와 권력을 독점할 수 있는 계층이나 집단에 의해 대다수 사람들의 자유가 억압될 것이다. 고도의 안면인식 프로그램 등 '빅브라더'의 출현을 현실화할 수 있는 기술과 장비가 이미 등장했고, 대중은 편리함을 제공받는 과정을 통해 개인적 영역을 과도하게 노출하고 있어서, 대다수가 정밀한 감시망 속에 놓이게 되어 자유와 존엄을 잃는 상황이 현실로 다가올까 우려된다.

> 정부가 기술의 결합을 활용해 정부와 기업의 활동에 투명성을 요구하고 변화를 촉구하는 시민사회와 개인 그룹을 진압하거나 탄압하려 할 수도 있는 매우 현실적인 위험이 있다. 전 세계적으로 많은 국가에서 실제로 정부가 시민사회 그룹의 독립성과 활동을 제한하기 위해 법과 정책을 마련하면서 시민사회가 목소리를 낼 수 있는 공간이 줄어들고 있다는 증거가 있다. 4차 산업혁명의 기술은 건강하고 열린사회에 어긋나는 새로운 형태의 다양한 감시와 통제를 가능하게 한다.[3]

인간의 미래에 대한 많은 우려에도 불구하고 과학기술은 급속도로 발전하고 있으며, 또한 멈추지도 않을 것이다. 그렇기 때문에 인간의 가치와 존엄성을 유지하려면, 그리고 대다수 사람들의 존엄한 삶을 보장하려면 인문학적 사유의 발전과 확산 그리고 제도적 실천

---

3) 앞의 책, 155쪽.

에 더욱 많은 관심과 지원이 투여되어야 한다. 인간이 기계와 계산능력을 겨룬다면 삼류컴퓨터 수준에도 미치지 못하는 것이 당연하다. 인간이 기계와 비교되지 않고, 인공지능이 인간을 보조하는 수단이 되도록 하려면, 인간을 도구화하는 관점을 벗어나 인간의 주체성을 존중하며, 인간의 창의력과 감성능력이 중시되는 이념과 사회구조를 창출해야 한다.

고도로 정밀한 기계들이 운용되는 사회에서도 인간을 억압하거나 인류를 위기에 빠뜨리는 것은 결국 인간일 수밖에 없다. 그렇기 때문에 과학의 발전이 인간의 자유를 신장하고 인간을 해방시키며 삶의 질을 향상시키는 토대가 되도록 하려면, 인류 스스로 삶의 가치와 목표를 디자인하고 실현할 수 있어야 한다.

> 결국 모든 것은 사람과 가치의 문제로 좁혀진다. 문화와 국가, 소득계층을 넘어 모두가 4차 산업혁명과 그것이 가져올 문명사회의 문제점에 대해 배워야 할 필요성에 대해 인식하도록 함께 노력해야 한다. 인간을 최우선으로 여기고 인간에게 힘을 실어주는 새로운 과학기술은 결국 사람에 의해, 사람을 위해 만들어진 가장 중요한 도구임을 항상 기억하면서 모두를 위한 미래를 함께 만들어가야 한다.[4]
> 결국에는 이 모든 것이 사람의 가치로 귀결된다. 우리는 미래를 만들되 사람을 제일 우선으로 하고, 사람에게 권한을 위임함으로써 미래가 우리 모두를 위한 것이 되도록 해야 한다. …… 4차 산업혁명은 인간 본성의 정수인 창의성·공감·헌신을 보완하는 보완재의 역할을 하며, 우리의 인간성을 공동 운명체라는 생각에 바탕을 둔 새로운 집단적 윤리의식으로 고양시킬 수도 있다. 후손들의 번영이야말로 우리 모두의 책임인 것이다.[5]

---

4) 앞의 책, 260-261쪽.

'자본'과 '권력'의 유착에 '기술'까지 가세한다면, 인류는 지금까지 겪지 못했던 억압과 착취 구조를 스스로 선택하는 상황에 놓이게 될지도 모른다. 자본과 권력과 기술이 유착하면 '섬세하고, 유쾌하고, 정교한' 형태로 착취 구조가 만들어지고 운용될 수도 있을 것이기 때문이다. 인문학은 늘 '인간 존엄의 구현'을 본령으로 삼아 왔는데, "특이점(singularity)"6)의 도래까지도 거론되고 있는 미래의 세상에서는 인문학적 사고와 실천이 삶의 근간을 형성해야만 할 것이다.

## (2)

기술의 힘을 빌려 인간이 힘들거나 위험한 노동으로부터 벗어나게 된다면(배제가 아닌), 인간이 생존을 위한 물질적 생산 과정으로부터 자유로워진다면, '삶의 의미와 가치의 창출'에 더욱 많은 관심과 노력을 기울이는 세상을 만들어야 한다. 인공지능과 로봇이 인간을 더 자유롭게 하고 삶의 질을 높이도록 하는 세상을 만드는 것은 인류의 선택이다. 4차 산업혁명과 관련한 '사회적 안전망(社會的 安

---

5) 클라우스 슈밥, 「4차 산업혁명의 도전과 기회」, 『4차 산업혁명의 충격』, 클라우스 슈밥 외 26인 지음, 김진희 · 손용수 · 최시영 옮김, 서울, 흐름출판, 2016, 28쪽.

6) 인공지능이 비약적으로 발전해 인간의 지능을 뛰어넘는 시점을 말한다. 이에 대해 가장 구체적인 전망을 한 사람은 미국 컴퓨터 과학자이자 알파고를 개발한 구글의 기술부문 이사인 레이먼드 커즈와일이다. 커즈와일은 2005년 저서 《특이점이 온다》를 통해 2045년이면 인공지능(AI)이 모든 인간의 지능을 합친 것보다 강력할 것으로 예측하면서, 인공지능이 만들어낸 연구 결과를 인간이 이해하지 못하게 되며 이는 인간이 인공지능을 통제할 수 없는 지점이 올 수 도 있다고 경고했다.(『네이버 지식백과』)

全網)'의 구축에 진지하게 임해야 할 것이고, 기술발전의 열매를 고루 분배할 사회를 만들 인문학적 대안을 제시하고 실천할 수 있어야 한다.

우선적인 과제는 '기술과 기계의 발전에 의한 인간소외'의 극복일 것이다. 소극적인 방법으로는 노동자들이 새로운 환경에 적응하면서 노동으로부터 배제되지 않도록 재교육시키는 방법이 있다.[7] 그러나 노동자들의 재교육과 새로운 환경에의 적응은 쉽게 해낼 수 있는 과제가 아닐 것 같다. 예측을 뛰어넘는 속도로 발전하고 있는 인공지능과 로봇이, 단순하고 반복적인 노동뿐만 아니라 상당 정도의 정밀함이나 판단력을 요구하는 노동에 있어서도 인간을 대신할 가능성이 없지 않기 때문이다. 인공지능과 로봇이 사회와 개인이 따라가기 버거울 정도로 빨리 진행될 것이 우려된다면, 대다수의 인간이 기본적인 존엄을 유지할 수 있는 제도 마련을 서둘러야 한다. 그리고 인류가 최소한의 품위를 유지하는 삶을 누릴 수 있도록 하는 제도의 수립, 즉 '사회적 안전망'의 구축에는 인문학적 탐구와 실천이 수반되어야 한다.

국제구호기구 옥스팜(Oxfarm)이 2017년 1월에 발표한 '99%를 위한

---

7) 미국 정부는 2016년 12월에 『인공지능, 자동화 그리고 경제(Artificial Intelligence, Automation and the Economy)』라는 보고서를 발표하였는데, "인공지능이 활성화될수록 대다수 노동자들의 임금이 상승하고, 여가 기회가 늘어날 가능성이 훨씬 높다. 다만 이를 현실화하기 위해서는 기술변화에만 의존할 것이 아니라 좋은 정책과 제도를 선택하는 것이 필요하다."고 하면서 새로운 상황에 대처할 역량으로 아래와 같은 방침을 제시하였다.
전략1: 가능한 한 많은 혜택을 창출할 수 있도록 인공지능에 투자하고 개발
전략2: 미국인들을 교육하고 훈련시켜 미래의 일자리에 대비
전략3: 성장의 과실을 나누도록 전환기의 노동자를 지원하고 역량을 강화

경제' 보고서에 따르면 빌 게이츠를 비롯한 8명이 차지하고 있는 재화가 세계 인구의 아래쪽 절반이 갖고 있는 부와 맞먹는다고 하며,[8] 2020년 1월에 발표한 자료에 의하면, 세계 상위 1%의 부자가 전 세계 인구 90%에 해당하는 69억 명이 보유한 재산의 2배 이상을 차지하고 있는 것으로 나타났다. 옥스팜은 부의 과도한 편중 원인으로 잘못된 과세제도(課稅制度)를 꼽으면서, 세계 1% 부자들에게 향후 10년 동안 0.5%의 세금을 추가로 부과할 경우, 1억 개가 넘는 일자리를 창출할 재원을 확보할 수 있다고 분석했다.[9]

인문학은 자유와 평등의 가치 구현과 인간의 존엄성 유지를 본령으로 삼는 학문이다. 당장의 가시적인 성과를 가져다주지 않고, 그 효과가 비물질적인 형태로 드러나기 마련이지만, 삶의 저변을 맥맥이 흐르면서 인류사회 발전의 근간이 된다. 인문가치가 소프트파워의 핵심 영역에 자리 잡고, 소프트파워 신장이 인류 문화의 정수를 확산시키는 과정이 될 수 있다면, 고도기술 시대의 사회적 안전망 구축을 비롯해, 더욱 존엄한 삶을 추동하는 원리로 소프트파워 개념이 작용할 수 있을 것이다.


(3)


'소프트파워(Soft Power)'는 군사력·경제력 등의 물리적이고 강제적 속성을 지닌 힘을 지칭하는 '하드파워(Hard Power)'와 대비되는 개념이다. 이 용어는 조지프 나이(Joseph S. Nye)가 가장 먼저 사용한

---

8) 「"최고 부자 8명 재산=세계인구 절반 규모" - 옥스팜」, 『뉴스핌』, 2017.01.16.
9) 「전 세계 커지는 부의 불평등… 공정한 과세 필요」, 『연합뉴스 TV』, 20.01.27.
   https://www.yna.co.kr/view/MYH20200127003500038?section=video/international

것으로 알려져 있는데, 그는 소프트파워를 "강제나 보상보다는 사람의 마음을 끄는 힘으로써 원하는 것을 얻는 능력"으로 설명했다. 나이는 "한 나라의 소프트파워는 주로 세 가지 형태의 자원, 즉 (호감을 사고 있는 지역에서의) 그 나라의 문화와, (국내외에서 그대로 따르고 지키는) 그 나라의 정치적 가치관, 그리고 (정당하고 도덕적 권위를 지니는 것으로 인식되는) 그 나라의 대외정책이 그것이다."[10]라고 설명함으로써, '자유·민주·평등'처럼 인류의 번영을 도모할 수 있는 정치적·인문적 가치들이 소프트파워를 구성하는 주요 요소가 된다고 주장했다.

　　다른 나라 사람들이 보기에 미국의 여러 가지 정책이 정당할 때 미국의 소프트파워는 강화되는 것이다. 미국은 오래 전부터 엄청난 소프트파워를 지니고 있었다. …… 다른 나라들이 자국의 이상적 목표를 흠모하게 만들고 나아가 자국이 원하는 것을 그대로 바라게 끔 만들 수 있다면, 이들 나라를 자국이 원하는 방향으로 움직이도록 만들기 위해 굳이 위협하거나 회유책을 쓸 필요가 없다. 매력은 언제나 강제보다 효과적인데, 가령 민주주의와 인권, 개인적인 기회의 보장과 같은 여러 가지 가치는 사람을 매료시키는 힘이 강하다.[11]

　1980년대에 들어서면서부터 국제사회에서 미국의 주도적 위상이 흔들리고 있다는 논의가 진행되었는데, 나이는 미국이 막강한 소프트파워를 보유하고 있다는 점을 부각시킴으로써 미국이 쇠퇴하고 있다는 주장을 반박했다.[12] 냉전이 종식된 후의 여건 속에서, 미국의

10) 조지프 S 나이 지음, 홍수원 옮김, 『소프트파워』, 세종연구원, 2004, 39쪽.
11) 앞의 책, 8-9쪽.

위상을 유지할 수단으로써 '소프트파워'라는 힘에 착안한 것이다. 그리고 '9·11 테러'라는 대형 사건이 발생하고, 미국이 자국의 목직을 관철하는 수단으로 군사적·경제적 압박과 같은 하드파워를 과도하게 사용해 반미감정을 확대시켰기 때문에 패권의 위기를 맞았다는 인식이 널리 확산되면서, 나이의 주장 더욱 주목받게 되었다.

지미 카터 정부에서 국방차관보를 지낸 경력이 있는 나이의 '소프트파워' 개념은 냉전이 종식된 후의 정보화·지구화 환경에서 미국의 지배적 영향력 유지를 위해 제기된 이론으로 해석될 소지를 다분히 품고 있다. 새로운 수단과 경로를 통해 미국의 지속적인 패권 유지를 도모하는 이론적 틀로 해석될 소지가 많은 것이다.

> 군사력 유지의 중요성을 부정할 생각은 조금도 없다. …… 파워는 다양한 모습을 지니며, …… 소프트파워는 파워의 한 형태일 뿐이다. 따라서 이러한 소프트파워를 미국의 국가전략 속에 끼워 넣지 않는다면 이는 중대한 실책이 될 것이다.[13]
> 빈틈없는 파워란 하드파워도, 소프트파워도 아니다. 이 두 가지를 겸비한 파워이다.[14]
> 위협이나 보상 수단으로 타국의 행동을 억지로 변화시킬 필요 없이 원하는 결과를 얻을 수 있는 능력이 그것이다.[15]

---

12) 나이는 1990년에 『Bound to Lead: The Changing Nature of American Power』를 통해 '소프트파워' 개념을 제출했는데, 2004년에 발표한 『Soft Power-The Means to Success in World Polotics』는 우리나라에서도 번역되어 큰 반향을 일으켰다.
13) 앞의 책, 8쪽.
14) 앞의 책, 14쪽.
15) 앞의 책, 46쪽.

‘강제나 위협 혹은 회유’가 아닌, ‘매력(魅力)’을 통한 ‘설득과 동의’를 통해 ‘자발적 협조’를 도모한다고 하지만, 정보통신기술이 고도로 발달한 상황에서 미디어와 네트워크 장악력을 보유하고 있으며 국제사회에서 통용되어 온 가치와 의제 및 문화의 주도권을 지닌 나라에게 매우 유리할 수 있는 개념이기 때문이다. 브렉시트를 선언한 이후 영국은 ‘영국적 가치, 민주주의, 경제적 및 정치적 자유, 영어, BBC, 문화예술, 문화유산’ 등등을 영국의 소프트파워 자산으로 간주해 육성하겠다고 천명했고,[16] 미국의 오바마 대통령은 당선사례 연설에서 “진정한 미국의 힘은 자유, 민주, 기회, 희망과 같은 이념의 힘”이라고 언급했다. 제국주의 시기와 냉전 시기의 세계질서 속에서 중추적 역할을 해 온 양국이 여전히 국제사회의 의제를 점하면서 자국문화의 확산을 도모하는 것이다.[17]

나이는 하드 파워와 소프트 파워의 조합 공식으로서 스마트 파워를 강조하면서도 하드 파워를 제대로 갖추지 못한 나라가 소프트 파워를 창출하려면 어떻게 해야 하는지에 대해서는 침묵한다.[18]

그러나 시각을 바꿔서 바라보면 ‘소프트파워’는 인류사회의 발전에 기여할 요소를 다분히 포함하고 있는 개념이기도 하다. 소프트파

---

16) 김새미, 「외교대상(target)과 실행체계를 중심으로 본 문화외교의 쟁점과 추이 – 영국과 독일 사례를 중심으로」, 『통합유럽연구』 제9권 1집, 2018, 128쪽 참조.
17) 홍성욱은 “‘문화적 제국주의’ 속에서 무엇보다 우리가 놓치면 안 되는 것은 제3세계로 확산되는 서구 문화 중에 민주주의, 개인주의, 남녀평등의 사상과 제도 같은 긍정적인 요소가 있다는 것이다”라고 말했다. 옳은 지적이다. 균형 감각을 갖고 문화제국주의의 두 얼굴을 동시에 보는 게 좋을 것이다. 강준만, 「문화전쟁이 없는 세상은 가능한가?」, 『세계문화전쟁』, 인물과사상사, 2010.
18) 김상배 엮음, 『소프트 파워와 21세기 권력』, 한울, 2009, 28쪽.

위의 세계에서는, 억압이나 회유 등의 방법을 쓰지 않고 보편적 공감을 확보할 수 있는 유·무형의 자원을 활용하며, '감화'라는 경로를 통해야만 자발적 동의와 협조와 지지가 획득되기 때문이다. 자유·평등·민주주의와 같은 보편적 가치를 추구하고 실현하는 나라가 다른 나라 대중의 '신뢰'와 '지지'를 획득하기 때문이다. 문화적 경로를 통해 '매력'을 발산하고 '공감'을 형성함으로써만 소프트파워가 신장되기 때문이다. 기술발전과 세계화로 지역 간·국가 간·계층 간 불평등이 갈수록 커지고 있는데, 공동체·연대·협력·정의·민주주의 등과 같은 가치로 인류공동의 문제 해결에 노력하는 쪽이 소프트파워 확보에 유리하다면, 소프트파워 개념이 불평등 완화에 기여할 수도 있기 때문이다.

트럼프 행정부가 들어선 이후 미국은 '미국 우선주의'를 앞세우고 있으며, 2017년에 유네스코를 탈퇴하고, 2019년에 파리기후변화협약으로부터 탈퇴하는 등, 인류공영의 국제질서에서 이탈하는 모습을 보였다. 그리고 이러한 선택은 미국이 보유한 소프트파워의 효과를 빠르게 상쇄시키고 있으며, 포틀랜드커뮤니케이션의 '소프트파워30' 평가에서 미국은 2018년 4위, 2019년 5위의 국가로 평가되었다. 미국의 예는 소프트파워 개념이 인류사회에서 순기능(順機能)을 발휘할 수 있음을 보여주는 실례가 될 수 있다.


(4)


나이가 '소프트파워'라는 용어를 제시하기 이전에도, 무력(武力)이 아닌 '연성(軟性)의 힘' 혹은 '인격이나 덕성에 의한 감화'를 통해 지지나 추종을 획득하고, 통치력을 관철해야 한다는 주장은 많았고,

동아시아에서도 일찌감치 2,500년 전부터 이러한 주장들이 반복적으로 제기되어 왔다. '소프트파워'가 나이에 의해 창출된 새로운 개념이나 방법은 아닌 것이며, 인류가 늘 주목해 온 '부드러운 통치술'이었던 것이다

> 군자(君子)의 덕(德)은 바람이고, 소인(小人)의 덕은 풀이다. 풀 위에 부는 바람은 반드시 풀을 눕힌다.[19]

> "어떻게 하면 세상이 안정되겠습니까?"라는 물음에, 나는 "통일되면 안정될 것입니다."라고 대답했다. "누가 통일시킬 수 있을까요?"라는 물음에 "생명을 가볍게 여기지 않는 사람이 통일시킬 수 있을 것입니다."라고 답했다. "누가 그를 추종할까요"라는 물음에 "그를 따르지 않는 사람이 없을 것입니다."라고 답했다.[20]

> 도(道)로써 군주(君主)를 보좌하는 신하는 무력으로 세상을 강제하지 않는다.[21]
> 카(E. H. Carr)는 '의견을 장악하는 힘'은 정치적 목적을 달성하는 데 있어서 군사력이나 경제력 못지않게 중요하며, 군사력 및 경제력과 항상 밀접하게 연관되어 있다고 주장했다.[22]

동서고금을 막론하고, '동의'나 '공감' 혹은 '존경'과 같은 인지적

---

19) 君子之德風, 小人之德草. 草上之風, 必偃."「論語·顔淵」
20) "天下惡乎定?" 吾對曰, "定於一." "孰能一之?" 對曰, "不嗜殺人者能一之." "孰能與之?" 對曰, "天下莫不與也."「孟子·梁惠王 上」
21) 以道佐人主者, 不以兵强天下.「老子·30」
22) 김새미,「외교대상(target)과 실행체계를 중심으로 본 문화외교의 쟁점과 추이 – 영국과 독일 사례를 중심으로」,『통합유럽연구』제9권 1집 통권 제16호, 2018, 111쪽에서 재인용.

·정서적 과정을 통해 자발적 '지지'와 '복종'을 획득하는 '소프트파워적' 통치는 이상적 정치와 공동체의 실현을 꿈꾸는 사람들이 추구하는 경로이기도 했던 것이다. 유가(儒家)는 인간의 가장 순수한 감정 중의 하나인 '효(孝)'를 수직적 전제체제(專制體制)를 유지하는 이데올로기로 이용했고, 가족질서를 수직적 사회질서의 출발점으로 삼았다. 그렇기 때문에 '조화(調和)'와 '공존(共存)'을 중시하는 유가의 인식 체계가 개인의 주체성과 자유의지를 억압하는 기제로 이용되어왔고 앞으로도 그럴 수 있다는 점이 비판되는 것은 당연하다. 하지만, 우리가 이 점을 알고 미리 경계한다면, 동아(東亞) 지역의 인문적 전통으로부터도 미래사회가 요구하는 핵심적 원리를 추출할 수 있다.

거대한 정보망이 독재적 권력이나 소수집단에 의해 장악되어가고 있는 상황에서 대중이 파편적 개인으로 남겨지면 안 된다. 수직하향 질서가 관철되던 시기에는 가족집단이나 씨족집단 단위로의 '묶기'가 통제를 위한 수단이었지만, 지금의 시대에는 '공동체적 결집'을 강화하고 '개인들의 조화로운 연대와 단결'을 실현하는 원리로 재해석될 수 있다. 서구적 개인주의가 시민들의 '공동체적 연대의식'을 약화시키는 데 기여할 수도 있다는 점을 간과하지 않아야 한다. '소프트파워'가 20세기의 서구사회에서 비로소 착안하게 된 이념은 아니며, 그것에 대한 논의를 발전시키고 실체를 형성시켜감에 있어 서구에서 개발된 이념이나 가치로 채워져야만 하는 것도 아니기 때문이다.

민주적이고 평등한 정치적·사회적 체제가 어느 정도 관철되고 있는 국가에서는, 대내적으로는 정부에 대한 국민들의 지지를 이끌어내고 사회통합을 강화하는 원리로써, 대외적으로는 국가경쟁력을 제고시키는 원리로써 기능할 수 있는 개념이 '소프트파워'라고 할 수 있다. 그것이 무형적인 문화나 가치관이든 혹은 유형적인 정치체제나 정책이든을 막론하고, 인류가 보편적으로 추구하는 가치를 담지(擔持)하고 있을 때 '소프트파워' 자원으로서의 가장 확실한 쓸모를 가질 수 있기 때문에, '소프트파워'는 인류사회의 발전에 기여할 가능성이 높은 개념이며, 또한 그렇게 토론되고 적용되어야 한다.

## 2 '인문적 소프트파워' 강화 전략은 한국사회 부터 발전시킬 것이다.

### (1)

통신기술이 고도로 발달되고 사람과 사람, 사람과 기기, 기기와 기기 간 네트워크가 촘촘히 형성되어 있는 '초연결(hyper-connectedness)' 사회가 도래했고, 정치·경제·사회·문화에 관한 정보가 시간적·공간적 제약을 거의 받지 않으면서 유통될 수 있게 되었다. 최근에는 소셜 네트워킹 서비스와 콘텐츠 공유 사이트를 통해 더욱 활발하게 다양한 콘텐츠들이 유통되고 있기도 하다. 전지구적 범위에 걸쳐 정보에의 거의 무제한적인 접근과 이용이 가능해져, 시민들이 주체적이고 자빌직인 관찰자와 비판자의 역할을 자임하게 되었나. '직접민주주의'의 가능성이 높아졌을 뿐만 아니라, 국가와 지역을 초월한 소통과 공감대 형성이 언제라도 가능할 수 있어서, 자국인이든 타국인이든을 막론하고 대중의 신뢰와 지지를 확보하는 것이 경제적·정치적 안정 유지의 매우 중요한 여건이 되었다.

'초연결'의 여건이 '소프트파워' 개념 대두의 핵심 요인이 되었을 뿐만 아니라, 소프트파워 형성과 확산의 주요 경로이기도 하며, 대부분의 국가들이 '소프트파워' 개념에 관심을 갖도록 하는 촉매제 역할까지를 겸하고 있다. 정보통신기술과 미니어가 고도로 발달한 여건으로 인해 정보 유통의 비용 또한 감소되었기 때문에, 비교적 손쉽게 소프트파워 강화를 도모해볼 수 있게 된 것이 현재의 상황이다. 하드파워가 약한 국가들도 소프트파워의 신장을 통해 국가이미지를 높이고 국력을 키울 수 있게 되었고, 모든 나라가 소프트파워 제고에 주목하고 있다. 소프트파워는 강대국의 전유물이 될 수 없으며, 나라마다 저마다의 방법으로 소프트파워 신장을 통한 국가경쟁력 강화를 시도할 수 있게 된 것이다.

소프트파워가 매력으로 상대의 마음을 사로잡는 능력이기 때문에, 한 나라가 지지와 흠모의 대상이 되기 위해서는 다른 나라 국민들의 관심을 끌고 공감을 불러일으킬 그 무언가를 내세울 수 있어야 하는데, 그것은 자타가 함께 가치를 인정하고 추구하는 대상이여야 한다. 그렇지 않으면 기대하는 효과를 거둘 수 없다.

> 어느 나라의 문화가 보편적 가치를 지니고 또 제반 정책을 통해 다른 나라들이 공유하는 가치와 이익을 증진시킨다면, 그 나라가 바람직한 성과를 얻을 가능성은 커지게 된다. 그런 문화가 만들어 내는 매력과 의무 간의 연관성 때문이다. 편협한 가치와 지역에 한정된 문화는 소프트파워를 생성하기 어렵다.[23]

### (2)

소프트파워를 창출하는 과정에서 진실을 숨기거나 왜곡하거나 조

---

23) 조지프 S 나이 지음, 홍수원 옮김, 『소프트파워』, 39쪽.

작하면 '프로파간다(propoganda)'로 변질하고, 회유와 유혹을 동반하면 '샤프파워(sharp power)'로 변질된다. 일본의 경우를 사례로 살펴보겠다.

일반적으로 국민국가가 문화정책을 수립하고 수행할 때에는 다양한 목적의 동시적 효과를 노린다. 교육과 문화를 통한 국민통합, 전통문화와 지역문화의 조화를 도모한 국토지리의 보존과 개발, 문화산업 및 관광산업을 통한 경제가치의 창출, 나아가 문화외교를 통한 국위 선양 등이 그것이다. 전후에 일본은 새로운 국가 정체성을 확립하기 위해 '평화국가'와 '문화국가'로의 입국을 표방하고, 문화정책을 전개하여 왔다.[24]

1977년 8월 후쿠다타케오(福田赳夫) 총리가 마닐라에서의 연설을 통해 전범국으로서의 이미지 불식을 시도했으며,[25] 일본은 가장 많은 개발원조를 후진국에 제공하는 나라이기도 했다.[26] 다양한 프로그램을 통해 전범국가로서의 이미지를 감추기 위해 노력한 것인데, 이미 소기의 성과를 거둔 것으로 판단된다. 외국인들을 초대해 한국을 경험시키는 '어서 와 한국은 처음이지?'라는 TV프로그램이 있는데, 서대문 형무소에 가서 한국인에 대한 고문이 자행된 현장을 본

---

24) 조관자, 「전후 일본의 문화정책과 인문학」, 『한림일본학』 제20집, 2012, 151-152쪽 참조.

25) '후쿠다 독트린'으로 칭해지고 있으며, 일본이 군사대국이 되지 않을 것, 일본은 동남아시아 국가와의 사이에 정치나 경제뿐만 아니라 널리 사회나 문화 등에서 상호신뢰관계를 구축할 것, ASEAN 국가와의 연대와 유대강화를 위한 노력에 협력함과 동시에 인도차이나 국가와의 사이에 상호이해에 기초한 관계를 양성하고자 노력할 것 등을 강조하였다고 한다. ([네이버 지식백과] 후쿠다독트린)

26) 조지프 S 나이 지음, 홍수원 옮김, 『소프트파워』, 156쪽.

터키 젊은이들이 말했다. "착한 친구의 나쁜 면을 오늘 본 것 같다!" 필자에게는 충격적인 장면이었다. 그들은 일본이 한국을 비롯한 아시아 지역에서 저지른 만행을 전혀 모르고 있었던 것이다.

> 반일감정이 팽배하였던 동아시아 지역 정세에서 일본이 문화유산 분야의 국제적인 리더로 발돋움하였다는 것은, 그들의 문화유산 관련 외교 정책이 매우 정교하고 성공적이었다는 것을 반증한다. 일본의 이러한 외교에 대해 배형일은 일본의 문화유산을 통한 외교는 스스로 유도한 '선택적인 기억상실(selective amnesia)'이라고 비꼬았다. …… 전후시대 팽배하였던 반일감정을 극복하고, 전 세계에 평화 메시지를 전달하는 데에 성공했다고 볼 수 있다.[27]

일본은 19세기 후반부터 20세기 초반에 걸쳐 그들이 아시아에서 저지른 죄과에 대한 응당한 사죄를 거부해 왔다. 해마다 일본 총리는 군국주의 전쟁에서 사망한 군인들을 추모하는 신사를 참배하고 있다. 2015년 6월에 '군함도(軍艦島)'를 유네스코 세계문화유산으로 등재했는데, 당시 한국인 강제노동에 대한 내용을 언급하지 않았다는 점을 한국측이 지적했고, 추후 수정할 것을 약속하면서 세계문화유산으로 등록했지만, 여전히 약속을 지키지 않고 있다.[28] 그럼에도 불구하고, 일본인들은 한국이 과도한 반일감정으로 거짓말을 하고 있다고 생각한다. 일본은 자신들이 저지른 일들을 집단적으로 망각

---

27) 김희주, 「왜 문화유산이 문제인가? : 문화유산을 통한 한 · 일 · 중 3국의 분쟁과 왜곡」, 『한국전통문화연구』 제12호, 2018, 99쪽.
28) '한국'하면 가장 먼저 떠오르는 연상에 있어 …… 일본은 '반일감정', '위안부문제', '거짓말쟁이' 등 부정적 연상이 높았음. 해외홍보문화연구원, 『2019 국가이미지 조사보고서』, 21쪽.

하기 위해 노력하는 듯하다.

'요코이야기 사건'은 일본과 한국의 소프트파워와 관련해 많은 생각을 하게 만든다. 2005년에 한국에서 출판된 『요코이야기』는 일본계 미국인 작가 요코 가와시마 왓킨스의 자전적 소설 『So Far from the Bamboo Grove』를 번역한 책이었다고 한다. 2007년 1월에 문화방송의 프로그램 '느낌표'를 통해 『요코 이야기』가 한국인을 사악한 강간자들로 묘사했다는 점이 비로소 한국사회에 널리 알려지게 되었는데, 그럼에도 불구하고 이 책은 미국의 초등학교에서 버젓이 교재로 쓰이고 있었다.[29]

'요꼬이야기 사건'은 한국이 '인문적 소프트파워'를 주동적으로 창출해 국내에 확산하고 해외로 발신하는 것이 얼마나 시급한지를 잘 보여주고 사례이다. 우리는 '가치동맹'을 맺은 우방으로 미국을 생각했지만, 미국인들에게 우리의 역사나 문화를 거의 인식시키지 못한 결과가 '요코이야기 사건'이다. 우리는 링컨 대통령을 자유와 평등을 실현한 인류의 영웅으로 알고 있지만, 현임 미국 대통령조차 우리가 한 때 중국의 일부였다는 말을 믿을 정도로 한국에 대해 무관심하고 한국에 대해 아는 게 없다.[30] 한국에 대한 그들의 무관심과 무지는

---

[29] 한국계 학부모들이 이 책의 퇴출운동을 펼친 결과, 2008년 11월 5일에 캘리포니아 주정부 교재채택 위원회가 만장일치로 퇴출을 결정했다. 위키백과 참조, https://ko.wikipedia.org/wiki/요코_이야기

[30] 트럼프 대통령은 "한국은 역사적으로 사실상 중국의 일부였다더라"며 여기서 말한 한국은 북한이 아니라 한국 전체를 의미하는 것이라고도 표현했다. 미국 온라인 경제뉴스 전문매체 쿼츠(Quartz) 역시 19일(현지 시간) "트럼프가 시 주석과 면담 후 월스트리트저널에 말한 해당 발언은 완전히 틀렸고 남한 사회를 완전히 격분하게 만들 수 있다"며 우려를 표했다. 「트럼프 "한국은 역사적으로 중국의 일부였다더라"」, 『중앙일보』, 2017.04.19.

스스로를 알리지 못한 우리에게 책임이 돌아올 수밖에 없다.

『요코 이야기』라는 책에서 서술된 내용의 사실 여부와 작가의 의도에 대해서는 한국사회 내에도 약간의 의견차가 남아있지만, 2차 대전의 전범국 일본이 한국을 식민지화한 역사적 배경을 삭제한 상태로 한국인을 가해자처럼 왜곡한 내용이 담긴 책이 2005년에 한국에서 가장 먼저 번역되었고 4,000부나 팔렸다는 점은 심각하다. 일본의 군국주의에 대한 비판적 발언이 있다는 이유 때문에 일본에서는 2013년에야 겨우 번역되었고, 중국에서는 출판이 아예 금지되었다고 한다. 근현대 시기에 일본이 아시아 지역에서 저지른 만행과 우리가 처절하게 싸운 과정을 미국 사회에 알리는 데 노력했었다면, 사실을 은폐한 전범국 작가의 작품이 전승국 학생들의 교재로 채택되는 일은 없었을 것이다.

미국의 저널리스트 더글러스 맥그레이는 『포린 폴리시』 2002년 5/6월호에 발표한 논설 「일본의 국민 총 매력」을 통해, 일본이 팝 뮤직에서 생활가전, 건축에서 패션, 애니메이션에서 음식문화에 걸쳐 1980년대 일본의 모습이었던 경제대국의 위세를 능가하는 문화강국이 되었다고 주장했다. 일본의 이미지가 경제대국과 문화강국의 이미지로 포장된 것이다. '쿨재팬('Cool Japan')'이라는 용어는 맥그레이의 글에서 유래했고, 일본 정부는 이것을 일본의 국가이미지를 대표하는 말로 채택했다.[31] 일본은 지금 군국주의의 상징인 욱일기를 동경올림픽에서 사용하겠다고 주장하고 있는 중인데, 전범국가로서의 정체를 숨기려는 일본의 시도가 충분한 성과를 거뒀기 때문에 이런

---

31) 윤상인, 「일본의 대외 이미지는 어떻게 형성되는가」(『한림일본학』 20집, 2012), 132쪽

일을 벌일 수 있었을 것이다.

조지프 나이의 저서를 읽으면 그가 상당한 지일파(知日派)임이 감지되는데, 그럼에도 불구하고 일본의 철저하지 못한 과거사 청산에 대해서는 그도 비판적으로 기술했다.

> 독일이 과거사를 철저히 반성하면서 이웃나라들과 화해하는 과정을 거쳤지만, 일본은 반성한 적이 없었고, 이웃나라들로부터 존중받지 못하고 있다.[32]

소소녀상 설치 훼방, 동경올림픽에서의 욱일기 사용 시도, 군함도의 유네스코 문화유산 등재 등등 일련의 사건을 보건대, 일본은 여전히 과거사 은폐에만 몰두하고 있다. 그렇기 때문에 한국은 일제(日帝)와 싸워서 광복을 쟁취한 과정을 '자주'와 '상호존중'과 '공존'의 가치를 담은 소프트파워 자원으로 승화시켜 발신할 수 있어야 한다. 그렇게 해야만 한국의 국가이미지가 올바로 설 뿐만 아니라, 동아시아의 평화유지와 관련해서 거대한 위협 요소 하나를 해소할 수 있을 것이다. 일본의 소프트파워 전략은 진실을 왜곡하는 '프로파간다'적 요소를 다분히 품고 있고, 그것에 의해 한국은 계속 피해를 보고 있다. 우리가 인문적 소프트파워의 발신에 소홀했기 때문에 일본의 프로파간다가 가능했고, 한국은 부정적 이미지를 뒤집어쓰게 된 것이다.

소프트파워를 신장하기 위한 국가 단위의 대외 정책과 활동이 진실을 은폐하거나 호도하는 프로파간다가 되어서는 안 되지만, 스스로 갖추고 있는 자산을 활용하지 못하거나 자신에 대한 외부의 왜곡

---

32) 조지프 S 나이 지음, 홍수원 옮김, 『소프트파워』, 158쪽.

된 인식을 바로잡지 못하는 것도 문제가 있다. 이제는 인문적 소프트파워의 창출과 확산에 공전의 관심과 노력을 기울여야 한다.

프로파간다는 타국 대중을 속이고 국가이미지를 조작하는 과정이다. 자국의 우월성 및 영향력 확대를 위한 목적이 전면에 내세워져도 프로파간다로 인식될 가능성이 높아진다. 타국에 너무 이질적인 자국의 문화나 가치는 매력과 호감을 사는 데 일정한 한계가 있으며, 심지어는 역작용을 불러일으킬 가능성마저 있는 것이다. 사실을 왜곡하거나 '자국적 특성'을 너무 강조하면 배척받는 것이 소프트파워의 원리이다. 소프트파워 자산은 '보편적 가치'를 담고 있을 때 환영받고, 그 보편적 가치를 창출하거나 실현한 나라에 대한 긍정적 이미지와 소프트파워를 키운다.

## (3)

프트파워는 자국(自國)을 지지하는 여론을 형성하는 힘이며, 발신 대상은 다른 나라의 일반 시민들인데, 지역과 문화권을 초월해 대량의 정보가 상시적으로 유통되는 '초연결'의 '지구화' 환경 속에서는 거의 모든 지역에서 상시적이고 무제한으로 온 세계에 관한 정보를 접할 수 있어서, 인류의 공유가치를 추구하고 그것을 실현하기 위해 노력하고 있는 국가라는 이미지의 발신이 소프트파워 제고의 핵심적 요인이 된다. '소프트파워'는 자신의 '실재(實在)'로서 대상을 매료시켰을 때 확보되는 힘으로써, 소프트파워의 요소 속에는 강제나 보상이 부재하기 때문에, 한 나라가 지지와 흠모의 대상이 되기 위해서는 자국 사회가 먼저 매력적인 모습을 갖춰야 한다. 자국 내에서 먼저 소통·화해·자유·평등·민주주의 등등 인류가 추구하는 보편가치를 실현함으로써 타국민의 자발적인 선택과 지지를 이끌어낼 수 있어야 한다.

한국의 소프트파워를 높이려면 한국사회가 먼저 '바람직한 나라'로서의 '매력적인' 모습을 갖춰야 하는 것이다. '소프트파워' 강화를 도모한다면 '대외 발신(對外 發信)'과 '대내 확산(對內 擴散)'의 두 측면을 통합적으로 고려함으로써, 한국사회 내에서 먼저 인문가치와 제도가 구현되도록 해야 한다.

한국은 빠른 속도로 경제성장과 민주화를 동시에 이룩한 국가이지만, 분단 상황과 압축적 고도성장의 과정이 야기한 폐해를 많이 안고 있는 나라이기도 하다. 한국이 먼저 '살고 싶은 나라'의 모습을 갖추는 것이 소프트파워를 높이는 선결요건이라는 점에 유의함으로써 한국의 현재(現在)를 직시하고 미래(未來)를 전망할 수 있어야 한다. 압축적 고도성장과 신자유주의 환경이 야기한 문제들을 해소하고 한국사회 내에서 먼저 인간존중을 실현할 수 있는 길을 모색하는 것이 소프트파워 강화의 출발점이다.

한국은 장기간의 압축성장이 빚은 문제를 여전히 숙제로 안고 있는 나라이다. OECD 국가 중 자살률·노인빈곤률·노인자살률이 가장 높은 나라이며, 양극화 현상 때문에 젊은이들이 엄청난 좌절을 겪는 나라이기도 하다. 소득 상위 10% 계층의 소득이 전체에서 차지하는 비중이 43.3%로서 미국을 제외한 대다수 선진국에 비해 소득불평등도가 높고,[33] 서울에 거주하는 인구 중 소득수준 상위 10% 계층이 벌어들이는 돈이 하위 10% 계층의 194배에 달하는 나라가 한국이다.[34]

---

33)「한국, 상위 10% 소득집중도 대다수 선진국보다 높아」,『한겨레』 2018.11.02. 참조.
34) 국회 기획재정위원회 소속 강병원 더불어민주당 의원이 국세청에서 제출받은

한국은 2017년에 경제규모 세계 12위를 기록하는 성과를 올렸고 계속 그 순위가 올라갈 것으로 전망되기도 하지만[35], 한국인들의 삶의 질은 여전히 열악한 단계에 처해 있다. OECD가 2017년 8월에 발표한 '2016 국가별 행복지수'에 의하면, 38개국을 대상으로 진행된 조사에서 한국의 순위는 28위에 불과했으며, 자살률은 여전히 OECD 국가 중 가장 높았다. 경제규모는 계속 커졌지만 우리나라는 15년여의 세월에 걸쳐 자살률이 가장 높다는 불명예를 벗지 못했다. 소득 수준이 더 높아진다고 해도 삶의 질이 향상될 것을 기대하기가 쉽지 않은 상황이다.

자살문제와 관련된 국제통계가 발표될 때마다 한결같은 한국의 순위는 아직 갈 길이 멀다는 것을 잘 보여준다. 13년 연속 OECD 1위다. 세계보건기구(WHO)에 따르면 매년 전 세계에서 스스로 목숨을 끊는 80만 명 중 78%는 중·저소득국가 국민이다. 반면 1인당 GDP 3만 달러를 바라보고 있는 한국은 자살률에서만큼은 앙골라·시에라리온과 어깨를 나란히 하고 있다. 경제력과 삶에 대한 의지의 불균형은 한국 사회를 떠받친 고성장의 어두운 뒷면을 드러낸다.[36]

---

2018년 신고분(2017년 귀속분) 종합소득 자료를 분석한 결과 서울 상위 10%의 연간 종합소득 평균은 2억2600만원으로 하위 10% 116만원의 194배였다. 「서울상위 10%, 年2.2억 벌 때 하위 10%는 116만원 벌었다」, 『매일경제』 2020.01.27.

35)「한국경제 2032년에 세계 8위…중국은 미국 제치고 1위 등극」, 『중소기업뉴스』 2018.01.01
한국경제 규모가 14년 뒤인 2032년에 세계 8위까지 뛰어오를 것이라는 전망이 나왔다. 최근 블룸버그 통신에 따르면 영국 경제경영연구소(CEBR)가 발표한 보고서에서 2017년 12위인 한국 경제는 2022년에 가면 캐나다를 밀어내고 10위로 올라선데 이어 2027년 9위, 2032년에는 8위로 한 계단씩 상승할 것으로 예상했다.

지난 몇 십 년 동안 물질적 성장을 우선적 과제로 삼으면서 살아온 결과, 사람들이 혹독한 경쟁 속에 놓이게 되었고, 대다수 국민이 자존을 유지하기 어려운 상황에 내몰리게 된 것이다. '사회적 관계 손상'이 자살의 제1원인이라는 분석은 우리 사회의 공동체적 연대가 심각하게 붕괴되었음을 알려주는데,37) 청소년층과 노인들의 사망 원인 1위가 자살이고, 중장년층에서는 자살로 생을 마감하는 숫자가 가장 많다는 통계를 보아도 우리 국민들이 감당할 수 없을 정도의 정신적 육체적 압박에 시달리고 있음을 알 수 있다.38)

'흙수저'나 'N포 세대' 등의 자조적 표현들이 알려주는 바, 양극화 현상 때문에 젊은이들이 심각한 좌절을 겪는 나라이고, 사상적 탄력성이 부족해 '안보 개념'으로 진보와 보수가 갈리는 나라임을 부정할 수 없는 것이 현재의 상황이다. "아무도 소외되지 않고"39) 존엄한 삶을 사는 사회의 구현이 요원해 보이기까지 한다. 한국사회 내에서의 인문가치 실현이 인문적 소프트파워 제고의 출발점이다. 인문적 소프트파워를 창출하고 확산하는 과정을 통해, 한국인의 존엄한 삶을 담보하고 사회적 안전망을 강화할 수 있어야 한다.

'US 뉴스 앤드 월드 리포트'가 '2020 세계 최고 국가' 순위를 발표했는데, 한국은 20번째 국가로 매겨졌다. '기업가 정신'은 8위, '국력'

---

36) 「OECD 자살률 13년째 1위… 불행한 한국사회」, 『시사위크』, 2017.10.02.

37) 자살자가 발생하는 제1원인은 정신질환(60.9%)도 경제적 문제(55.0%)도 아닌 '사회적 관계 손상'이었다. 169건의 자살사례 중 86.8%가 단절된 인간관계와 지역사회에 대한 부적응문제를 경험했다. (上同)

38) 10~30대 사망원인, 40~50대 사망자 수, 65세 이상 노인의 사망원인 1위가 모두 자살이다. …… 이는 국가와 사회가 자살을 방관하기 때문이라는 분석이다. 「자살 예방의 날」, 『경기일보』, 2017.09.11.

39) No one is left behind. 유네스코의 '지속가능한 발전 목표'에 대한 설명.

은 9위 '경제 발전 가능성'은 11위의 성적을 거두었지만, 사회적 안전망과 소득 불평등 수준을 평가한 '삶의 질' 항목에서는 23위를 기록했고, '기업 개방성'에서는 31위, '문화유산'에서는 30위, 관광 매력도를 측정하는 '모험 관광' 항목에서는 55위라는 낮은 성적을 받았다. '진보성'에서는 높은 점수를 받았지만, '성평등'과 '인권에 대한 관심' 항목에서는 낮은 점수를 받았다. 기업이나 기술력은 비교적 발달되었고 정치·사회적으로도 진보한 측면이 없지 않으며, 국력이 크게 뒤처지지도 않았지만, 국민소양이나 삶의 질 측면에서는 많은 숙제를 안고 있는 나라가 한국이다.[40)]

(4)

'한반도의 평화체제 정착'은 한국이 안고 있는 최대의 난제이며, 한국의 국가이미지 제고를 위한 선결과제이다. 한반도의 분단과 갈등은 거의 모든 여론조사에서 부동의 1위를 차지하면서 한국이 지닌 최대의 문제점으로 인식되고 있다.

> 특히 외국인들이 과거 부정적으로 인식했던 북핵문제 이슈를 국가이미지에 긍정적 영향을 주는 요인으로 꼽아, 한반도 평화 조성을 위한 우리 정부의 노력이 대외적으로도 인정을 받는 것으로 나타났다. …… 2018년도의 국가적 행사였던 평창동계올림픽 및 패럴림픽에 대해 외국인들은 대다수가 국가 이미지 변화에 긍정적인 영향(긍정 74%)을 미쳤다고 보았다. 또한 지난해 4월에 열렸던 남북

---

40) 「한국, 살기좋은 나라 20위」, 『동아일보』 2020.01.17.; 「'2020 세계 최고 국가' 20위 한국…'교육의 질'은 '난제'」, 『데일리포스트』 2020.01.21. https://www.usnews.com/news/best-countries/overall-rankings

정상회담의 국가이미지 제고 효과에 대해서도 매우 긍정적으로 평가(긍정 70.1%)했다.[41]

위 인용문은 2018년의 국가이미지 조사보고이다. 놀랍게도 북핵문제가 국가이미지에 긍정적 영향을 미쳤다고 조사되었는데, 남북의 긴장관계가 완화되면 한국의 국가이미지나 소프트파워가 파격적으로 상승할 수 있음을 보여주는 결과라고 하겠다. 또한 그럼에도 불구하고 외국인들은 여전히 "남북문제의 평화적 해결이 국가이미지 개선을 위한 우선과제"라고 답변했다. 남북의 긴장 완화는 한반도 평화체제가 정착되는 그날까지 한결 같이 한국의 소프트파워를 좌우할 핵심적 요소인 것이다.

2018년의 한국 소프트파워 조사에서는 평창동계올림픽과 남북정상회담이 판단에 가장 큰 영향을 미치는 요소로 작용했으며, 동계올림픽 개막식에서의 남북선수단 공동입장과 남북정상회담이 국제사회에서 매우 긍정적으로 받아들여졌다. 이는 포트랜드커뮤니케이션이나 모노클의 조사가 동일했다.

2018년 동계 올림픽의 상징적인 개회식에서 북한과 남한은 한반도기를 들고 행진하며 긴장감을 완화하고 비핵화를 위한 길을 닦았다. 역사적인 "트럼프 – 김 정상회담(Trump-Kim summit)"에서 남한의 문재인 대통령과 북한의 김정일 국방위원장 간의 중대한 악수가 이어졌으며, 더 최근에는 남북 간의 아시안 게임 단일팀이 합의되면서, 전례 없는 남북 관계의 긍정적 진전을 보게 되었다. 이러한 사건들은 남한의 정치적 리더십과 문대통령의 외교적 성과를 이끌어 낼

---

41) 「문체부 보도자료-2018년도 대한민국 국가이미지 조사 결과 발표」

능력에 새로운 희망을 가져왔으며, 국제적 관심사에 관한 남한의 접근법에 대한 신뢰가 개선되어있음을 여론 조사에서 볼 수 있었다.[42]

위 인용문은 포트랜드커뮤니케이션의 분석인데, 모노클(Monocle) 역시 「2018/19 소프트 파워 조사(Soft Power Survey 2018/19)」에서 평창올림픽을 성공적으로 치른 것과 개막식에서 남·북한 선수가 공동 입장한 것을 높이 평가했다.

2019년도의 국가이미지 조사에서도, 대한민국의 이미지를 개선하기 위한 선결과제를 묻는 질문에 대해 대부분의 국가가 '남북문제의 평화적 해결(33.8%)'을 최우선 과제로 꼽았다.[43] 또한 한국에 관한 부정적 연상의 대부분은 '남북관계'와 '전쟁', '북핵문제' 관련 내용이 많았다.[44] 그리고, 2019년의 국가이미지 조사에서는 한국의 이미지에 대한 긍정 평가가 낮아졌는데,[45] 평창동계올림픽과 남북정상회담의 효과가 사라진 후, 남북관계를 개선하거나 긴장 관계를 완화할 수 있는 이렇다 할 성과가 거둬지지 못했기 때문일 것이다.

북한은 지금 영화는 물론이고 다양한 문화상품 속에서 세계를 위협하는 존재로서 공인되고 있으며, 세계 질서의 안정을 위해 미국 대북정책의 역할과 의미가 더 커졌지만, 한국은 여전히 이 문제에 적극적으로 개입할 수 없는 동맹으로 비쳐지고 있다.[46] 국내 언론은 한국의 국력이 평가 절하되어 있음을 뜻하는 '코리아 디스카운트'라

---

42) https://softpower30.com/country/south-korea/

43) 「문체부 보도자료-2019년도 대한민국 국가이미지 조사 결과 발표」

44) 해외문화홍보원, 『2019 국가이미지 보사보고서』, 21쪽.

45) 앞의 책, 22쪽.

46) 김상민, 「미국 문화에 나타난 한국이미지:영화, 드라마, 애니메이션, 디지털게임을 중심으로」, 『인문과학연구논총』 제35권 1호, 2014, 368-369쪽 참조.

는 용어를 자주 사용하는데, 외국의 언론인들은 이 용어를 사용하지 않는다고 한다.47) '코리아 디스카운트'라는 말의 밑바닥에는 '억울하다'라는 감정적 판단이 깔려 있는데, 그러나 그 억울함은 우리만의 것일 뿐, 남북분단 때문에 한국의 소프트파워나 국가경쟁력을 낮춰서 평가하는 것이 외국인들에게는 너무나 당연한 일인 것이다. 더욱이나 지금은 북한이 핵무기를 앞세워 으름장을 놓고 있으니, 이제는 더욱 많은 '코리아 디스카운트'를 감당해야 할지도 모른다.

한반도의 분단과 갈등이 한국의 국가이미지나 소프트파워 관련 조사에서 부동의 1위를 차지하는 항목이라면, '한반도의 평화 체제 정착'이 한국이 안고 있는 최대의 난제이고 한국의 국가이미지 제고를 위한 선결 과제라면, 이 문제에 있어 한국은 주체적이고 주동적인 이미지를 확보할 수 있어야 하는데, 상황은 우리의 바람과 상반된다.

> 북한관련 이슈를 보도할 때, 전시기에 걸쳐 일정하게 한국이 일부 배제되고 오히려 미국·소련·중국·일본 등 주변 강대국을 중심으로 보도하는 경향을 확인할 수 있다. 단적인 예로, 북핵 위기의 경우 실제로는 한국도 상당히 연관되었지만 두 언론사 모두 북미 관계를 중심으로 서술하고 있다.48)

전쟁과 분단의 경험 그리고 남북갈등 해소의 과정으로부터 인류의 평화 증진에 기여할 가치를 발굴해 인류 공동의 자산으로 승화시

---

47) 김면회 외 지음, 『유럽 언론에 나타난 한국의 이미지』, 경기도, 한국학중앙연구원 출판부, 2018. 74쪽.
48) 앞의 책, 76쪽.

키는 것과 더불어, 한반도 평화체제 정착에 기여할 인문학적 성찰과 연구를 통해 민족의 순소로운 화해와 소통 증진에도 동참힐 수 있어야 한다. 평화와 화합을 실현하기 위해 한국이 기울여온 노력들의 의미를 발굴하고 확산하는 실천적 연구를 수행한다면, 한반도평화체제 구축의 이념적 기반을 강화하고 남북의 문화적 동질성 회복을 촉진할 수 있는 연구와 학술활동을 주도한다면, 한반도평화체제 정착과정에 주동적으로 참여한다는 국가이미지 수립에 인문학이 확실히 기여할 수 있을 것이다.

(5)

인문학이 한국의 '소프트파워' 제고에 기여하려면, 우리가 보유하고 있는 인문자산의 우수성을 알릴뿐만 아니라, 인공지능과 자동화가 불러 올 사회변화를 예견하면서 인간의 존엄과 자유와 평등을 수호할 수 있는 가치의 수립과 실천에도 관심을 기울여야 한다. 급격한 기술발전의 성과가 삶의 질을 높이는 토대가 되도록 하는 이념과 제도의 창출이 시급한 시대에 처해, '사회적 안전망' 수립에 기여하는 인문학은 인류공동의 과제를 해결하는 과정이 된다. 그렇기 때문에 한국사회 내에서의 인간존중 실현은 한국의 소프트파워를 높일뿐만 아니라, 인문학의 본령을 지키는 과정이기도 하다.

'소프트파워'라는 개념이 대외적 발신을 전제하는 개념이기는 하지만, 자국 내에서 먼저 인문적 가치를 실현할 수 있어야 한다는 점을 자각하고, 한국사회의 미래를 전망하는 태도를 견지해야 한다. 즉, 인류가 공유할 수 있는 보편가치를 국내에서 먼저 실현해야만 '발신'할 소프트파워가 생성되는 것이니, 현 시기 한국사회가 안고 있는 모순과 갈등을 해결하고, 한국사회에서 먼저 질 높은 삶을 구현함으로써 소프트파워 강화가 달성된다는 개념을 유지해야 한다.

그렇게 된다면 한국의 인문적 소프트파워 자원을 증대하는 과정을 통해 한국사회가 먼저 아름다운 공동체로 발전하게 될 것이며, 민주와 평등의 실현, 갈등해소와 사회통합, 공동체 의식 강화, 포용성장과 지속가능한 성장, 공평과 정의의 관철 등등 인류보편의 가치를 추구하고 실현하는 나라로서의 한국의 이미지를 구축하고, 궁극적으로는 인류 사회의 발전에 기여하게 될 것이다. '초연결' 시대의 글로벌 환경에 처해 인류 보편의 가치로 세계와 소통하고, 인류사회가 공감할 '인문 가치'를 담은 소프트파워 자원을 발신하고 소통함으로써 인간의 존엄성 구현에 기여하고, 나아가 국가경쟁력을 제고하게 되는 것이다.


## ③ 한국 소프트파워의 현재 수준은 국가경쟁력을 낮추고 있다

### (1)

국가이미지는 특정 국가에 관해 형성되어 있는 평판의 총화로 형성되는 심상(心象)이라고 할 수 있다. 즉, 국가이미지는 자국인이든 외국인이든을 막론하고, 사람들이 그 나라에 대해 갖는 이미지들의 총화로서, 당해 국가의 정치나 경제 그리고 사회상 및 문화에 관한 객관적 정보와 평판은 물론이요, 그 나라의 구성원 개개인에 대한 경험적 요소까지를 포괄하면서 형성되는 총체적 이미지이다. 국가이미지는 객관적·주관적 그리고 인지적·정서적 측면 모두를 내포하고, 그 나라의 소프트파워와 국가브랜드49) 나아가서는 국가경쟁력으로 연결되며, 그 나라의 정책에 대한 지지와 협조, 그 나라의 상품에 대한 평가와 구매, 그 나라에 대한 투자 및 관광 등등 그 국가와 관련된 많은 분야에 영향을 미친다. 내내적으로는 국민통합이나 사회적 안정에 기여하며, 대외적으로는 그 나라의 국제적 영향력과 경쟁력을 좌우하는 중요한 요소가 되는 것이 국가이미지이다. 한국은 해외 시장에의 의존도가 높은 경제구조를 가진 국가이고,50) 국가안보에 있어서도 늘 주변국들의 지지와 원만한 협조가 필요한 나라이다. 소프트파워 신장과 국가브랜드 제고가 매우 중요한 과제일 수밖에 없는 것이다.

한국 정부는 2009년 1월에 대통령 직속의 국가브랜드위원회를 설치했으며, '공공외교'51)를 활발하게 전개하고 있다. 외교부의 경우, 2010년을 '한국 공공외교 원년'으로 선포하면서 정무외교·경제외교

---

49) '국가브랜드'는 국가경쟁력 형성의 핵심 요소로 인식되고 있는데, 소프트파워와 마찬가지로 국가인지도나 호감도 등 유·무형의 가치를 종합적으로 평가한 결과로서, 소프트파워와는 표리의 관계에 있다. 한국의 소프트파워/국가브랜드는 브랜드 파이낸스(Brand Finance)의 「Nation Brands 2018」에 의하면 10위, 캐나다 모노클(Monocle)의 「2018/19 소프트 파워 조사(Soft Power Survey 2018/19)」에 의하면 15위, US News가 발표한 「최고의 나라 순위(Overall Best Countries Ranking, 2019)」에 의하면 22위였다.

50) 2017년에 들어서는 6년 만에 대외의존도가 다시 상승하는 현상이 발생하기도 했다. 「한국경제 대외 의존도 6년 만에 상승 … "외풍엔 유의해야"」, 『연합뉴스』, 2018.05.02.

51) 외교부는 공공외교를 "외국 국민들과의 직접적인 소통을 통해 자국의 역사, 전통, 문화, 예술, 가치, 정책, 비전 등에 대한 공감대를 확산하고 신뢰를 확보함으로써 외교관계를 증진시키고, 국가이미지와 국가브랜드를 높여 국제사회에서 자국의 영향력을 높이는 외교활동"으로 규정하였으며(외교부 홈페이지 참조), 산하에 '공공문화외교국'을 두고 있다. '공공문화외교국'은 '공공외교총괄과' '유네스코과' '문화교류협력과' '정책공공외교과' '지역공공외교과'로 구성되어 있다.

와 더불어 공공외교를 한국 외교의 3대 축으로 설정하였으며, 재외
공관 및 산하기관인 한국국제교류재단(KF: Korea Foundation)과 재
외동포재단을 활용하여 다양한 공공외교 사업을 수행하고 있다. 문
화체육관광부의 경우, 해외문화홍보원, 세종학당재단, 한국문학번역
원, 국제방송교류재단(Arirang TV) 등의 산하기관을 통하여 한국 문
화와 언어를 세계에 전파하고 있다. 교육부의 경우에도 재외 한국학
교 · 한국교육원의 설립뿐만 아니라 산하기관인 한국학중앙연구원을
통해 국내외 한국학 진흥을 위한 활동을 펼치고 있다. 기획재정부,
행정안전부, 통일부, 여성가족부, 환경부 등의 부처들 역시 각자의
업무성격에 부합하는 유사 공공외교 활동들을 수행하고 있다.[52]

그러나 현 시점 한국의 소프트파워는 종합국력보다 많이 낮은 수
준에 처해 있어서, 국가경쟁력 수준을 오히려 낮추는 요인으로 작용
하고 있다. 2018년도에 한국은 1인당 GNP가 3만 달러에 도달해 세계
7위권의 경제 대국으로 도약했고, IMF 통계 기준으로 2018년 한국의
GDP 순위는 12였다. 브랜드 파이낸스(Brand Finance)의 '국가브랜드
(Nation Brands)'에 의하면 2018년에는 10위를, 2019년에는 9위를 기
록했고,[53] 경제력 · 기술력 · 문화력 · 외교력 · 군사력 등을 기준으로 평
가하는 '헨리 잭슨 소사이어티'의 '지정학적 역량' 순위에서는 11위를
차지했다.[54] 그런데 포틀랜드커뮤니케이션(Portland Communications

---

52) 변지영 · 정헌주, 「한국의 공공외교와 세종학당 – 2007-2015년 국가별 지정 요
   인에 관한 실증분석」, 『한국정치학회보』 52집 2호, 2018, 179쪽.

53) https://brandfinance.com/images/upload/brand_finance_nation_brands_reports_
   2018.pdf
   https://brandfinance.com/images/upload/brand_finance_nation_brands_2019_full
   _report.pdf

54) 「한국의 국력은 세계 11위 : 영국의 외교 싱크탱크, '지정학적 역량 국가별

218  제2부 초연결 시대의 인문적 소프트파워

Ltd)의 'soft power30' 평가의 경우 2018년 20위, 2019년 19위를,[55] 캐나다 모노클(Monocle)의 「2018/19 소프트 파워 조사(Soft Power Survey 2018/19)」에서는 15위를,[56] 'US News News & World Report'가 발표한 「최고의 나라 순위(Overall Best Countries Ranking)」에서는 2019년 22위, 2020년 20위의 성적을 받았다.[57]

미국과 중국의 경우를 보면, 브랜드 파이낸스의 조사에서는 '미국 1위 중국 2위', 헨리 잭슨 소사이어티의 조사에서는 미국 1위 중국 3위의 성적을 거두었다. 그런데 나머지 조사의 경우, 포틀랜드커뮤니케이션의 2019년 평가에서는 미국 5위 중국 27위, 모노클의 조사에서는 미국은 9위 중국은 19위, US News의 발표에서는 미국은 7위 중국은 15위의 성적을 거두었다. 브랜드 파이낸스와 헨리 잭슨 소사이어티 등에 의한 조사는 '하드파워'와 '소프트파워'를 함께 포함하는 '스마트파워(smart power)' 혹은 '종합국력'에 대한 평가로, 나머지 셋은 '소프트파워'에 대한 평가로 구분해도 무방할 듯하다.

문제는 한국이 소프트파워 성적을 매길 때 종합국력을 평가할 때보다 훨씬 낮은 단계의 순위를 부여받는다는 점이다. 중국은 '샤프파워(sharp power)'를 구사한다는 비판을 받기도 하는 등 소프트파워 형성에 있어 불리한 몇 가지 조건을 갖고 있다. 미국은 트럼프 행정부가 들어선 이후 '미국 우선주의'를 앞세운 강압적 외교를 계속할 뿐만 아니라 유네스코와 파리기후변화협약을 탈퇴하는 등 국제질서에서 이탈하는 선택을 했기 때문에, 종합국력 평가에서보다 소프트

순위 2019' 발표」, 『월간조선』, 2019.01.15. 입력.

55) https://softpower30.com

56) https://monocle.com/film/affairs/soft-power-survey-2018-19

57) https://www.usnews.com/news/best-countries/overall-rankings

파워 평가에서 낮은 점수를 받는 것이 이상하지 않다.

그런데 한국은 왜 소프트파워가 종합국력보다 낮은 것인가? 20여 년 전부터 한류(韓流)가 조성되기 시작해 이제는 전 지구적인 범주까지 확산되었다고 하고, 우리의 드라마와 영화와 케이팝에 열광하는 지구인들이 한국이라는 나라에 대해 지대한 관심을 보이고 있다는데, 소프트파워가 이렇게 빈약한 수준에 머물러 있는 이유가 무엇인가? 한국의 국제적 인지도와 이미지가 빠르게 개선되고 있다는 것이 한국사회 전반의 인식인데, 왜 한국의 소프트파워 순위는 여전히 20위권 부근에 머물고 있는 것인가?

(2)

20여 년 전부터 한국의 영화·드라마·케이팝 등이 세계시장에 활발히 진출함으로써, 한국의 이미지가 많이 달라진 것이 사실이다. 한국의 대중문화 스타에게 열광하고, 한국어를 배우려고 하거나 한국의 자연과 문화를 경험하기 위해 한국을 찾는 사람들이 대폭 증가했다. 이는 언론보도 등을 통해 우리 국민들이 수시로 확인하고 있는 사실이다. 그런데, 구체적인 조사와 분석결과를 살펴보면, 국제사회에 형성되어 있는 한국의 인지도나 국가이미지는 한국인들의 기대와는 상당한 격차가 있음이 확인된다.

2012년에 발표된 연구에 의하면 세계 각국의 학생들이 배우는 한국의 모습은 우리가 생각하는 한국과는 달랐다. 한국은 2007년에 1인당 GDP가 2만 달러를 넘어 섰고, '한강의 기적' '아시아의 네 마리 용'과 같은 용어들은 당시의 한국 사람이면 누구나 알고 있는 용어였다. 2000년과 2007년에 한국의 대통령이 평양을 방문함으로써, 한반도의 화해무드 조성이 계속 진척되고 있던 시기이기도 했다. 그러나 외국의 학생들에게는 한국이 소극적이고 피동적이며, 여전히 전쟁의 위험을 듬뿍 안고 있는 위험한 나라로 가르쳐지고 있었다.

> 첫째, 한국의 이미지는 중국의 영향권에 안주해 있다가 다시 일본제국주의의 식민지가 된 …… 미온적이고 소극적인 동아시아 국가 중 하나로 그려진다. 여기에 미·소 양국에 의한 남북 분단과 한국전쟁의 전개로 인해 한국은 보잘 것 없고 타율적이라는 부정적인 이미지를 더하고 있다. 둘째, 한국은 중국의 문화적 아류라는 이미지이다. 셋째, 한국전쟁에 대한 이미지는 정작 한국전쟁의 직접적 대상국이며 가장 큰 피해국인 한국이 서술에서 배제되고 …… 있다. 넷째, 대부분의 세계 각국 사회과 교과서에서 한국은 단시간 내에 신흥공업국이 된 …… 역동적인 국가로 그려진다. 그러나 이 이미지 역시 …… 미온적·타율적 이미지를 상쇄하거나 전환시키기에는 한계가 있다.[58]

위 인용문의 출처는 세계 42개국 총 299권의 사회교과서를 분석한 연구논문이며, 2012년에 발표되었다. 그리고 위와 같은 결과를 두고 필자들은 "국가적·학술적·민간적인 차원에서의 전 방위적이고 다층적인 노력이 강구되어야 한다"는 해소책을 제안했다. 이 중 학술적 차원의 노력이 학계의 몫인데, 이에 대해서는 다음 장에서 상세히 다루겠다.

> 한국의 국가이미지는 여전히 중국과 일본의 중간지점, 다시 말해 "샌드위치"적 위상을 가지고 있음. 한국은 여전히 중국에 비해서는

---

58) 안지영·박소영·정재윤, 「외국 사회과 교과서에 나타난 한국 이미지」, 『정신문화연구』 제35권 제1호, 2012, 366-367쪽.

국민적, 기술적, 정서적으로 앞서 있으나 일본에 비해서는 뒤처져 있다는 인식이 팽배. 심지어 문화적 이미지 측면에서도 중국이나 일본에 비해 낮은 점수를 받았음.[59]

앞의 연구와 같은 시기에 이뤄진 연구결과인데, 국제사회에 있어 스스로의 독립적 위상을 인정받지 못하고 있으며, '한류'가 형성되기 시작한 지 10여년이 지났지만 여전히 우수한 문화를 지닌 국가로서의 이미지는 확보하지 못했다. 인문적 소프트파워 강화의 필요성을 부각시켜주는 대목이다. 기술면에서는 우리가 중국보다 앞서 있다는 이미지를 부여받고 있던 것으로 조사되기는 했지만, 8년이 지난 지금은 상황이 달라졌을 것으로 짐작된다.

프랑스인들이 한국에 대해 가지게 된 이미지는 몇 가지 서로 상반되는 (전통적 vs. 현대적, 역동적 vs. 조용한) 이미지도 동시에 나타나고 있었다. 또한 한국과 관련된 대중문화의 이미지도 매우 강하게 작용하고 있었으며, …… 반면 프랑스 수용자들에게 한국을 떠올리게 하는 이미지로 경제·기술, 정치·역사 측면은 상대적으로 높지 않은 것으로 나타났다.[60]

위에 제시한 내용은, 프랑스 파리의 한국문화원에서 한국어 강좌를 수강하고 있는 학생 77명을 대상으로 2012년 6월 말에서 7월 초에 걸쳐 실시한 설문조사의 결과이다. 앞에서 제시한 연구들과 시기

59) 김장현, 「한류를 통한 국가이미지 제고방안」, 『JPI정책포럼 자료집』, 2012, 3쪽.
60) 손승혜, 「한국 문화의 수용과 국가 이미지 형성에 관한 탐색적 연 - 파리 한국 문화원 한국어 수강자들의 문화수용 과정과 의미」, 『문화정책논총』 제27집 1호, 한국문화관광연구원, 2013, 112쪽.

가 겹치는데, 한국에 대한 프랑스인의 이해가 모호하고 피상적임을 알 수 있다. 다른 나라에서와는 달리, 프랑스에서는 각인되기 시작한 것으로 보이는데, 유럽 지역 내에서도 프랑스만의 독특한 현상이었을 수 있다는 생각이 든다. 지금도 유럽 지역에서는 한류가 가장 환영받고 있는 곳이 프랑스이기 때문이다.

> 정치와 사회 기사는 부정적인 논조가 대부분이었다. …… 경제기사는 한국경제에서 수행하는 재벌의 역할을 부정적인 프레임에서 보도한 기사가 더 많았다. 반면에 문화와 과학 기사는 긍정적인 논조가 많았다. 영화와 드라마 등 한류, 놀라운 정보통신 (IT) 강국임을 보도한 기사가 많았다. …… 영국·독일 ·프랑스·폴란드 유럽 4개국 언론은 분야별로 고정된 프레임에서 한국을 보도해왔다. 정치와 경제는 부정적 논조, 문화와 과학은 긍정적 논조였다.[61]

위 인용문은 2014년 현재 한국에 대한 유럽 언론의 보도태도를 분석한 결과이다. 먼저 살펴 본 2012년의 연구결과들과 비교해볼 때, 정치·경제적 측면에서는 이전과 큰 변화가 없지만, '한류'의 효과가 드러나기 시작하고, 정보통신기술을 선도하는 국가로서의 이미지가 형성되기 시작했다.

전반적으로 보면, 5,6년까지도 국제사회에서 한국의 이미지는 크게 변하지는 않았던 것으로 파악되었다. 고주현 등 3인의 연구자들이 2014년 9월 8일부터 11일까지 런던에서 파이낸셜타임스(FT) 이코노미스트, 가디언, BBC World Service 4개 영국 언론사의 관계자 6명

---

61) 김면회 외 지음,『유럽 언론에 나타난 한국의 이미지』, 경기도: 한국학중앙연구원 출판부, 2018, 263-264쪽.

을 만나 구조화 인터뷰를 실시했는데, 아래와 같은 사실을 확인했다.

> 인터뷰 대상자들은 한국 기업브랜드와 국가브랜드의 격차에 대해서도 문제점을 잘 알고 있었다. 삼성이나 현대, LG 제품 사용자 가운데 한국산임을 알고 있는 외국인은 극소수다. 많은 영국인은 삼성의 최신 핸드폰을 사용하면서 대개 일본제라고 알고 있다.[62]

불과 5년 반 전의 상황인데, '한류'가 형성되기 시작한 지 10년이 훨씬 넘은 때였으니, 우리의 기대와는 달리 '한류'가 나라 알리기에 크게 기여하고 있지는 못했던 것으로 판단된다. 한국의 유명브랜드를 다른 나라의 것으로 생각하는 현상은 함께 연구를 진행하는 팀에 의해 폴란드에서도 동일하게 확인되었다.

> 경제 기사의 경우 정치적 이슈를 다룰 때와는 정반대로 한국에 대한 긍정적 시각이 강하다. 한국은 정보통신기술(ICT) 분야에서 강점을 갖고, 삼성·LG·기아·현대자동차 등 유럽에 진출한 대기업을 한국기업으로 인식한 학생들의 경우 한국에 대한 호감도가 높다. 특별히 삼성·LG·기아·현대자동차에 대한 이미지가 좋다. 이러한 제품을 통해 한국의 이미지가 나타나고, 이는 매우 긍정적이다 그러나 대부분의 폴란인이 이들 기업을 한국 기업으로 알고 있지는 않다.[63]

연구팀이 영국 언론사 관계자들을 만나기 전인 2014년 5월까지 가수 싸이가 발표한 '강남스타일'이라는 곡이 유튜브 조회 20억뷰를 돌파하는 기록을 세웠다고 보도되었다. 거의 세계 인구의 1/3에 해당하

---

62) 앞의 책, 73-74쪽
63) 앞의 책, 259쪽.

는 횟수만큼 '한국 가수' 싸이의 뮤직비디오가 시청된 것이다.[64] 그러나 대다수의 유럽인들은 삼성·LG·기아·현대자동차 등의 유명기업을 가질만한 나라로 한국에 인식하지 않고 있었다. 삼성과 LG와 현대의 제품을 좋아하고 그 기업을 좋아하지만, 한국이 그런 우수한 기업을 가진 나라로는 생각되지 않는다는 것이다. 국가 차원의 소프트파워 혹은 국가브랜드가 기업들의 해외 진출에 도움을 주지 못하고 있었을 뿐만 아니라, 한국의 유명기업들이 구축한 기업브랜드가 한국의 국가이미지를 제고하는 인자로 기능하지도 못하고 있었던 것이다.

싸이 이후에도 '한류'는 눈부시게 발전했으며, 2018년에는 방탄소년단(BTS)의 노래가 빌보드 차트 1위에 오르고, BTS의 팬덤이 전 세계에 걸쳐 엄청난 규모로 형성되어 있다는 사실을 우리는 잘 알고 있다. 그렇지만, 포틀랜드커뮤니케이션은 2019년도 한국의 소프트파워를 분석하면서 "모두가 삼성, LG, 현대와 같은 브랜드를 한국의 것으로 인식하는 것은 아니다."[65] 는 말을 되풀이했다.

국제사회에 형성되어 있는 한국의 이미지는 뚜렷하지 않았으며, 별로 긍정적이지 않았던 것으로 판단된다. 중국과 일본 사이에서 한국은 뚜렷한 존재감을 보이지 못하고 있으며, 정치·경제·문화 등의 측면에 있어도 주체적이거나 주도적인 이미지를 부여받지 못하고 있다. 한국의 유명 브랜드를 일본 기업으로 생각하고 있는 현상은

---

64) 2개월 만인 9월 25일 유튜브 조회 수 2억 7000만 건을 넘긴 대기록을 세웠고, 2014년 5월 31일에는 유튜브 최초로 조회수 20억 건을 돌파하는 기록을 세움. 2012년 9월 마지막 주부터 미국 빌보드 차트 2위에 오른 후 7주 연속 2위를 기록함. ([네이버 지식백과] 강남스타일)

65) Not everyone recognises brands such as Samsung, LG, and Hyundai as Korean. https://softpower30.com/country/south-korea/

우리의 기대를 완전히 벗어난 결과이다. 중국이나 일본에 비해 국토 면적이나 인구가 작기도 하지만, 소프트파워 제고와 국가이미지 구축이라는 목표가 확립되지 않았던 것도 이유 중의 하나일 수 있다. 우리나라의 여건에 맞춰, 지금부터라도 '인문적 소프트파워'로써 '역동적인 한국'의 이미지 만들기에 관심을 기울인다면 소기의 성과를 충분히 효율적으로 달성할 수 있을 것으로 사료된다.

(3)

포틀랜드커뮤니케이션의 평가가 한국의 소프트파워 상황을 가장 객관적이고 설득력 있게 보여주는 것은 아니지만, 현재로서는 제법 폭넓게 수용되고 있을 뿐만 아니라, 몇 개 기관들의 평가결과를 비교해보면 포틀랜드가 비교적 중립적인 평가결과를 보여주는 것으로도 생각된다. 포틀랜드커뮤니케이션이 발표한 자료를 바탕으로 한국의 소프트파워 수준을 가늠해보겠다.

2018년 소프트파워30 평가 결과

| 종합순위 | 국가 | DIGITAL | ENTERPRISE | EDUCATION | CULTURE | ENGAGEMENT | GOVERNMENT | POLLING |
|---|---|---|---|---|---|---|---|---|
| 1 | 영국 | 3위 | 7위 | 3위 | 2위 | 2위 | 11위 | 6위 |
| 2 | 프랑스 | 2위 | 18위 | 5위 | 3위 | 1위 | 15위 | 5위 |
| 3 | 독일 | 4위 | 6위 | 2위 | 4위 | 3위 | 8위 | 9위 |
| 4 | 미국 | 1위 | 5위 | 1위 | 1위 | 4위 | 16위 | 15위 |
| 5 | 일본 | 8위 | 9위 | 10위 | 14위 | 5위 | 17위 | 3위 |
| 20 | 대한민국 | 5위 | 8위 | 15위 | 11위 | 14위 | 20위 | 26위 |
| 21 | 싱가포르 | 7위 | 1위 | 23위 | 28위 | 30위 | 23위 | 22위 |
| 27 | 중국 | 30위 | 22위 | 13위 | 9위 | 9위 | 30위 | 28위 |
| 28 | 러시아 | 13위 | 27위 | 18위 | 21위 | 13위 | 29위 | 30위 |

2019년 소프트파워30 평가 결과

| 종합<br>순위 | 국가 | DIGITAL | ENTERPRISE | EDUCATION | CULTURE | ENGAGEMENT | GOVERNMENT | POLLING |
|---|---|---|---|---|---|---|---|---|
| 1 | 프랑스 | 4위 | 18위 | 8위 | 3위 | 1위 | 15위 | 3위 |
| 2 | 영국 | 3위 | 10위 | 2위 | 2위 | 3위 | 12위 | 10위 |
| 3 | 독일 | 11위 | 8위 | 3위 | 4위 | 2위 | 5위 | 9위 |
| 4 | 스웨덴 | 9위 | 2위 | 4위 | 14위 | 1위 | 4위 | 4위 |
| 5 | 미국 | 1위 | 5위 | 1위 | 1위 | 4위 | 21위 | 13위 |
| 8 | 일본 | 7위 | 7위 | 16위 | 6위 | 5위 | 16위 | 7위 |
| 19 | 대한민국 | 5위 | 9위 | 12위 | 12위 | 16위 | 19위 | 23위 |
| 21 | 싱가포르 | 8위 | 1위 | 22위 | 28위 | 30위 | 24위 | 21위 |
| 27 | 중국 | 30위 | 21위 | 17위 | 8위 | 10위 | 29위 | 29위 |
| 30 | 러시아 | 15위 | 26위 | 20위 | 20위 | 12위 | 30위 | 30위 |

한국은 '디지털'과 '기업' 항목에서의 순위는 높은 반면, '정부'와 '국제투표' 항목에서는 상대적으로 낮게 평가되었는데, '정부' 항목은 분단 상황으로 인한 결과일 것이다. 한국은 '국제투표' 항목에서 가장 낮은 순위를 기록하고 있는데, 이는 한국의 인지도와 국가이미지가 매우 낮은 수준에 머물러 있으며, '한국 알리기'가 여전히 과제로 남아 있음을 보여주는 결과인데, 포틀랜드커뮤니케이션 역시 한국의 강점인 디지털 자산을 활용해서 한국문화를 세계에 알려야 한다는 의견을 해마다 제시했다. 아래 인용문은 2018년도의 분석 결과를 발표하면서 포틀랜드가 제시한 의견이다.

대한민국은 여론 조사에서 계속해 상대적으로 저평가되며, 정부 하위 지수에서 1순위 떨어진 22위를 기록했다. 작년에는 이러한 여론 조사 결과가 남북 분열 및 핵무기 관련성에 대한 이해가 부족한 것으로 추정했다. …… 진전된 남북관계는 대한민국에게 좋은 징조이지만, 남북관계의 취약함으로 인해 한국에 대한 여론이 쉽게 흔들릴 수 있다. 따라서 한국은 문화 및 기술과 같은 소프트파워 자산을 알리기 위한 공공외교에 노력해야 하며, 궁극적으로는 국제 청중을 위한 보다 완벽한 이야기를 만들어 가야 할 것이다.[66]

필자는 위 인용문을 아래와 같이 해석했다. 「한국은 늘 남북관계로 인해 국가이미지가 좋지 못했고, 2017년의 경우에도 다르지 않았다. 2018년도에는 평창동계올림픽의 성과를 바탕으로 이전보다 긍정적으로 평가되기는 했지만, 한반도의 상황변화에 따라 여론이 쉽게 흔들릴 수 있다. 그렇기 때문에 한국은 스스로 보유하고 있는 문화나 기술력을 국제사회에 더 잘 알려야 하며, 자국의 실제 모습을 국제 사회에 온전히 보여줄 수 있는 소프트파워 자산을 형성하고, 이것을 보다 적극적으로 확산해야 한다.」

2019년의 평가에서 한국은 전년보다 1단계 상승해서 19위를 기록하였는데, 포틀랜드는 한국의 낮은 인지도를 우려함과 동시에, 한국이 보유하고 있는 디지털 분야에서의 강점을 활용하고 있지 못하고 있다는 의견을 제시했다. 한국에 대한 인지도가 낮은 현실을 이전보다 훨씬 생생한 표현으로 전달하기도 했다.

---

66) South Korea continues to perform relatively poorly in the polling, and slips one place in the Government sub-index to 22nd. Last year, we attributed its poor polling performance to a likely lack of understanding around the North-South divide and its association with nuclear weapons. ⋯⋯ While progress with North Korea bodes well for South Korea, the fragility of its relations may make South Korea vulnerable to swings in public opinion. As such, South Korea should invest in extensive public diplomacy efforts to promote soft power assets such as culture and technology, and ultimately shape a more complete narrative for international audiences.

Soft Power 30 지수의 모든 카테고리에서 대한민국의 가장 낮은 순위는 국제투표 점수이다. 이것은 한국이 보유한 소프트파워 자산과 외부 세계가 갖고 있는 인식 사이의 격차로 해석될 수 있다. 따라서 한국은 더 폭넓은 공공외교 캠페인을 활발히 펼치고, 글로벌 대중들과 더 나은 관계를 형성하고 한국의 메시지를 전달하는 데 전념해야 한다. 한국은 강력한 디지털 자산을 활용함으로써, 글로벌 대중들이 더 쉽게 접근할 수 있게 하고, 신뢰할 수 있는 파트너로서의 외부 세계에 대한 기여도를 더 잘 보여줄 수 있다. 또한 글로벌혁신 허브로서의 입지를 잘 활용해야 한다. 모두가 삼성, LG, 현대와 같은 브랜드를 한국의 것으로 알고 있는 것은 아니다.[67]

빼어난 디지털 기술과 설비를 보유하고 있지만, 신뢰할 수 있는 국가로서의 이미지를 형성하는 데 그것을 활용하지 못했으며, 기술력이 우수한 국가로서의 이미지도 만들지 못했다는 것이다. 한국은 자신이 갖고 있는 소프트파워 자산을 국외로 알리지 못했으며, 우수한 디지털 자산도 제대로 활용하지 못하고 있다는 것이다. 특히 인용문의 마지막 문구 "모두가 삼성, LG, 현대와 같은 브랜드를 한국의 것으로 인식하는 것은 아니다"는 한국의 국가이미지가 얼마나 빈

---

67) Across all categories of the Soft Power 30 index, South Korea's lowest ranking comes in its combined polling score. We can interpret this as a gap between the soft power assets it holds and perceptions the outside world has of South Korea. As result, Korea should double down on an extensive public diplomacy campaign to better engage global audiences and tell its story. By leveraging on its strong digital assets, South Korea can make itself more accessible to international audiences and better articulate its contribution to the outside world as a reliable partner. It should also leverage its position as a hub global innovation. Not everyone recognizes brands such as Samsung, LG, and Hyundai as Korean. ( * 2019년도 결과에 대한 분석)

약한 수준에 있는지를 절감하게 하는 발언이다. 삼성과 LG와 현대의
제품을 좋아하고 그 기업을 좋아하지만, 한국이 그런 우수한 기업을
가진 나라로는 생각되지 않는다는 것이다. "일본이라면 몰라도, 그
런 기업이 한국 같은 나라의 기업일 리가 없다"는 것이 국제투표에
참여한 사람들의 인식이라면, 드라마·영화·케이팝·게임 등의 문화
상품들은 '한국 알리기' '국가이미지 개선' '국가브랜드 강화' 등에
한국민의 기대만큼 기여하지는 못한 것이다. 위 인용문이 2019년의
측정결과에 대한 분석이라는 점을 특히 주목해야 한다. 이것이 우리
나라 소프트파워의 현재 수준인 것이다.

(4)

'소프트파워' 개념이 주목받으면서, '소프트파워'나 국가브랜드
'를 측정하고 분석하는 기관들이 많아졌고, 국제사회 역시 그들이
발표하는 결과를 홀시하지 않는다. 그러나 이 기관들이 사용하고
있는 소프트파워 측정기준이나 방법이 국가별로 다양한 특성을 지
니고 있는 소프트파워를 객관적으로 평가할 수 있다고는 생각되지
않는다. 현재 가장 많은 관심을 받고 있는 것으로 생각되는 '포틀랜
드 커뮤니케이션'이 사용하고 있는 측정지표 역시 과학기술이 발달
되어 있고 경제적으로 윤택하며 국제적 인지도가 높은 서구 선진
국들에 유리한 항목으로 구성되어 있다는 것이 필자의 판단이다.
소프트파워 강화 전략 수립에 있어 주력할 항목을 선정할 때는, 국
제적으로 영향력이 있다는 평가기관들의 지표에 연연하지 말고, 자
국의 상황과 목표에 따라 나라마다 독자적으로 선정하는 것이 옳
은 것이다.

2016년 10월 2일 보수당 회의(Conservative Party Conference)에서 테레사 메이(Theresa May) 총리는 …… 문화외교의 중요성을 강조했다. …… 소프트파워로 인해 1% 긍정적인 영향이 증가할 때, 수출은 0.8% 증가하여 상업적 수익을 낸다고 주장한다. 이러한 이유로 브렉시트 이후, 영국의 소프트파워 자산: 영국적 가치, 민주주의, 경제적 및 정치적 자유, 교육, 혁신, 영어, 문화, BBC, 문화예술, 문학, 문화유산, 스포츠 확산에 관심을 두고 있다.[68]

위 인용문은 영국이 브렉시트 결정 이후 국제사회에서 자국의 위상과 영향력이 위축되지 않도록 문화외교에 집중하고 있으며, 친영(親英) 네트워크 형성에도 노력하고 있음을 알려준다. 독일은 과거사의 부정적인 인식을 바꾸고 유럽연합의 '기관차' 역할을 자임하기 위해 '문화 간 대화', '소통'에 집중한다고 한다.[69] 소프트파워를 구축함에 있어 나라마다 장점을 지닌 분야가 있으며, 또한 원하는 국가이미지가 있는 것이다.

영국은 영국이 보유하고 있는 소프트파워 자산을 기반으로, 민주주의를 추구하고 경제적으로 발전되었으며 교육과 문화가 발달한 국가로서의 이미지를 원하는 것 같다. 독일은 전범국의 이미지를 씻고 E.U. 리더국으로서의 이미지를 수립할 수 있기를 바라고 있다. 한국 역시 자국의 여건과 어울릴 뿐만 아니라 안정적이고 장기적인 발전의 기반의 되어 줄 국가이미지 구축을 보다 진지하게 추진할 때가 되었다고 생각된다.

---

68) 김새미, 「외교대상(target)과 실행체계를 중심으로 본 문화외교의 쟁점과 추이 – 영국과 독일 사례를 중심으로」, 『통합유럽연구』 제9권 1집, 2018, 128쪽 참조.
69) 앞의 논문, 109쪽

# 4 '인문자산'으로 '한류'의 뿌리를 형성해야 한다

## (1)

소프트파워는 다양한 요소와 경로를 통해 구축되는 총체적 결과물이라고 할 수 있는데, 한국의 경우에는 90년대 후반부터 드라마·영화를 중심으로 형성되기 시작한 '한류(韓流)'가 중요한 요소와 경로가 되었다. 최근에는 케이팝이 한류의 중심 영역을 차지하게 되었는데, 대중문화를 중심으로 하는 한류가 한국의 국가이미지 및 소프트파워 제고와 상품수출 신장에 크게 기여해 왔다는 점은 이론의 여지가 없이 받아들여지고 있는 사실이다.

> 한류의 각 매체 중에서는 드라마, 영화, 대중음악이 거의 대등하게 국가선호도와 비례하고 있으나(상관관계 약 0.4/1.0), 한국의 전통문화에 대한 선호(0.6/1.0)가 가장 큰 관계를 보임[70]
> K-pop을 접한 뒤 각 국가에서의 한국에 대한 호감도 변화는 유의한 차이를 보였는데, 베트남(3.832) > 태국(3.658) > 중국(3.640) > 일본(3.318) 순으로 나타났다. K-pop으로 인한 한국 방문의사의 변화에 있어서도 베트남(3.980) > 태국(3.806) > 중국(3.570) > 일본(2.946) 순으로 나타났다.[71]

위 내용은 2012년의 상황이다. 문화상품보다 '전통문화'가 국가선

---

70) 김장현, 「한류를 통한 국가이미지 제고방안」, 『JPI정책포럼 자료집』, 2012, 3-4쪽.
71) 김주연·안경모, 「아시아국가에서의 K-pop 이용행동과 K-pop으로 인한 국가 호감도 및 한국 방문의도 변화」, 『한국콘텐츠학회논문지』 Vol.12 No.1, 2012, 523쪽.

호도에 더 깊은 영향을 미친다고 조사된 점이 최근의 상황과 다른 섬이다. 그 이전까지 영화나 드라마가 한류의 중심적인 장르를 형성했기 때문에 해외 한류 소비자들이 문화상품을 통해서도 한국의 전통문화를 많이 접할 수 있었기 때문이었던 것으로 판단된다. 2012년부터 케이팝의 비중이 본격적으로 커진다는 변화가 있기는 했지만, 한국의 대중문화는 지금도 여전히 한국 소프트파워 형성과 발전의 중추적 역할을 담당하고 있다. 두 번째 인용문에서 한국에 대한 호감도와 한국 방문의도가 비례함이 확인되는 데, 이러한 경향이 상품 구매에도 그대로 적용될 것이라는 것은 상식적 수준의 추론만으로도 기대할 수 있는 점이다.

한류가 국가이미지 제고와 국가경쟁력 향상에 기여하는 현상은 여전히 지속되고 있다.

> 한국에 대한 연상 이미지는 'K-Pop(16.6%)'이 가장 높게 나타났으며, 그 다음으로 '북한 / 북핵위협 / 전쟁위험', 'IT산업', '드라마', '한식' 순으로 높음.[72]
> 한국에 대한 연상 이미지로 가장 많이 떠오르는 것은'K-Pop'(17.3%)이며, 그 다음으로 '한식', 'IT산업', '드라마', '뷰티'등에서 높은 연상률을 보임.[73]

한국국제문화교류진흥원에서는 해마다 『해외한류실태조사』를 발표하고 있는데, 2018년도 조사 결과는 2018년도 3월에, 2019년도 조사 결과는 2019년 3월에 발표되었기 때문에, 인용문에서 언급한 내

---

72) 한국국제문화교류진흥원, 『2018 해외한류실태조사』 35쪽.
73) 한국국제문화교류진흥원, 『2019 해외한류실태조사』 9쪽.

용은 각각 2017년과 2018년의 상황이다. 두 해의 조사 모두에서 케이팝이 확고하게 한류의 중심부에 자리 잡은 것이 확인된다. 앞에서 이미 언급했지만. 2018년도에 '북핵' 문제가 연상이미지에서 사라진 것은 평창동계올림픽과 남북정상회담으로 인해 한국의 분단체제에 대한 세계인들의 불안감이 대폭 가라앉은 결과일 것이다.

　문화체육관광부 해외문화홍보원에서도 해마다 『국가이미지 조사 보고서』를 발표하는데, 한국의 이미지 향상에 영향을 미친 가장 중요한 요소로는 계속 '현대문화'가 꼽히고 있어서, 『해외한류실태조사』와 동일한 내용이 확인된다.

　　외국인들은 우리나라의 대표 이미지로 '한식(40%)'을 가장 많이 떠올렸다. 이어서 케이팝(22.8%), 한국문화(19.1%), 케이-뷰티 (14.2%) 등으로 조사되어 전반적으로 한류가 우리나라를 대표하는 핵심어인 것으로 나타났다. …… 긍정적인 이미지에 영향을 미치는 요인은 우리의 한류, 기초예술 등 현대문화(35.3%)가 가장 높았고, 이어서 경제수준(17.5%), 문화유산(12.3%), 한국제품 및 브랜드 (12%), 북핵문제(5.7%) 순이었다.[74]

　　긍정적 이미지에 영향을 미치는 요인으로는 한국 대중음악(케이팝), 영화, 문학 등 대중문화(38.2%)가 가장 높았고, 경제수준 (14.6%), 문화유산(14.0%), 한국 제품 및 브랜드(11.6%)가 그 뒤를 이었다. 문화 한류가 긍정적 국가이미지 형성에 크게 기여한 것으로 보인다. …… 외국인들은 우리나라의 대표 이미지로 '한국 대중음악(케이팝)·가수'(12.5%)를 가장 많이 떠올렸다. 그 다음으로 '한식·식품'(8.5%), '문화·문화유산'(6.5%) 순으로 나타나, 한류가 우리나라를 대표하는 핵심어인 것으로 조사됐다.[75]

74) 「문체부 보도자료 - 2018년도 대한민국 국가이미지 조사 결과 발표」

'한국'하면 떠오르는 인물로 '배우', '가수' 비중이 높았고, 그 다
음으로 '정치인', '운동선수' 순으로 니타남. …… '문재인' 대통령이
7.9%로 가장 높았고, '방탄소년단'이 5.5%로 2위를 차지해 2018년보
다 3순위 상승. 그 외에 배우 '이민호', '송혜교', 가수 '싸이'가 Top5
에 포함됨.76)

　2018년에는 한국을 대표하는 이미지로 한식이 꼽혔지만, 한국에
대한 긍정적인 이미지에 영향을 미치는 요인으로는 여전히 '현대문
화'가 꼽히고 있다. 세 번째 인용문이 흥미롭다. 대통령 다음으로 유
명한 인물들을 모두 한류스타들이 차지하고 있다. 한국인들은 손흥
민에게 더 열광하는 경향이 있는데, 외국인들이 한국을 대표하는 인
물로 떠올리는 인물은 여전히 영화·드라마·케이팝이 그들에게 알
려준 인물들이다. 한류가 한국의 국가 이미지와 인지도 개선 그리고
소프트파워의 신장에 적지 않게 기여해 왔음을 보여주는 조사결과
라고 하겠다.


(2)

　영화·드라마·대중음악 등의 문화상품은 소프트파워의 담지체(擔
持體)이자 확산경로이다. 대중의 마음을 파고드는 데 있어서는 대중
문화가 강한 힘을 발휘할 수 있고, 정보통신기술과 플랫폼 기반의
다매체 시대에는 문화상품이 소프트파워 신장에 있어 중요한 역할
을 할 수밖에 없기 때문에, 문화산업과 문화상품은 소프트파워 형성
의 주요 경로로 설정되고 또한 당연히 육성되어야 한다.

75)「문체부 보도자료 - 2019년도 대한민국 국가이미지 조사 결과 발표」
76) 해외문화홍보원, 『2019년도 국가이미지 조사보고서』, 20쪽.

과연 헐리우드는 하버드보다 더 중요한 구실을 하는가? 그 답변은, 하버드만큼 순수하지는 못해도 헐리우드가 사람들 속으로 훨씬 폭넓게 파고든다는 것이다.[77]

베를린 장벽은 1989년에 허물어졌지만 이보다 훨씬 전에 TV와 영화로 이미 그 장벽은 뚫려 있었다.[78]

1988년에는 레논 평화클럽이란 조직이 결성되어 이 클럽의 회원들이 소련군의 (체코) 철수를 요구했다. 세월이 흐르면서 레논이 레닌을 누른 셈이다.[79]

영국 사람들도 비틀스에 대해 유사한 생각을 하는 것으로 확인되었다.

(2014년 9월에 한국의연구자들이 런던에서 영국 언론사 관계자들과 인터뷰를 실시했는데) 한 대상자는 영국의 국가브랜드 변화에는 정부보다 민간의 역할이 더 컸다고 지적했다 영국의 경우 1960년대까지 고리타분하고 쇠퇴한 나라라는 이미지가 투영되었다. 그러나 1990년대 들어오면서 멋진 나라로 이미지가 변한 것은 수십 년 걸려 조금씩 변화한 결과였다. 그리고 비틀스를 비롯한 음악가들과 작가들의 역할이 컸다.[80]

문화산업과 문화상품은 높은 부가가치 창출을 통해 국가경제 발전에도 크게 기여한다. 문화상품은 대중들의 일상 속으로 파고들면서 그 자체의 유통으로써 직접적 이익을 창출할 뿐만 아니라, 소프

---

77) 조지프 S 나이 지음, 홍수원 옮김, 『소프트파워』, 96쪽.
78) 앞의 책, 99쪽.
79) 앞의 책, 101쪽.
80) 김면회 외 지음, 『유럽 언론에 나타난 한국의 이미지』, 경기도: 한국학중앙연구원 출판부, 2018, 74쪽.

트파워 제고와 국가브랜드 상승을 통해 자국 상품의 해외시장을 확대하고, 나아가서는 타겟 시장의 안정성을 높여 당해 문화상품 생산국에게 거대한 간접적 이익을 가져다줄 수도 있다. 한류를 형성시켜온 한국의 대중문화 상품이 국가이미지 제고와 경제적 부가가치 창출에 끼친 공로는 충분히 평가되어야 한다.

(방탄소년단으로 인한) 외국인 관광객 유입의 생산유발액은 약 1조 6,300억원, 부가가치유발액은 약 7,200억 원으로 추정된다. 또한 주요 소비재수출액에 대한 생산유발액은 2조 5,100억 원, 부가가치유발액은 약 7,000억 원으로 추정된다. 따라서 총 경제적 효과는 연평균 약 4조 1,400억 원의 생산유발과 1조 4,200억 원의 부가가치유발 효과인 것으로 계산된다.[81]

문화산업의 경제적 효과는 대단하다. 2020년 2월에 아카데미상을 수상한 한국영화 '기생충'이 세계 시장에서 한화 2,000억 원이 넘는 매출을 올렸는데,[82] 중국영화 '전랑(戰狼) Ⅱ'는 중국이라는 단일 시장에서만 56.81억 인민폐(환율 170원으로 환산하면 한화 9657.7억 원)의 매출을 기록했다.[83] 그래서 중국의 한 학자는 중국의 문화시장은 해외에 내줄 수 없다고 외치기도 했다.

2016에 중국의 영화 매표 수입은 457억 인민폐에 달했지만, 매표 수입에 대한 1인 평균 기여는 36인민폐에 지나지 않았다. 같은 해 중국의 매표 수입은 11억 인민폐에 달했고, 1인 평균 기여는 200 인

---

81) 현대경제연구원,「방탄소년단(BTS)의 경제적 효과」, 2018.12.17, ⅱ쪽 참조.
82) 「'기생충' 매출 2000억원 돌파 … 봉준호, 16일 '금의환향'」,『뉴시스』, 2020.02.16.
84) https://baike.baidu.com/item/战狼Ⅱ

민폐를 넘는다. 중국의 영화시장은 여전히 거대한 성장잠재력을 지니고 있는데, 이 거대한 잠재적 소비력을 서구 영화에게 뺏기면 안 된다.[84]

중국은 2016년부터 한국문화상품의 중국시장 유입을 제한했는데, 위의 인용문 내용을 보건대, '한한령(限韓令)'을 사드배치에 대한 보복으로 해석하는 것은 정확하지 않다고 판단된다. 반도체 수입을 중단시켰다면 한국경제는 큰 타격을 입었을 것이고, '보복'의 목적도 충분히 달성했을 것이다. 그러나 중국은 반도체 수입은 오히려 늘리면서, 문화상품은 막았다. 즉, '사드사태'가 터진 기회를 이용해 중국의 소비자가 한국 문화상품에 접근하지 못하도록 차단함으로써 중국의 문화산업이 발전할 수 있는 여지를 순조롭게 확보한 것이다. 그리고, 한국의 문화상품으로부터 '중국의 문화'를 지키는 '문화안보'의 목적도 달성했을 것이다. 문화산업은 반드시 발전시켜 나가야 할 미래형 산업분야이다.

영국의 '창조산업(creative industries)'이나 일본의 '쿨재팬(cool Japan)' 등은 모두 국가이미지 개선과 경제적 이익을 동시에 도모하는 국가단위의 추진 프로그램들이다. 대중문화와 문화산업은 소프트파워적인 측면과 경제적 측면 모두에서 매우 중요한 위상을 차지하고 있는 것이다. 그렇기 때문에 '소프트파워 인문학' 역시 문화산업에

---

84) 2016年 , 中國電影票房達到了457億元 , 但人均票房貢獻不到36元人民幣, 同年的美國票房達到了111億美元, 人均票房貢獻達到200元人民幣以上. 中國電影市場仍然其有庞大的發展後勤, 這一巨大的消費潛力不應被西方電影奪取. 譚美玲, 「'戰狼 2 '提升中國文化軟實力的策略研究」, 『陰山學刊』, 2018年, 第31卷 第2期, 12쪽.

깊은 관심을 기울여야 하며, 한국의 문화상품에 인문가치와 국적을 부여할 수 있어야 한다. 또한 각 지역과 문화권의 특성까지를 파악함으로써, 문화상품 수출과 소프트파워 발신을 활성화할 전략 수립까지를 '소프트파워 인문학'의 관심 영역 속에 포괄할 수 있어야 한다.

(3)

'한류'의 중심을 이루는 장르가 영화와 드라마에서 케이팝으로 옮겨졌지만, 한류를 형성하는 모든 문화산업이 한국에 대한 호감도를 높이고 국가이미지를 개선하며, 한국상품에 대한 구매욕구를 높이고 더 많은 관광객들이 한국을 찾도록 하고 있다는 점은 재론의 여지가 없다. 이러한 점들에 대해서는 수많은 논문들이 검증을 되풀이했으며, 더욱 효율적이고 체계적인 지원을 통해 한국의 문화산업을 발전시켜가는 일만이 남았다고 말해도 될 것이다.

그러나 대중문화 상품을 국가이미지 구축이나 소프트파워 형성의 주력으로 삼았을 때 발생할 수 있는 한계와 부정적 현상 역시 외면하지 않아야 한다. 보다 합리적이고 효율적인 소프트파워 강화책을 모색할 수 있다면, 훨씬 순조롭게 한국의 소프트파워가 종합국력의 향상에 기여하고 국가브랜드를 높일 수 있는 수준까지 향상되도록 추동할 수 있을 것이다.

대중문화 상품이 우리가 기대하는 만큼은 국가이미지 개선이나 소프트파워 강화에 기여하지 못한다는 보고가 많다. 대중문화와 문화상품의 속성상, 소프트파워 창출의 경로로서 선택된다면 간과하지 않아야 할 한계를 지니고 있다는 것이다. 특히 케이팝과 국가인지도 제고와의 상관관계가 그리 높지 않다는 연구보고가 상대적으로 많다. 대중문화상품은 그 나라가 보유하고 있는 문화와 인문가치를 체계적이고 안정적인 상태로 제공하면서 소비자들의 진지한 이해를 기대하기는 어려운 경로인 것이다. 몇 개의 연구결과를 나열적으로 제시해보겠다.

K-POP은 국가이미지에 영향을 미치지 못하고 있는데, 해외 소비자들은 K-POP에서 한국 고유의 전통성을 느끼지 못하고 있으며 호기심에 K-POP을 접하는 비중이 많은 것으로 나타나고 있다. 그러나 K-POP 스타는 국가이미지에 영향을 미치는 것으로 나타나고 있는데, 그 이유는 K-POP 스타들의 외형적인 외모에서 한국적인 스타일을 느끼고 있으며 활발한 활동으로 인하여 한국을 알리고 있는 효과로 국가이미지에 영향을 미치는 것으로 나타났다. [85)]

국가브랜드위원회 등의 조사결과(2011)에서도 터키의 경우 한류 문화상품의 소비는 늘고 있으나 오히려 한국의 국가이미지는 나빠지고 있는 것으로 드러남.[86)]

한국 드라마를 중심으로 한 한류현상은 국가이미지 제고에 긍정적인 영향을 미치고 있는 것으로 나타났다. 반면 최근 전세계적으로 확산되고 있는 K-POP의 영향은 국가이미지에 영향을 미치지 않은 것으로 나타났다.[87)]

한국 드라마 시청 분량은 한국에 대한 인식에 유의미한 영향을 미치지 않는 것으로 나타났다. …… 한국 음악 청취량도 한국에 대

85) 황낙건 등, 「K-POP과 K-POP 스타가 국가이미지와 한국제품 구매의도에 미치는 영향 – 해외 소비자를 대상으로」, 『한국엔터테인먼트산업학회논문지』 제6권 제4호, 2012, 12쪽.
86) 김장현, 「한류를 통한 국가이미지 제고방안」, 『JPI정책포럼 자료집』, 2012, 9쪽.
87) 김종섭·이홍매, 「중국내 한류가 한국화장품의 구매의향에 미치는 영향 : 대학생을 중심으로」, 『국제지역연구』 제17권 제1호, 2013, 213쪽.

한 인식에 유의미한 영향을 미치지 않는 것으로 나타났다. …… 결과적으로 한국 드라마 시청과 한국 음악 청취는 정치, 경제, 문화, 생활수준 등을 중심으로 살펴본 한국에 대한 전반적인 인식에 직접적인 영향을 미치지는 않았다.[88]

영국의 메이 총리는 소프트파워의 효과가 1% 성장하면 수출이 0.8% 성장한다고 했는데, 한류가 화장품 등 한국 상품의 수출에 긍정적 영향을 미쳤다는 것은 주지의 사실이다. 다만, 한류 소비층의 특성과 연결되면서, 한국의 주력 수출품인 고부가가치 내구 소비재 수출을 촉진하는 효과는 제한적인 것으로 분석되었다.

여성은 주된 한류 소비자이지만, 이들의 한국산 소비재에 대한 선호는 의류, 화장품 등에 집중되어, 한국의 주력 수출품인 고부가가치 내구 소비재 수출에 대한 영향은 제한적인 것으로 보인다.[89]
K-pop의 국가 별 확산 정도를 2011, 2012년 측정하였다. 55개 국가를 대상으로 다중회귀분석을 통해 도출한 결과 구글 검색량과 유튜브 조회수 모두 우리나라의 수출에 양(+)의 영향을 주고 있음을 확인되었고 개발 산업별로는 자동차, 가전제품과 같은 상대적으로 고가격 내구재보다는 화장품, 의류와 같은 저가격 소비재에서 그 영향이 더 확연함이 확인되었다.[90]

한류 소비층이 여성이 많기 때문에, 화장품이나 의류 등등의 수

---

88) 유승관,「한국 드라마와 K-pop이 국가이미지에 미치는 영향 – 태국수용자를 중심으로」,『정치커뮤니케이션 연구』통권 33호, 2014, 36-37쪽.
89) 김정곤·안세영,「한류의 한국산 소비제 수출에 대한 영향:중국과 베트남 연구」,『국제통상연구』제17권 제3호, 2012, 217쪽.
90) 이장혁·김가윤·우원석,「K-POP이 수출에 미치는 영향: YouTube 조회수와 Google 검색을 중심으로」,『마케팅관리연구』Vol.19 No.4, 2014, 183쪽.

출이나 판매에 주로 영향을 미치는 것으로 보인다.

　스타성에 의존하다가 외려 국가이미지를 손상할 우려도 있다. 대중문화 상품의 인기가 대중문화 종사자들의 스타성에 의존하는 경향이 높기 때문에, 그들의 개인적 일탈이 상품의 브랜드 가치와 연결될 뿐만 아니라, 국가브랜드나 소프트파워까지도 훼손할 수 있는 위험이 상시적으로 존재하는 것이다. 그리고 국제적으로 널리 알려진 대중문화 스타나 문화기업일수록 더 심한 부작용을 일으킬 수 있다.

　　그동안 문화는 한국의 약점이 아니었지만, 엔터테인먼트 산업은 2019년에 스캔들에 빠져서 큰 곤경을 겪었다. 이는 한국의 문화 하위 지수 하락으로 반영되었다. 버닝썬 스캔들에는 한국의 음악 산업에서 눈에 띄는 수많은 유명 K-pop 스타들이 연루되었다. 이전의 상태로 회복하기 위해, 한국은 한국문화의 더 넓은 범위와 다양성을 세계에 보여줄 수 있는 다른 문화적 자산들에 더 많은 투자를 해야 한다. 이는 '한류우드(Hallyuwood)' 영화 산업과 한국의 유네스코 세계문화유산을 통해 현대문화와 전통문화의 균형을 유지함으로써 이루어질 수 있다.[91]

　위와 같은 이유 때문인지, 해외시장에서 한국의 대중문화상품이

---

91) While Culture is by no means a weakness for South Korea, the entertainment industry suffered greatly in 2019 as it was mired with scandal. This is reflected by South Korea's drop in the Culture sub-index. The Burning Sun scandal involved numerous high-profile K-pop stars which took the shine off of Korea's music industry a very high-profile way. To bounce back, South Korea should invest more in others cultural assets that showcase more of the range and diversity of Korea's cultural offering to the world. This could be done through greater leveraging of the budding Hallyuwood film industry and Korea's UNESCO world heritage sites, balancing contemporary and historical culture. https://softpower30.com/country/south-korea/

여전히 호황을 누리고 있음에도 불구하고 문화강국으로서의 국가이미지는 해마다 실추되고 있는 것으로 보고되고 있다.

> '16년 대비 긍정응답률이 가장 크게 하락한 인식 항목은 '문화강국이다(-16.1%p)'이며, '문화강국이다'의 긍정응답률은 조사국가 중 일본(22.2%), 대만(28.8%), 중국(32%)에서 가장 낮음.[92]

> '17년 대비 긍정 응답률이 다소 하락한 항목은 '문화강국이다'(-2.9%p)이며, '문화강국이다'의 긍정 응답률은 조사국가 중 중국 · 일본 · 러시아 · 대만에서 상대적으로 낮음.[93]

케이팝이 인기를 끌어도 문화강국의 이미지는 오히려 약화되었다. BTS의 위상이 지금과 같지 않았고, 대중문화는 소비자들의 선호도가 급변하는 분야이기 때문에 단정적으로 말할 수는 없지만, 케이팝이 '품위 있는 한국'의 이미지 형성에 기여하기는 쉽지 않다는 점을 짐작하기는 어렵지 않다. 뿐만 아니라 포틀랜드커뮤니케이션의 2019년 분석결과는 대중문화를 국가이미지 수립의 한 통로로 운용하는 전략이 매우 위험하다는 점을 여실히 알려주었다. 버닝썬 뿐만 아니라, 여타 대중문화 스타들의 사생활에 관한 스캔들 보도가 끊이지 않는데, 이것들이 문화상품의 판매고에 영향을 미치는 것에만 그치지 않고, 한국의 국가이미지와 연결되기 때문에, 대중문화 중심으로 '한류'를 육성하는 정책을 재고할 시점이 되었다고 판단된다. 한국 고전문화의 정수(精髓)와 근현대사의 과정에서 한국인이 추구하고 실천해 온 가치들이 한류의 뿌리를 이루도록 한다면, 대중문화 스타

---

92) 한국국제문화교류진흥원, 『2018 해외한류실태조사』 34쪽.
93) 한국국제문화교류진흥원, 『2019 해외한류실태조사』 12쪽.

의 사생활에 의해 한류라는 나무가 통째로 흔들리거나 국가이미지가 크게 훼손되는 위험이 대폭 완화될 것이다.

한국에 대한 기존의 이미지가 비교적 분명하게 형성되어 있는 나라에서는, 대중문화 상품이 국가이미지를 변화시키는 효과가 높지 않다는 보고도 있다.

> 한국의 대중문화를 접한 이후, 한국에 대한 인식이 긍정적으로 변했다고 응답한 비율은 60.4%.( * 2019년에는 62.3%로, '17년 대비 근소하게 증가함) 반면, 일본에서는 긍정변화에 대한 응답률이 26.8%로 매우 낮음.[94]
> 2019년 일본의 경우 "한국 문화콘텐츠를 접한 이후 한국에 대한 인식이 '긍정적'으로 변화했다는 의견이 26.2%로, 10명 중 약 3명에 해당함"[95]

한국의 대중문화 콘텐츠가 국가이미지를 개선하는 효과는 60%를 넘을 정도로 매우 뚜렷하지만, 일본처럼 기존의 선입관이 강한 경우에는 국가이미지를 변화시키는 데 있어 영향력이 상대적으로 미미하다는 점이 위 조사결과에서 드러났다. 일본은 한국에 대한 호감도가 가장 낮은 국가인데, 한류상품에 의한 국가이미지의 변화가 전체 평균의 절반에도 미치지 못했다. 한국에 대한 호감도를 변화시키려면 다른 경로가 필요하다는 것인데, 아래 제시한 결과를 보면 '인문자산(人文資産)'이 그 해답일 수 있다. 한류콘텐츠 소비비중이 높을수록 한국에 대한 전반적 인식이 긍정적으로 변화하는 상황에서도,

---

94) 한국국제문화교류진흥원, 『2018 해외한류실태조사』, 40쪽.

95) 한국국제문화교류진흥원, 『2019 해외한류실태조사』, 104쪽.

한국에 관한 인식형성에의 영향력에 있어서는 '도서'가 가장 뚜렷한 것으로 조사되었기 때문이다.

> 주로 '도서(출판물)', '예능프로그램' 고이용층의 인식이 특히 긍정적. …… 특히 '한국은 호감이 가는 국가이다'에 대해 아시아에서는 '도서(출판물)', 미주와 중동에서는 'TV드라마', 유럽에서는 '예능프로그램', 아프리카에서는 '음악(K-Pop)' 고이용층에서 더 높은 호감을 갖고 있는 것으로 나타나 권역별로 한류콘텐츠의 효과가 다른 부분도 확인됨. 한류콘텐츠 이용 시 여전히 '공용어·자국어 등 다국어로 된 정보 부족'이 가장 큰 불편점이지만 지난해 대비 –5.5%p 감소함.[96]

여기에서 말하는 '도서'가 학술서적만을 지칭하는 것이 아니고, 대중문화를 비롯해 한국에 관한 정보를 담고 있는 출판물 전체를 말하는 것으로 추정되지만 어쨌든 보다 풍부한 도서 보급을 한류 고객들이 원하고 있고, 이 점에 대해서는 인문학이 적극 기여해야 할 것이다.

대중문화 상품의 생산자나 판매자의 과도한 이윤추구로 인해 국가이미지가 훼손될 위험도 있다.

> 한류콘텐츠를 향한 부정적인 인식에 대해 공감하는 비율은 31%로 '16년 대비 약 +10%p 증가하였으며, 특히 중국·인도·태국에서 40%이상으로 높음. 공감 이유를 살펴보면, '남북분단 및 북한의 국제적인 위협 관련 보도'가 1위로, 이는 특히 태국·브라질·유럽지역에서 높게 나타남. 그 다음은 '콘텐츠가 지나치게 상업적', '한국과의 정치 및 외교적 갈등'과 '자국 콘텐츠 산업의 보호 필요' 순으

---

96) 한국국제문화교류진흥원, 『2018 해외한류실태조사』, 90쪽.

로 조사됐으며, 특히 '자국 콘텐츠산업의 보호 필요'는 인도네시아
· 인도 · 말레이시아에서 상대적으로 높음.[97]

부정적 인식의 원인은 '지나치게 상업적임'(27.4%)이라는 응답이
가장 높으며, 다음으로 '획일적이고 식상함'(21.8%), '지나치게 자극
적 · 선정적'(14.4%) 순으로 높게 나타남.[98]

한국이 내보내는 문화상품에 대해 '지나치게 상업적' '획일적이고
식상함' '지나치게 선정적' 등의 평가를 가한다면, 포틀랜드커뮤니케
이션이 우려했듯이 한국의 문화지수도 덩달아 하락할 것이다. 즉 대
중문화는 소프트파워 형성에 매우 중요한 역할도 하지만, 대중문화
상품이나 스타에 의존해 형성된 국가이미지는 쉽게 무너질 수도 있
으며, 심지어는 역작용을 일으킬 소지도 다분히 지니고 있다는 점을
간과하지 말아야 한다.

한국의 역사와 문화가 축적해 온 가치를 발양하고 확산한다면, 즉
'인문자산'을 한국소프트파워 자산의 근간으로 삼고, 인문자산으로
한류의 뿌리를 형성한다면, 보다 안정적인 소프트파워 제고와 한류
의 장기적인 발전을 도모할 수 있을 것이다.

한류를 비촉지적 한류와 촉지적 한류, 두개의 유형으로 구분하였
으며 비촉지적 한류(Intangible Experience: 영화, 드라마, 가요, 스타)
와 촉지적 한류(Tangible Experience: 음식, 패션)가 국가에 대한 태
도에 영향을 미치는 것을 파악하였다. 그 결과 촉지적 한류 즉 손으
로 만질 수 있거나 몸으로 느낄 수 있는 한류의 영향이 보다 국가

---

97) 앞의 책, 73쪽.
98) 한국국제문화교류진흥원, 『2019 해외한류실태조사』, 63쪽.

브랜드 및 한국상품 구매의도에 강한 영향력을 미치는 것으로 나타났다. (김유경·이창현·손산산, 〈국가 브랜드에 대한 태도가 상품 구매 의도에 미치는 영향 : 중국의 한류를 중심으로〉, 〈커뮤니케이션학 연구: 일반〉, 제16권 2호, 2008 여름, 35쪽)

위 분석에서 촉지적 한류는 디지털 방식으로 온라인 세계에서 유통되는 문화상품이 아니고, 한국 고유의 문화를 바탕으로 하면서 오프라인 환경에서 유통되는 것들이며, 한민족이 오랜 동안 축적해 경험과 지혜가 담겨 있는 것들이다. 촉지적 한류가 국가브랜드 및 한국상품 구매의도에 강한 영향력을 미친다는 점도, 인문자산을 뿌리로 삼으면서 새로운 '한류'를 형성해가는 방향으로 전략을 수정해야 한다는 주장의 타당성을 높인다.

(4)

소프트파워 구축은 스스로의 매력을 내보이면서 자국의 이미지를 만들어가는 과정이다. 그렇기 때문에 사실을 왜곡하거나 허위를 바탕으로 한 프로파간다를 피할 수 있다면, 자국이 원하는 이미지를 스스로 만들어가는 과정이 소프트파워 강화 전략 수립의 기본적인 고려사항이 되어야 한다. 프랑스의 경우를 살펴보겠다.

프랑스의 경우 역사적으로 언어·예술과 문화의 나라로 인식되고 있다. 그러나 이로 인해 실제로 프랑스는 라팔(Rafale)이라는 전투기의 제조국이자 테제베(TGV)라는 고속전철의 기술 보유국임에도 불구하고, 기술 강국의 이미지는 희석되어왔다. 그리하여 프랑스는 1990년대 초반부터 국가홍보프로그램을 수립하여 문화 중심적 이미지에서 기술입국 이미지로의 변화를 위해 이미지 개선을 위

해 노력해왔다.99)

피오라소 (프랑스 고등교육연구부) 장관은 인터뷰 도중 기자에게 어려운 질문을 던졌다. "한국은 프랑스를 어떻게 보는가." "한국은 프랑스를 단지 문화와 패션의 나라로만 바라보고 있는 것은 아닌가." "프랑스가 과학과 기술의 나라이기도 하다는 인식의 변화 조짐이 보이는가."100)

20일 '네이처'지에 따르면 그의 첫 번째 행보는 세계적으로 명망이 있는 환경과학자들을 프랑스로 초빙해 대단위 연구를 하는 일이다. 중견 과학자들을 위해 1500만 유로, 젊은 과학자들을 위해 100만 유로를 투입해 4년간 종합적인 연구를 진행하겠다고 밝혔다.101)

프랑스는 '예술 강국' '문화강국'으로서의 이미지가 강한데, 과학기술 또한 충분히 발전한 나라이다. 그래서 보다 직접적이면서도 높은 수준의 경제적 부가가치를 확보하기 위해 '과학 강국'의 이미지 구축을 위해 노력하는 것이다. '예술 강국'이나 '문화강국' 이미지가 '과학 강국'으로서의 이미지를 약화시키지 않도록 하기 위해 대통령이나 장관이 직접 나서서 이미지 형성을 이끄는 것이다.

앞서 말했듯이, 각국은 스스로의 소프트파워를 강화함에 있어 자국에게 유리한 영역과 항목에 집중해야만 효율성을 기할 수 있는데, 한국에게 있어서는 '인문적 소프트파워' 영역이 여기에 해당한다는 것이

99) 안지영·박소영·정재윤, 「외국 사회과 교과서에 나타난 한국 이미지」, 『정신문화연구』 제35권 제1호, 2012, 364쪽.

100) 「"프랑스는 과학기술 강국 … 한국과 우주 분야 협력 원해"」, 『중앙선데이』 2013.03.09.

101) 「"과학강국 '프랑스' 만들겠다" 마크롱 대통령, 세계로부터 과학자 영입 선언」, 『사이언스타임즈』, 2017.06.21.

필자의 판단이다. 한국이 인류 보편의 가치와 부합하는 역사적·문화적 유산과 경험을 풍부하게 갖추고 있기 때문에, '인문적 소프트파워' 신장을 국가브랜드 제고의 중요한 경로로 설정해야 하는 것이다.

> 우리나라는 동북아시아의 강대국에 낀 강중국이지만 다양한 상징적 파워를 갖고 있다. 강점을 갖는 주요 이미지는 "짧은 시기에 빠르게 경제성장을 이룩한 강국", "제3세계 중에서 가장 모범이 되는 민주국가", "서구와 전통문화의 융합을 통해 새로운 문화창조 국가", "교육열과 수준이 높은 나라" 등이다.[102]
> 한국에 대해 전반적으로 호의적인 이미지를 형성하기 위해서는 한국의 정치, 경제, 사회, 문화 등 객관적 요인들의 발전사항을 지속적으로 인지시키는 노력이 필요하다고 할 수 있다.[103]

새뮤얼 헌팅턴은 전통적으로 축적해 온 문화적 기반이 있었기 때문에 한국의 고도성장이 가능했다고 분석했는데,[104] 이는 한국이 전통문화 분야에 있어서도 세계를 향해 발신할 소프트파워 자원을 풍부하게 보유하고 있음을 방증한다. 조지프 나이는 한국이 경제 분야

---

102) 서이종, 「미래 전장환경에서 소프트파워(Soft Power)의 역할 및 기능」, 80쪽.
103) 정갑연·이혜리, 「한국이미지가 제품 브랜드 차별화를 통해 브랜드 아우라에 미치는 영향: 베트남 소비자를 대상으로」, 『전문경영인연구』 제22권 제2호, 2019, 204-205쪽.
104) 나는 가나와 한국의 1960년대 초반 경제자료들을 검토하게 되었는데, 60년대 당시 두 나라의 경제 상황이 아주 비슷했다는 사실을 발견하고서 깜짝 놀랐다. …… 30년 뒤 한국은 세계 14위의 경제 규모를 가진 산업 강국으로 발전했다. …… 가나의 1인당 GNP는 한국의 15분의 1 수준이다. …… '문화'가 결정적 요인이라고 생각한다. 한국인들은 검약, 투자, 근면, 교육, 조직, 기강, 극기정신 등을 하나의 가치로 생각한다. 새뮤얼 헌팅턴·로렌스 해리슨 공편, 이종민 옮김, 『문화가 중요하다』, 김영사, 2001, 8-9쪽.

와 정치적 민주화의 진척으로 다른 국가들의 호감을 사고 있다고 평가했는데,[105] 이는 외국인도 한국 근현대 시기의 역사와 문화를 긍정적으로 주목하고 있다는 증거이다.

다른 나라 국민들의 공감을 불러일으킬 자원의 확보 여부는 소프트파워 강화의 중요한 조건 중 하나인데, 동아시아 권역의 긴장관계 속에서도 자유·민주·평화·자주 등등 보편의 가치 실현을 위해 고난과 희생을 치렀으며, 신속한 경제성장을 달성한 한국은 세계로 내보낼 '인문적 소프트파워(humanistic soft power)' 자원을 풍부히 보유하고 있는 국가이다. 한국의 역사와 문화를 기반으로, 한국의 경험을 소프트파워 자원으로 전화시킴으로써 보편가치의 실현에 노력하는 국가임을 보여줄 수 있을 것이다. 일제강점, 한국전쟁, 남북분단, 국내의 정치적 폭압과 노동탄압 등등 숱한 질곡을 겪으면서도 끝내 국가와 민족과 문화를 지켜내고 풍요로운 민주사회를 일궈낸 한국의 경험과 지혜를 소프트파워 자원으로 승화시키고, 한국인이 축적해 온 수난과 극복의 과정을 인류사회의 소중한 자산으로 보존하고 세계인들과 공유한다면, 인류사회의 진화에 기여할 것이고, 그 과정을 통해 한국의 소프트파워 또한 신장될 것이다.

한국의 촛불시민이 '2017 에버트 인권상'을 수상했으며, 2018년 4월에 다시 유엔 인권상 후보(제10회)에 추천되었는데, 시상이 결정되는 과정에 아시아 및 아프리카의 연구·시민단체들도 추천에 참여했다고 보도되었다.[106] 한국의 촛불혁명은 이미 세계적으로 알려진 한국의 소프트파워 자원이 된 것인데, 한국인이 최근 5,60년 동안 기

---

105) 조지프 S 나이 지음, 홍수원 옮김, 『소프트파워』, 162쪽.
106) 「'1700만 촛불시민', 유엔 인권상 후보로 추천됐다」, 『세계일보』, 2018.04.11.

록해 온 항쟁과 희생의 역사는 인류사회에 자유와 민주와 평등의 메시지를 전할 소중한 인문자산이다.

하드파워가 다소 약한 한국은 문화적 힘을 활용하는 소프트파워 증진에 중점을 두는 것이 효율적일 것이다. 한류가 더욱 적극적으로 국가이미지와 국가경쟁력 제고에 기여하려면 한국의 역사와 문화를 관통하고 있는 한국적 요소와 한국의 정신을 한류의 뿌리로 삼아야 한다. 2019년에 세계에서 7번째로 30-50클럽에 가입하였고, IT 강국, 문화산업 강국으로서의 위상을 확보한 나라가 한국인데, 여기에 더하여 민주화와 산업화를 동시에 달성한 나라로서의 국가이미지를 강화해야 한다.

프랑스가 '과학 강국'의 이미지를 만들기 위해 노력하듯, 한국은 '민주화' '자주' '평화' 등등 우리가 추구하고 실현해온 가치들을 바탕으로 '역동적 한국(Dynamic Korea)'의 모습을 형성해 갈 수도 있다고 생각한다. '대중문화가 발전한 나라'라는 이미지와 함께 '인류 공동의 가치를 추구하고 실천하는 나라', '평화 체제 정착을 위해 노력하는 나라', '전통과 현대가 잘 조화된 나라' 그리고 '기술이 발전한 나라'로 인식되어야 한다는 것이 필자의 생각이다.

## 5 '소프트파워 인문학'을 발전시켜야 한다

소프트파워의 형성과 확산 경로는 매우 다양하고, 나라마다 서로 다른 소프트파워 원천을 보유하고 있으므로, 한 나라가 소프트파워 제고를 위한 정책을 세울 때는 자국이 상대적으로 강점을 지니고 있는 항목이나 영역 혹은 확산 경로에 역량을 집중할 필요가 있다. 나라마다 자국에 적합한 소프트파워 강화 전략을 수립하고 시행해야 하는 것이다. 하드파워가 매우 강한 국가는 아니지만, 통신기술과 정보망 구축에 있어 상당한 강점을 가지고 있는 한국으로서는 더욱이나 자국 실정에 맞는 소프트파워 강화책을 수립해 국가경쟁력 제고에 활용할 필요가 있다.

한국은 특유의 소프트파워 자산인 '대중문화 한류'와 고유의 인문 자산을 융합해야 한다. 전통적인 문화유산 및 근현대 시기의 역동적 경험과 성과들을 핵심적 요소로 간주하고, 소프트파워 자원으로 전화시킬 수 있어야 한다. 한국의 민주화와 경제성장의 경험으로부터 비롯된 인문가치를 '한류'의 뿌리로 삼을 수 있는 길을 모색함으로써 한류에 더욱 건강하고 신선한 생명력을 불어넣어야 한다.

> 프랑스 언론에서 주목하는 것은 싸이나 한류 같은 보편적인 현대문화보다는 전통문화, 프랑스문화와 비교되는 '아시아적인' 문화라는 것이다. 프랑스적인 관점에서 한국은 아직까지 보편적인 세계 문화의 한 형태이기보다는 동양적인 문화, 아시아적인 특수문화로 인식되는 측면이 있다.107)

현재 한류를 구성하고 있는 대중문화 상품들 속에 한국의 문화나 정신이 충분히 담겨 있는 것 같지는 않다. 한국의 문화상품에 대해 '식상하다' '선정적이다' 등의 비판이 제기되는 것을 보면, 한류는 신속히 새로운 콘텐츠와 가치를 수혈 받아야 할 것으로 생각된다. 보다 원대한 전망 위에서, 호흡이 길고 차원이 높은 국가이미지 개선

---

107) 김면회 외 지음, 『유럽 언론에 나타난 한국의 이미지』, 경기도: 한국학중앙연구원 출판부, 2018, 212쪽.

과 소프트파워 구축을 도모하려면 고유의 인문자산을 한류의 뿌리와 소프트파워의 원천으로 활용할 수 있어야 한다.

> 한국 문화는 우리를 풍요롭게 만들었다. 프랑스인들이 처음에는 한국 문학, 영화에 열광했고, 케이팝은 그 다음으로 나타난 현상이다. 그러나 한국은 현재 한류를 잘못 활용하고 있다. 케이팝에 열광하는 한류 팬은 많다. 하지만 한국 국립중앙박물관에 가보니 그곳에는 외국인들이 별로 없었다. 한류가 계속되려면 대중문화를 넘어 한국 문화를 확산시켜야 한다. 케이팝뿐 아니라 영화, 문학, 미술 등 여러 예술을 풍부하게 가꿔 나가야 한다. 이를 통해 한류의 연속성을 보여주는 것이 중요하다.108)

위 인용문은 기자와 프랑스의 문명비평가 기 소르망(Guy Sorman)의 대담을 정리한 기사에서 발췌한 내용이며, 기자의 질문은 "프랑스를 비롯해 유럽, 나아가 전 세계에서 한류가 확장하고 있다. 이런 추세가 계속 이어질까"였다. 다양한 형식의 예술을 고루 국제사회에 내보낼 수 있어야 한다는 것이 소르망의 대답이었는데, 기자가 케이팝에 관해 질문했기 때문에 '영화·문학·미술' 등을 예로 들었을 뿐, '국립중앙박물관'을 찾는 외국인이 적다는 것을 논거로 제시하고 있는 것을 보면, 그는 한국의 전통과 문화를 국제사회에 두루 알려야 한다고 말한 것으로 해석된다. 프랑스의 서점에 한국에 관한 책이 전혀 꽂혀 있지 않은 현실을 한탄한 학자도 있었다.109)

---

108) 「"한국정치는 복수에 함몰돼 내전… 민주주의 시계 거꾸로 돌려"」,『동아일보』 2020.01.04.)

109) 프랑스의 어느 광장에서, 대학에서 한류의 대폭발을 실감했다는 김동춘 성공회대학교 사회과학부 교수가 (2020년 1월) 23일 페이스북에 게재한 경고가

지금 각광 받고 있는 한국의 문화상품들과 더불어, 한국사회가 지닌 '인문적 소프트파워' 자원들이 함께 보급되고 확산되어야만 보다 장기적이면서도 안정적인 소프트파워의 신장을 꾀할 수 있을 것이며, '한류'의 생명력과 국가이미지 형성에의 기여도를 키울 수 있을 것이다. 문화적이고 이지적인 요소들의 세례와 정서적 감동의 과정을 거쳐서 형성되는 소프트파워야말로 그 생명력이 길고, 구체적 행동이나 변화까지도 야기할 힘을 불러일으킬 수 있다.

> 한류콘텐츠 분석과 아울러, 인문학이 한류에 가장 크게 기여해야 하는 또 다른 방향은 한류를 통한 한국문화의 브랜드화라고 생각한다.[110]

> 세계의 많은 사람들이 한류드라마에 감동한다면, 한류드라마에 담긴 한국문화의 내용과 의미를 글로 설명하는 것은 한국의 인문학자들에게는 당연한 역할과 과제일 것이다. 글은 다른 매체와는 달리 단시일 내에 전파되지는 않는다. 그러나 어떤 매체보다도 다수에게 그리고 오랜 시간에 걸쳐 반복적으로 노출될 수 있다.[111](김기덕·배상준, 〈'한류인문학'을 제창한다〉, 〈인문콘텐츠〉 제45호, 2017, 18쪽)

---

눈에 들어온 것도 같은 이치다. …… "그런데 (프랑스) 서점에서 본 한국은 초라하기 그지없습니다. 아시아 코너에 한국을 소개하는 책 한 권 없습니다. 중국은 시장이 크니까 그렇다 치고, 역사가 오랜 일본 관련 연구서적이나 대중서적은 엄청납니다. 치열한 경쟁을 뚫고 들어온 한국학과 학생들도 학년이 거듭되면 급히 감소한다고 합니다. 한류에 대한 관심을 이어줄 수 있는 역사, 문화, 사회과학 강좌도 책도, 그것을 강의할 강사도 없기 때문입니다." (「문체부 장관님, '그런' 한류위원회는 필요 없습니다」, 『오마이뉴스』 2020.01.23.)

110) 김기덕·배상준, 「'한류인문학'을 제창한다」, 『인문콘텐츠』 제45호, 2017, 14쪽.
111) 앞의 논문, 18쪽.

문화상품이 자국의 사상적 지향과 이상(理想), 제도와 문화에 대한 이해를 증진시키는 통로가 될 수 있도록 하는 것도 '소프트파워 인문학'의 한 영역이다. BTS나 영화 '기생충'으로 한국이 세계의 이목을 끌게 되었다면, 이런 기회에 한국에 대한 긍정적 이미지를 형성할 수 있는 자료들을 국제사회에 대폭 내보내는 것도 좋다. 영화나 드라마를 잘 만들고, 노래를 잘하고 춤을 잘 추는 나라, 그리고 그러한 명작들이 탄생할 수 있는 민주적이고 역동적인 시민의식과 정치체제를 보유한 나라, 과학기술이 발전될 수 있는 가치관과 사회구조를 가진 나라로서의 이미지를 적극적으로 내보여야 한다.

**》 참고문헌**

새뮤얼 헌팅턴·로렌스 해리슨 공편, 이종민 옮김, 『문화가 중요하다』, 서울: 김영사, 2001.
조지프 S 나이 지음, 홍수원 옮김, 『소프트파워』, 서울: 세종연구원, 2004.
김면회 외 지음, 『유럽 언론에 나타난 한국의 이미지』, 경기도: 한국학중앙연구원 출판부, 2018.
김상배 엮음, 『소프트 파워와 21세기 권력』, 서울: 한울, 2009.
클라우스 슈밥(Klaus Schwab) 지음, 송경진 옮김, 『클라우스 슈밥의 제4차 산업혁명』, 서울: 새로운 현재, 2016.
클라우스 슈밥·포린어페어스 (엮음)지음, 김진희·손용수·최시영 옮김, 『4차 산업혁명의 충격』, 서울: 흐름출판, 2016.
한국국제문화교류진흥원, 『2018 해외한류실태조사』, 2018.3.
한국국제문화교류진흥원, 『2019 해외한류실태조사』, 2019.3.
해외문화홍보원, 『2018년도 국가이미지 조사보고서』, 2019.1.
해외문화홍보원, 『2019년도 국가이미지 조사보고서』, 2019.12.

| 지은이 소개 |

**위행복**은 한양대학교 소프트파워인문학연구소 소장으로서 한국중국어문학회 회장, 한국인문학총연합회 회장, 한·중인문학포럼 운영위원장 등을 역임하였고 현재는 유네스코한국위원회 집행위원으로 활동 중. 「제4차 산업혁명 시대 人文學의 展望 - '材'와 '不材'의 사이」, 「중국의 문화산업정책 분석·'소프트파워' 개념과 관련하여」, 「'소프트파워 인문학'의 정착을 위한 제언」 등의 논문을 발표함

**이종관**은 성균관대학교 하이브리드미래문화연구소의 소장으로서 건설교통부 산하 미래주거 연구위원회 자문위원, 정보통신정책연구원 기획총괄위원, 과학기술정책 연구원 미래포럼자문위원, 교육과학부 융합학문발전 위원회위원 등을 역임함. 주요저서로는 『공간의 현상학, 풍경, 그리고 건축』, 『사이버문화와 예술의 유혹』, 『과학에서 에로스까지』, 『자연에 대한 철학적 성찰』 등이 있음

**박종보**는 한양대학교 법학전문대학원 교수로서 한국헌법학회 고문, 국회 입법지원위원, 대법원 법원감사위원회 위원 등을 역임하였고 현재는 헌법재판연구원장으로 근무 중. 「다문화가족지원법 마련을 위한 연구」(여성가족부), 「영문법령에 대한 품질평가 및 감수」(한국법제연구원) 등등 법안 마련을 위한 다수의 프로젝트를 수행함. 주요저서로 『헌법주석』, 『종교교육론』, 『인권의 해설』 등이 있음

**장은주**는 영산대학교 성심교양대학 교수로서 경기도교육연구원 선임연구위원, 참여사회연구소 소장, 한국연구재단 인문학대중화사업 운영위원장 등을 역임함. 주요저서로는 『생존에서 존엄으로』, 『인권의 철학』, 『정치의 이동』, 『유교적 근대성의 미래』, 『시민교육이 희망이다』 등이 있으며, 그 외 『정의의 타자』, 『서구의 분열』 등을 번역함

**한지희**는 국립경상대학교 영어영문학과 교수로서, 글로벌인문학 연구소 소장직을 수행 중. 학술서로는 『모성과 모성경험에 관하여: 아드리안 리치의 삶과 페미니스트 비평』, 『A Companion to Ten Modern Korean Poets』, 『우리시대 대중문화와 소녀의 계보학』, 『World Literature and the Politics of th Minority』 등이 있으며, 한글 역서로는 『문턱 너머 저편』이 있음.

**김종규**는 성균관대학교 학부대학 초빙교수로서, 문화철학을 전공하였으며, 현내사회의 기술문화현상 및 도시공간과 의사소통교육 연구에 주력 중. 「4차 산업혁명과 공공소득」, 「기억의 외재화에 대한 문화철학적 고찰」, 「디지털 오딧세이: 춤추는 몸과 디지털 컨버전스」 등의 논문을 발표했으며, 공저로 『디지털철학』, 『하이브리드 포이에시스』 등을 발간함

**이승희**는 중국영화 및 대중문화 전공자로서 한양대학교 창의융합교육원 강사로 재직 중. 한겨레에 〈이승희의 중국영화 이야기〉를 연재한 바 있으며, 주요논문으로는 「무저항의 저항 – 80~90년대 위화와 장정일의 작가의식 비교 연구」, 「전쟁의 정치적 변용: 50~60년대 '항미원조' 전쟁영화를 중심으로」, 「제4차 산업혁명 시대의 놀이문화를 위하여」 등이 있음

# 4차 산업혁명과 인문적 소프트파워

초판 인쇄   2020년 2월 20일
초판 발행   2020년 2월 28일

지 은 이 | 위행복·이종관·박종보·장은주·한지희·김종규·이승희
펴 낸 이 | 하운근
펴 낸 곳 | 學古房

주      소 | 경기도 고양시 덕양구 통일로 140 삼송테크노밸리 A동 B224
전      화 | (02)353 -9908 편집부(02)356-9903
팩      스 | (02)6959-8234
홈페이지 | www.hakgobang.co.kr
전자우편 | hakgobang@naver.com, hakgobang@chol.com
등록번호 | 제311-1994-000001호

ISBN  978-89-6071-947-7  03100

값: 16,000원